高等职业教育精品教材

市场营销理论与实践

邱雪峰　倪斯铌　编著

北京理工大学出版社
BEIJING INSTITUTE OF TECHNOLOGY PRESS

内 容 简 介

本教材在编写的结构体系上按照"理解市场营销—分析营销环境—开展市场研究—选择目标营销战略—制定营销组合策略"的逻辑顺序，首先系统介绍市场营销的基本理论、策略与方法，结合课程开展需要对实训课程的整体安排进行介绍，并设计了整体实训的背景，要求学生完成一个完整的项目策划书。贯穿教材的整体编写过程穿插了一个大学生创业的真实案例，描述在校学生团队的实际创业过程。本案例仅服务于教学，为方便理解和计算，在市场真实数据基础上，对部分数据稍做调整。教材中涉及的大部分知识链接、小思考、案例的内容都与校内实际的学生案例相结合，并紧扣围绕大数据、人工智能、移动互联网等技术对营销活动及消费行为的影响，具有较强的时代性及指导性，加深了学生对营销环境新变化的理解，有利于学生基于市场营销环境的分析实施市场定位并开展营销组合策略的设计。教材共分为5个学习模块、9个项目，其中每个项目都包括工作情境、创业案例、经典导入、知识要点、思政小课堂、课堂讨论、营销小知识、案例学习、迁移训练、效果评价、竞赛辅导等内容，并配有课程标准、实训任务书、教案、教学课件和课后的小测验。

版权专有　侵权必究

图书在版编目（CIP）数据

市场营销理论与实践 / 邱雪峰，倪斯铌编著. --北京：北京理工大学出版社，2021.9（2021.10 重印）
ISBN 978-7-5763-0298-1

Ⅰ. ①市… Ⅱ. ①邱…②倪… Ⅲ. ①市场营销学-高等学校-教材 Ⅳ. ①F713.50

中国版本图书馆 CIP 数据核字（2021）第 182466 号

出版发行 / 北京理工大学出版社有限责任公司
社　　址 / 北京市海淀区中关村南大街 5 号
邮　　编 / 100081
电　　话 / (010) 68914775（总编室）
　　　　　 (010) 82562903（教材售后服务热线）
　　　　　 (010) 68944723（其他图书服务热线）
网　　址 / http://www.bitpress.com.cn
经　　销 / 全国各地新华书店
印　　刷 / 三河市天利华印刷装订有限公司
开　　本 / 787 毫米×1092 毫米　1/16
印　　张 / 15.75
字　　数 / 400 千字
版　　次 / 2021 年 9 月第 1 版　2021 年 10 月第 2 次印刷
定　　价 / 49.80 元

责任编辑 / 李慧智
文案编辑 / 李慧智
责任校对 / 周瑞红
责任印制 / 施胜娟

图书出现印装质量问题，请拨打售后服务热线，本社负责调换

前　言

高职市场营销专业以服务地方经济和社会发展为目的，立足区域、面向全国，以社会需求为导向，培养拥护党的基本路线，具有良好的职业道德、创新精神和进取精神，德智体全面发展，能够掌握一定的市场营销理论与方法，具有一定的业务技能，能在企业从事市场调研、商品销售、企业策划、营销管理与服务工作的技术技能型人才。

市场营销理论与实践作为市场营销专业的一门专业核心课程，其设计过程强调以良好的实训任务训练，培养学生的一线工作能力和岗位操作能力、综合职业能力。本教材在广东青年职业学院市场营销理论与实践课程十年实践基础上梳理、总结而成。课程打造了一支校企合作、优势互补、相对稳定、素质较高的市场营销课教师队伍，多名教师曾有企业营销工作经验及学生项目团队管理经验。在教学过程中，教师构建了工作过程系统化实训体系，重视培养学生的职业素质与行为，遵循能力培养、教师主导、学生主体、项目导向、任务驱动的原则，依据市场营销相关岗位实际工作过程，由浅入深、由易到难地构建实训课程体系。

本教材的具体特点如下：

1. 实现知识学习与技能训练科学融合

市面上流通的教材存在重理论轻实践的现象，个别教材构建课程实训体系时仍然沿袭学科式课程通用模式，实训的内容基本上是案例分析，这种实训体系既没有从企业的需求出发、无法将实训体系培养目标与职业能力进行融合，也无法满足学生培养目标。本教材融知识学习与技能训练为一体，以一个真实的大学生创业项目为载体，实施"项目导向、任务驱动"的实训教学模式，有助于更好地培养学生的思考能力、创新能力、动手能力。

2. 推动创业教育与专业教育深度融合

为了更好地体现高职院校市场营销专业的学生培养目标，本教材在编写过程中联合校企资源，将创业教育与专业教育相融合，强调通过创业项目的策划和运作来实现课程的教学目标。本教材通过教学设计，鼓励学生自由组成团队，围绕一个具体的创业项目，并通过市场营销项目的实训，完成一个完整的项目策划书，使学生从整体上全面掌握知识模块的内容，并能够对其进行综合运用，促使学生在做中学、学中做，充分发挥学生的主体作用，激发学生的学习兴趣，使学生变被动为主动，积极思考，有助于锻炼学生的学习、创新和执行能力。

3. 体现思想政治教育和专业教育有机融合

习近平总书记提出"使各类课程与思想政治理论课同向同行，推进思政课程与课程思政有机结合"。本教材通过市场营销专业课程、专业课堂和教学方式中蕴含的思想政治教育资源，如同春风化雨润物无声，实现思想和价值引领，实现立德树人的目的。本教材充分挖掘提炼课程中的爱国情怀、法治意识、社会责任、文化自信、人文精神等要素，并将其转化为具体而生动的社会主义核心价值观教育载体，使学生在渴望求知的兴奋、愉悦和暗示下接受熏陶，启发学生自觉认同，产生共鸣与升华，实现潜移默化的效果。

4. 建立"以习促学、以赛促学、以创促学"的教学机制

本教材形成了以实践教学为特色、以教学质量为核心、以全方位辅导为创新、以学生和老师共同成长为目标的市场营销全程化课程体系。通过"专业学习、知识积累，竞赛驱动、技能提升、创业实践、素质养成"的课程设计思路，最终建立"以习促学、以赛促学、以创促学"的完整教学体系。

5. 编排新颖，配套齐全

本教材以项目为主线、教师为引导、学生为主体，其中每个项目都包括工作情境、创业案例、经典导入、知识要点、思政小课堂、课堂讨论、营销小知识、案例学习、迁移训练、效果评价、竞赛辅导等内容，并配有课程标准、实训的任务书、教案、教学课件和课后测验习题，从而强化教学效果。

本教材由广东青年职业学院邱雪峰副教授、广东省团校（广东青年政治学院）倪斯铌老师编著，其中项目一、二、四、五、六、七由邱雪峰老师编写，项目三、八、九由倪斯铌老师编写，邱雪峰副教授拟定全书的体例和大纲，并负责全书的总纂定稿。

特别鸣谢广州虹彩艺术教育咨询有限公司法人代表许德贤先生，本书的创业案例均根据许德贤先生提供的真实材料提炼总结，部分案例资料由广东青年职业学院陈丽老师收集整理。

由于作者水平有限，加之本教材是对高职教材编写模式的一种改革和探索，一定会有不妥之处，欢迎广大读者指正，文中引用图片资料除有标注的外，均引自百度图片。

编著者

2021年7月

目　录

学习模块一　市场营销认知

项目一　营销人员素质 (003)
1.1　现代意义的市场营销 (007)
1.2　市场营销管理任务与策略 (011)
1.3　市场营销观念的演变 (012)
1.4　正确认识营销工作 (016)
1.5　营销岗位分析 (018)
1.6　营销人员应该具备的基本素质 (018)

项目二　组建和管理团队 (025)
2.1　营销团队概述 (028)
2.2　营销团队组建的基本原则 (029)
2.3　营销团队组建的主要影响因素 (030)
2.4　创业团队组建的主要工作 (031)
2.5　常见的营销团队组成模式 (034)
2.6　营销团队组建的风险成因 (035)

学习模块二　分析营销机会

项目三　营销环境分析 (045)
3.1　市场营销环境定义 (047)
3.2　市场营销环境特点 (047)
3.3　市场营销环境的分析与评价 (048)
3.4　宏观营销环境分析 (052)
3.5　SWOT 分析法 (057)

项目四　顾客锁定和市场调查 (064)
4.1　消费者购买行为模式 (068)
4.2　影响消费者购买行为的因素 (071)
4.3　消费者购买决策过程 (076)
4.4　市场调查的含义及内容 (078)
4.5　市场调查的主要方法 (082)
4.6　问卷法 (088)

学习模块三　制定营销战略

项目五　目标市场的选择 (099)
- 5.1　市场细分 (101)
- 5.2　目标市场选择 (109)
- 5.3　市场定位 (114)

学习模块四　制定营销策略

项目六　产品组合设计 (127)
- 6.1　整体产品与产品组合决策 (129)
- 6.2　产品市场生命周期与营销策略 (136)
- 6.3　新产品开发策略 (140)
- 6.4　品牌策略 (143)
- 6.5　包装策略 (152)

项目七　选择及制定价格策略 (164)
- 7.1　营销价格及其影响因素 (167)
- 7.2　企业的定价程序和方法 (173)
- 7.3　企业定价策略 (178)

项目八　分销渠道与促销方案设计 (189)
- 8.1　分销渠道的相关概念 (192)
- 8.2　促销及促销组合 (207)

学习模块五　营销活动的组织和控制

项目九　营销计划与控制 (227)
- 9.1　营销计划 (230)
- 9.2　市场营销组织 (237)
- 9.3　营销控制 (239)

后　记 (246)

学习模块一

市场营销认知

项目一

营销人员素质

内容框架

建议学时：8学时，其中理论6学时，实训2学时
- 工作情境
- 创业案例
- 经典导入
- 知识要点
- 课堂讨论
- 阅读材料
- 思政小课堂
- 案例学习
- 营销小知识
- 迁移训练
- 效果评价
- 竞赛辅导
- 知识链接

知识目标
- 现代意义的市场营销
- 市场营销管理任务与策略
- 市场营销观念的演变
- 正确认识营销工作
- 市场营销岗位分析
- 营销人员应该具备的基本素质

能力目标
- 培养初步运用管理系统的思想建立现代组织的能力
- 培养分析、归纳与演讲的能力

素质目标
- 培养现代营销思维
- 引导学生正确面对营销工作，培养学生良好品质

【工作情境】

你和你的同学决定组建一个公司，根据你们所组建公司的实际情况，开发一个具体的创业项目。项目选题方向不限，但建议结合所学专业的特点，促进"互联网+"新业态形成，以创新引领创业、创业带动就业。因此，你们公司需要思考的是到底什么项目最有可能取得成功。

为了获得更多的可借鉴信息，在组建公司初期，所有小伙伴决定前往广州虹彩艺术教育咨询有限公司，向创始人小贤取经。

【创业案例】

项目名称：广州虹彩艺术教育咨询有限公司
创立时间：2016年7月
团队成员：包含创始人在内，目前团队有65人
经营内容：少儿美术培训、美术师资团队输出、原创美术教材输出

选择创业给虹彩艺术创始人小贤带来的最大感悟就是选择大于努力。下面小贤来说说虹彩艺术的创新创业故事。

创始人小贤来自广东省揭阳市一个小村子，在村里上小学、中学时的他对大城市充满了向往和憧憬。3岁习画至今已经有20年学画经历，他想把从画画中获取的力量传递给这个世界，影响身边的人。以下的文字来自小贤的个人总结。

刚进入大学，我在职业规划课程中听到老师提到当时"大众创新，万众创业"的政策内容，似乎找到了儿时梦想的立足点：我要创业！从此，创业的信念像熊熊烈火一样在我心里燃起。我做了一个决定：在大一时积累，在大二时开始创业！经过反复思考，我选择了做美术教师与教材输出以及开办少儿美术培训班的创业项目。创业项目起名"虹彩艺术"，象征队员以及服务对象能得到丰富多彩的生活以及多样式的体验。

"空调风波"来袭，学会风险防范

创业初期，因为工作室需要安装空调，我在没有打听市场价的情况下就直接购买、安装，结果闹了乌龙。当时急需一笔"巨款"，我却像在小卖部赊账一样，想让师傅缓两天收款，而师傅说："你是学生，我也想多帮你，但我也要向公司交款的。"

师傅的话把我真正从学生时代拉到现实社会，我知道"学生"这个身份不能成为我的"护身符"。师傅答应我缓两个小时交款，不然就将空调拆走。团队成员建议去贷款，但时间上赶不及，远水解不了近渴，这时我就想到了向个人借钱，钱有借有还可以建立信任关系。可是身边都是学生，没有经济来源，每人能借我的也不多。但是反过来想，量变决定质变：10个同学，一个人借100元钱，就有了1000元。很快我就向40个同学共借到了4000元钱交给了师傅。通过此事我明白了一旦想要创业，就要有破釜沉舟的准备，学会预留防范意外以及风险费用，以不变应万变。

遭遇"受伤事件"，感受创业中的真情

团队一女同学在打扫卫生时，一不小心双脚被玻璃割了两道长长的伤口。我第一时间帮她用卫生棉捂住伤口并立即把她送到医院。

后来带她去医院换药，我发现她家位于有两个小时路程并且交通不方便的郊区，住在7楼且没有电梯。经过协调，每天我与合伙人轮流帮助她从家里到医院换药。由于背着她上下楼，手脚用力过度导致肌肉缺氧，进而产生的麻痹感，每晚都需要通过

按摩和热水泡脚才能消除。

合伙人问我，这样的每天奔波是否会影响到我们创业的进度，我回答他："假如不能用肩膀承担责任就不要去触发责任，我们的用心和她的有心，会为我们深厚的友谊和信任的关系奠定更扎实的基础。我向你保证，她日后一定会和我们一起死心塌地把事业做大的。"

现在这位女同学即将毕业，已经是我们两家店的店长。我始终坚信，前有因后有果，上天会合理安排好每个人的得失。创业过程会经历各种人情冷暖，团队成员需要相互理解宽容，同甘共苦。

痛心"队员离开"，更加坚强

在创业的过程中，团队中的每个人都在慢慢经历一个自我成长与自我认知的过程。到了创业中期，原本15人的团队，陆续开始有队员离开。

我内心也清楚，初创企业的团队成员需每天不定时工作，没有固定的工资拿，没有谁可以确定说几时有利润。有时回到宿舍连洗澡水都没有，洗把脸就倒头大睡，转天一大早又要起来工作。面对这种"起得比鸡早，睡得比狗晚"的生活，许多成员最终选择了离开。一开始，随着每位成员的离开，我都会情绪不好一阵子。但我告诉自己，应该高兴才是，因为他们找到了自己想要的，而我也将最终收获更为稳定的团队。这一想就释怀了许多。

在创业过程中，永远不要想着困难让我们失去了什么，而是要想着困难使我们得到了什么。

直面挑战，提升能力

在大学的学习生涯中，我除了学习本专业的知识之外，还花大量的时间去学习其他的技能，涉猎过微电影、化妆、设计、表演、壁画、舞台剧、情景剧、小品、编导、导演等不同工作。在这个学习的过程中，我不断发掘自己的潜力、认清自己的道路。粗略计算，到目前为止我共拍摄了10部微电影并在广东省50所高校巡演播放。

创业过程不仅需要释放自己的能力，还需要通过自我学习不断地提升自己的综合素质。

不忘初心，心怀远方

很多人问我："项目快速扩张的核心因素是什么？"我想分享两个因素：第一是企业文化的建设。就像一个民族需要文化底蕴的支撑才能繁荣昌盛，每个团队都需要有引领自己的文化建设，建立团队前要考虑自己想要组建的是一支什么样的队伍。第二就是领导者的眼光和规划。我的眼界直接决定了跟着我的团队成员们的未来发展方向，所以我需要不断地去学习。

生活上我也从不喜欢让自己闲下来，我乐意挑战困难，在逆境中生存，以此激发自己的潜力，碰到困难时就去想解决的办法。

最后，我想分享给准备努力和正在努力中的人们，坚信自己最初的信念，用爱自己的方式去追求梦想，不断学习提升和规划未来，停止上学的同时不要停止学习，梦想的彼岸将会更近一步。

思考： 1. 哪些原因促使这批学生创立虹彩艺术？
2. 你认为企业的创始人或团队的领导者需要具备哪些素质？

✉ **经典导入**

安踏的对手，只剩耐克了？

近年来，随着消费者对安踏品牌认可度的逐渐提升，安踏鞋服产品的市场需求不断高涨，助推公司营收扩张、盈利能力改善。2020年，安踏更以51.62亿元的净利润首度超越阿迪达斯（净利润约合人民币33.14亿元），成为除耐克以外全球最赚钱的运动品牌公司。为什么安踏能够取得成功？这离不开其采取的正确市场营销策略。

2008年，在奥林匹克精神的带动下，全民运动的热情空前高涨，对运动鞋服的需求急剧攀升，国产运动品牌迎来巨大的红利期。在需求带动下，李宁、安踏等国产品牌的市场占有率开始稳步提升，与耐克、阿迪达斯之间的差距不断缩小。为了满足供不应求的市场需求，李宁和安踏均走上了积极扩张之路；但在具体战略上，两家企业的选择则截然相反。

简单来说，安踏的策略偏向"保守派"，通过自身的主品牌保住以二、三线城市为主的大众市场；同时，引入国际体育品牌FILA来拓展高端时尚运动市场。李宁则选择了更为冒进的扩张战略，通过大力转型进行品牌重塑，"全面进攻"高端市场，与耐克、阿迪达斯正面交锋。

然而，此时的李宁无论是产品设计、科技创新还是品牌口碑都距高端化运动品牌有着较大的差距。而且李宁的形象和故事也无法迅速占领"90后"的消费心智，原本忠诚度较高的"70后""80后"消费者也因李宁战略的切换而倍感失望。

在受众群体下滑的背景下，李宁对旗下产品大规模的涨价又让其失去了二、三线城市价格敏感型消费者的信任，而这部分市场份额则很快被坚守二、三线下沉市场的安踏所占领。Euromonitor数据显示，2011年，安踏在国内的市场占有率达到8.8%，首次超越李宁的8%，成为最畅销的国产运动品牌。也正是在这一年，这场由奥运会拉升的体育用品泡沫正式宣告破灭了。随着北京奥运会热度的消退，消费者对运动鞋服的需求开始回归理性，受此影响，国内运动鞋服市场规模急剧收缩；与此同时，在2008年次贷危机的冲击下，海外需求的锐减也严重冲击了国内的纺织加工业，使其面临供应链过剩的危机。面对行业困境，安踏由品牌批发模式转变为品牌零售，并不断提高ERP系统的覆盖率，对经销商按照统一标准进行零售管理，提升销售网络的整体素质及营运效率。受益于商业模式转型和"柔性生产"制度的推广，安踏的存货周转情况显著优于同行。

在业内最为艰难的2012年，受益于下沉大众市场稳固的基本盘和新商业模式下的较高运营效率，安踏仍获得了13.6亿元的净利润；而同期，转型失败的李宁则亏损近20亿元。也正是这一年，安踏营收、利润、市场份额全方位反超李宁，成功坐稳了国产运动品牌的头把交椅。

（摘录自36氪网《安踏的对手，只剩耐克了？》，作者李欣）

启发：企业的成功离不开企业领导人每一次正确的市场决策。学习市场营销理论，有助于营销人员正确地分析市场环境、企业内部环境，综合全面考虑问题，最终做出正确的决策。

✉ **知识要点**

1.1 现代意义的市场营销

> 可以设想,某些销售工作总是需要的,然而,营销的目的就是要使销售成为多余,营销的目的在于深刻认识和理解顾客,从而使产品或服务适合他的需要而形成自我销售,理想的营销会产生一个已经准备来购买的顾客,剩下的事就是如何使顾客很方便地得到产品服务。
>
> (德鲁克,1954)

市场营销的形成并非一蹴而就,而是经历了多年的实践总结而形成的系统性学科。通过分析人类商业贸易的起源与发展,我们不难理清市场营销理论诞生和发展的过程。人类商业贸易的历史长河中,市场营销理论诞生于企业经营活动,同时又反馈性地影响着企业经营活动。

1.1.1 市场营销理论的发展

市场营销理论是随着商品经济的发展,通过无数学者、商人总结而成的一套理论体系。其主要经历了起源阶段、形成阶段、发展阶段、新发展阶段。

起源阶段主要是物物交换。19世纪以前,人类因为生产力的限制,无法进行大规模交易。当有剩余产品时候,劳动者会采用物物交换的行为获取自己需要的产品。而到了中世纪,劳动分工的出现,使得剩余商品开始充足,人们开始在市场上进行跨领域的贸易流通。但是这时候,市场营销理论还并没有具体发展起来。

形成阶段主要是19世纪到20世纪初。工业革命的兴起,使得生产力得到了前所未有的解放。制造业飞速发展、大规模生产诞生。这一切都使得社会上商品的供应量激增。因此,如何把商品销售出去,成为各大企业的首要问题。为了解决这个问题,企业开始组织架构的重设,设立了专门的销售部门,由专门的人员负责销售。在本阶段,初步形成了市场营销的概念。营销部门会对产品的包装、销售、渠道、商标、广告等进行研究。

发展阶段是20世纪30年代到80年代。1929年,世界发生了严重的经济危机。在这个时期,供大于求,需求力不足。企业面临前所未有的巨大挑战。越来越多的企业意识到,单纯考虑如何把产品销售给顾客,远远不能满足现实市场状况的要求。企业应该把目光放在如何满足消费者需求这个层面上。由此,一大批的优秀企业以市场为导向,从消费者的角度去研发产品。并且逐渐形成一套比较完善的市场营销策略和技术:市场细分、营销战略制定、品牌策略、包装策略、分销与物流、公关管理、客户管理等都被各大企业灵活运用于日常经营活动中。

新发展阶段是20世纪90年代到如今。互联网的兴起,极大地改变了消费者的消费习惯。随之而来的就是商业模式的巨大改变。传统的营销模式和理论已经不能指导新技术基础上的营销活动。例如电子商务、社交电商、直播电商等多渠道、多模式的销售渠道,都需要涉及新的营销理论和方法。数字化营销成为新的潮流和趋势。

1.1.2 市场与市场营销的概念

1. 市场

要理解什么是市场营销,首先就必须理解什么是市场。市场的概念分为一般的市场概念、经济学角度的市场概念、管理学角度的市场概念和社会学角度的市场概念。一般的市场概念：市场是商品交换的场所，如商场、超市、批发市场等。这是日常生活中人们对市场的普遍认识，它与一定的时间和具体地点相联系。一般的市场概念强调的是交易发生的场地。经济学角度的市场概念：市场是指一定供求基础之上的商品交换关系的总和。经济学角度强调的是供求关系。管理学角度的市场概念：某种或某类商品现实需求和潜在需求的总和。管理学则从需求层面去理解市场。社会学角度的市场概念：市场是社会资源配置的主体，集中体现社会经济生活的方方面面。

2. 市场的构成要素

市场由3个要素构成，即人口、购买力、购买欲望，如图1.1所示。人口是构成市场最基本的要素，市场规模和容量的大小取决于市场上购买人口的数量。同时，市场需求也受市场上人口结构的组成及其变化的影响。因为需求是人的本能，对物质生活资料及精神产品的需求是人类维持生命的基本条件。因此，哪里有人，哪里就有需求，就会形成市场。人口的多少决定着市场容量的大小。人口的状况，影响着市场需求的内容和结构。构成市场的人口因素包括总人口、性别和年龄结构、家庭户数和家庭人口数、民族与宗教信仰、职业和文化程度、地理分布等多种具体因素。

图1.1 市场3要素

购买力是人们支付货币购买商品或劳务的能力，或者说在一定时期内用于购买商品的货币总额。人们的消费需求是通过利用手中的货币购买商品实现的。因此，在人口状况既定的条件下，购买力就成为决定市场容量的重要因素之一。市场的大小，直接取决于购买力的高低。一般情况下，购买力受到人均国民收入、个人收入、社会集团购买力、平均消费水平、消费结构等因素的影响。

购买欲望是指消费者购买商品的愿望或动机，它是将潜在购买力转化为现实购买力的必要条件。倘若仅具备了一定的人口和购买力，而消费者缺乏强烈的购买欲望或动机，商品买卖仍然不能发生，市场也无法现实地存在。因此，购买欲望也是市场不可缺少的构成因素。

3. 市场营销

市场营销的含义非常丰富，除了一般意义上认为的市场营销是推销、是广告，其实还有渠道、产品、价格、战略、调查、品牌、定位等。如果把市场营销比作一座冰山，那么我们在没有学习课本之前所理解的市场营销就是那部分能看得见的冰山。而市场营销的涵盖范围，更多的是那部分无法看见的、水下的冰山，如图1.2所示。

卡尔·马克思在《资本论》中说道："商品的第一形态变化是商品价值从商品体跳到金体上，……是商品惊险的跳跃，这个跳跃如果不成功，摔坏的不是商品，但一定是商品所有者。"市场营销学所研究的就是商品这一"惊险的跳跃"过程，即商品的交换过程。

营销之父科特勒认为，狭义的市场营销是企业为从顾客处获得利益回报而为顾客创造价值并与之建立稳固关系的过程。广义的市场营销是一种通过创造和与他人交换价值实现个人和组织的需要与欲望的社会与管理活动。

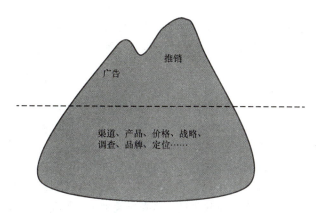

图 1.2　市场营销冰山图

也有学者认为：市场营销是指以满足人类各种需要和欲望为目的，通过市场变潜在交货为现实交货的一系列活动和过程。这个含义值得注意的两点就是：第一，满足个人和群体的欲望和需求是市场营销活动的最终目标。第二，交换构成市场营销的基础。交换过程能否顺利进行，取决于营销者创造的产品和价值满足顾客需求的程度。

4. 需要、欲望和需求

需要、欲望和需求是市场营销概念中重要的元素。需要（Needs）就是指没有得到某些基本满足的感受状态。欲望（Wants）是指对具体满足物的愿望。要注意的是需要是与生俱来的，生产者和营销者难以参与，欲望则是生产者和营销人员可以参与创造的。需求（Demands）是指对有能力购买并且愿意购买的某个具体产品的欲望。

需要是产生需求的前提条件，但是市场营销者并不创造需要，因为需要存在于市场活动之前；欲望是在需要的基础上产生的，市场营销者可以影响人们的欲望，进而使产品对人们有吸引力；消费者的需求是在欲望的基础上产生的，当商品的价格适应消费者的支付能力且使之容易得到，其需求实现。

5. 产品与服务

人类靠产品来满足自己的各种需要和欲望。因此产品可以表述为能够用以满足人类某种需要或欲望的任何东西，产品的价值在于它能够给人们带来对欲望的满足。人们通常用产品和服务来区分实体产品和无形产品，但实际上产品和服务是密不可分的，产品实际上是获得服务的载体。例如，人们购买轿车并不是为了得到一种机械，而是要得到它给人们带来的交通服务。

产品能够满足消费者的需求，首先是由其核心利益决定的，其次是由产品的外形特征决定的，最后是由产品的附加利益决定的。只重视产品核心利益而忽视产品附加利益，是对产品片面的理解。例如，人们喝可乐，除了解渴之外，最主要的是在消费一种信念、一种感觉、一种时尚。

6. 价值、成本、质量和满意

价值是指顾客从拥有和使用某种产品中获得的利益与为了获得这些利益所付出的成本之差。但是，顾客往往不能准确、客观地判断产品的利益和成本，因此，价值的大小取决于人的主观感受，即"感知价值"，它来自人们的主观评价。

成本是指顾客在评估、获得和使用某一产品或服务时，所消耗的时间、精力、体力以及所支付的货币等。

质量是指产品或服务具有的满足顾客需要的性质和特征的总和。顾客的满意度与质量关系紧密，质量是价值和顾客满意度的基础，产品如没有质量保证就无价值可言，更谈不上满意。质量以顾客需要为起点，以顾客满意为终点，质量管理的基本宗旨就是使顾客满意。

满意是指顾客满意,它取决于顾客对产品的感知效果与顾客的期望值的比较。如果感知效果小于期望值,顾客就不满意;如果二者相等,就满意;如果感知效果大于期望值,顾客就很满意。

7. 营销、销售与推销

营销(Marketing)和销售(Selling)有很大的区别。营销活动既发生在生产之后,也发生在生产之前。营销不仅包括将其最终产品推销给用户,而且包括市场研究、产品设计、定价等的售前活动和收集顾客使用产品后的意见以作为市场研究和产品开发时的参考等的售后活动。因此,销售只是市场营销中的一个内容。

对于营销与推销(Promote Sales)之间的关系,著名管理学家彼得·德鲁克(Peter F. Drucker)曾经指出:"可以设想,某些推销工作总是需要的,然而营销的目的就是要使推销成为多余,营销的目的在于深刻地认识和了解顾客,从而使产品或服务完全地适合它的需要而形成产品自我销售,理想的营销会产生一个已经准备来购买的顾客,剩下的事就是如何便于顾客得到产品或服务……"

1.1.3 市场营销组合理论的演变

1. 营销的 4P 组合

"4P"由美国营销学学者杰罗姆·麦卡锡教授在 20 世纪的 60 年代提出,包括产品(Product)、价格(Price)、渠道(Place)、促销(Promotion)。这四个单词的第一个字母缩写为 4P。

Product(产品):产品是商业的基础,也是任何营销行为的根源,企业提供的一切用于满足用户需求的东西都可能成为产品。要想在产品品质提升上做文章,最佳努力方向是力求满足消费者的真实需求和行为动机,力求给消费者带来实实在在的好处,争取让消费者"解渴",而不仅仅在于企业能够或擅长生产什么特征和属性的产品。

Place(地点):销售地点既可以选择在线上商城,也可以是分布在不同国家、不同城市的实体商铺。合适的销售地点能够让潜在客户更容易地触达你的产品和服务,以及体验便捷的消费流程。

Price(价格):产品和服务的定价策略是营销过程中极为重要的部分,这需要管理者深刻思考,主要包括基本价格、折扣价格、付款时间、借贷条件等。它是指企业出售产品所追求的经济回报。

Promotion(促销):指的是为了展示企业的产品和服务的市场价值而进行的所有的沟通和销售行为,也就是提升销售额的具体行动。

2. 营销的 4C 组合

4C 营销组合策略 1990 年由美国营销专家劳特朋教授提出,它以消费者需求为导向,重新设定了市场营销组合的 4 个基本要素,即消费者(Consumer)、成本(Cost)、便利(Convenience)和沟通(Communication)。它强调企业首先应该把追求顾客满意放在第一位,其次是努力降低顾客的购买成本,然后要充分注意到顾客购买过程中的便利性,而不是从企业的角度来决定销售渠道策略,最后还应以消费者为中心实施有效的营销沟通。与产品导向的 4P 理论相比,4C 理论有了很大的进步和发展,它重视顾客导向,以追求顾客满意为目标,这实际上是当今消费者在营销中越来越居主动地位的市场对企业的必然要求。

3. 营销的 4R 组合

21 世纪伊始,《4R 营销》的作者艾略特·艾登伯格提出 4R 营销理论。4R 理论以关系营销为核心,重在建立顾客忠诚。它阐述了 4 个全新的营销组合要素:即关联(Relativity)、反应（Reaction）、关系（Relation）和回报（Retribution）。

4R 理论强调，首先企业与顾客在市场变化的动态中应建立长久互动的关系，以防止顾客流失，赢得长期而稳定的市场；其次，面对迅速变化的顾客需求，企业应学会倾听顾客的意见，及时寻找、发现和挖掘顾客的渴望与不满及其可能发生的演变，同时建立快速反应机制以对市场变化快速做出反应；再次，企业与顾客之间应建立长期而稳定的朋友关系，从实现销售转变为实现对顾客的责任与承诺，以维持顾客再次购买和顾客忠诚；最后，企业应追求市场回报，并将市场回报当作企业进一步发展和保持与市场建立关系的动力与源泉。4R 营销理论的最大特点是以竞争为导向，在新的层次上概括了营销的新框架。该理论根据市场不断成熟和竞争日趋激烈的形势，着眼于企业与顾客互动与双赢，不仅积极地适应顾客的需求，而且主动地创造需求，通过关联、关系、反应等形式与客户形成独特的关系，把企业与客户联系在一起，形成竞争优势。

4. 营销的 4V 组合

"4V"是指差异化（Variation）、功能化（Versatility）、附加价值（Value）、共鸣（Vibration）的营销组合理论。

差异化：企业要实施差异化营销，一方面要使自己与竞争对手区别开来，树立自己独特形象；另一方面也要使消费者相互区别，满足消费者个性化的需求。

功能化：要求企业能够提供不同功能系列产品，满足不同顾客的消费习惯。也就是要求产品或服务有更大的柔性，能够针对消费者具体需求进行组合。

附加价值：企业通过提高附加价值的产品和服务，以满足顾客的需求。

共鸣：4V 营销理论更加重视产品或服务中无形要素，通过品牌、文化等以满足消费者的情感需求。

1.2 市场营销管理任务与策略

在前文已经明确了市场营销的任务是满足需求，实质上是需求管理。那么在现实中，需求有多种多样，不同的需求，应对的策略不一样。营销的任务是影响需求的水平、时机和构成。

1. 负需求

指多数潜在顾客不喜欢，甚至甘愿付出代价也要回避某种产品的需求状况。营销人员面对这种需求，需要采取扭转性营销策略。分析人们为什么不喜欢这些产品，并针对目标顾客的需求重新设计产品、定价，更积极地促销，或改变顾客对某些产品或服务的信念。

2. 无需求

无需求是指目标市场顾客对某种产品从来不感兴趣或漠不关心的一种需求状况。例如市场对下列产品无需求：人们一般认为无价值的废旧物资；人们一般认为有价值，但在特定市场无价值的东西；新产品或消费者平常不熟悉的物品等。在无需求情况下，市场营销管理的任务是刺激市场营销，即通过大力促销及其他市场营销措施，努力将产品所能提供的利益与人的自然需要和兴趣联系起来。

3. 潜在需求

指现有产品或劳务尚不能满足的、隐而不显的需求状况。这是指现有的产品或服务不能满足许多消费者强烈需求的一种需求状况。老年人需要高植物蛋白、低胆固醇的保健食品，美观大方的服饰，安全、舒适、服务周到的交通工具等，但许多企业尚未重视老年市场的需求。因此，对于潜在需求，营销员应该采用开发性营销策略。

4. 下降需求

这是指目标市场顾客对某些产品或服务的需求出现了下降趋势的一种需求状况，如近年来城市居民对电风扇的需求已饱和，需求相对减少。营销员应采用恢复性营销策略。了解顾客需求下降的原因，或通过改变产品的特色，采用更有效的沟通方法再刺激需求即创造性的再营销，或通过寻求新的目标市场，以扭转需求下降的格局。

5. 不规则需求

许多企业常面临因季节、月份、周、日、时对产品或服务需求的变化，而造成生产能力和商品的闲置或过度使用。如在公用交通工具方面，在运输高峰时不够用，在非高峰时则闲置不用。又如在旅游旺季时旅馆紧张和短缺，在旅游淡季时，旅馆空闲。再如节假日或周末时商店拥挤，而平时商店顾客稀少。营销人员采用协调性营销策略，通过灵活的定价、促销及其他激励因素来改变需求时间模式，使物品或服务的市场供给与需求在时间上协调一致，这称为同步营销。

6. 充分需求

这是指某种产品或服务目前的需求水平和时间等于期望的需求，这是企业最理想的一种需求状况。但是，在动态市场上，消费者需求会不断变化，竞争日益加剧。因此，在充分需求情况下，企业营销的任务是改进产品质量及不断估计消费者的满足程度，通过降低成本来保持合理价格，并激励推销人员和经销商大力推销，千方百计维持目前需求水平、维持现时需求，这称为"维持营销"。指产品或劳务的需求与预期相一致。营销人员采用维持性营销策略，注意消费者的偏好变化和竞争状况，不断提高产品质量，设法保持现有需求水平。

7. 过量需求

产品的市场需求超过企业所能供给水平或愿意供给水平。是指市场上顾客对某些产品的需求超过了企业供应能力，产品供不应求的一种需求状况。比如，由于人口过多或物资短缺，引起交通、能源及住房等产品供不应求。营销员采用限制性营销策略。减缓营销，可以通过提高价格、减少促销和服务等方式暂时或永久地降低市场需求水平，或者设法降低来自盈利较少或服务需要不大的市场的需求水平。企业最好选择那些利润率较低、要求提供服务不多的目标顾客作为减缓营销的对象。减缓营销的目的不是破坏需求，而只是暂缓需求水平。

8. 有害需求

指市场对某些有害物品的需求，对消费者身心健康有害的产品或服务，诸如烟、酒、毒品、黄色书刊等。营销员应该采用抵制性营销策略，提价、传播恐怖及减少可购买的机会或通过立法禁止销售。

1.3　市场营销观念的演变

企业的经营思想和观念不是固定不变的，它在一定的经济基础上产生和形成，并随着社会经济的发展和市场形势的变化而发展变化。对于曾经为企业带来荣耀和光环的某些观念，可能会因为环境的变化而变成阻碍企业前进的因素。市场营销观念经历了传统营销观念到现代营销观念的转变。

1.3.1　传统营销观念

1. 生产观念

起源于20世纪20年代，持生产观念的人认为消费者喜欢能被广泛获得且廉价的产品，所以企业的中心任务就是集中精力提高生产效率、降低成本并且大规模分销。持有这种观念的人认为对于一件产品来说，这两种特性是最主要的：低价和可获得性。认为只要东西够便宜就一定有人买。近代比较明显地持这种观念的时期是西方资本主义工业化初期以及第二次世界大战后的一段时间。因为战争刚结束，正常运营的企业不多，军人回归家庭，加上一切百废待兴，所以国内的需求都比较旺盛，什么东西都很好卖，所以就促使企业提高生产效率。比如福特1908年冬天开始生产单一的黑色T型车，当时美国人能够以825美元买到，但到1925年，这种车型已经下降到265美元了，而福特公司也成为当时世界上最大的汽车公司。

2. 产品观念

产品观念也是一种较早的企业经营观念，产生于第一次世界大战后。产品观念认为，消费者最喜欢高质量、多功能和具有某种特色的产品，企业应致力于生产高值产品，并不断加以改进。它产生于市场产品供不应求的"卖方市场"形势下。最容易滋生产品观念的时刻，莫过于当企业发明一项新产品时。此时，企业最容易导致"市场营销近视"，即不适当地把注意力放在产品上，而不是放在市场需要上，在市场营销管理中缺乏远见，只看到自己的产品质量好，看不到市场需求在变化，致使企业经营陷入困境。

3. 推销观念

在20世纪30年代和40年代，推销观念是许多企业所奉行的一种市场观念。这种观念认为，如果顺其自然，消费者通常不会大量购买某一企业的产品，因而企业必须积极推销和进行大量促销活动。企业如果能针对消费者的心理，采取一系列有效的推销和促销手段，使消费者对企业的产品发生兴趣，刺激消费者大量购买是完全可能的。

通常，推销观念被大量应用于推销那些购买者不太想要去购买的非渴求商品，例如保险、百科全书等。这些行业中的企业善于使用各种推销技巧来寻找潜在客户，并用高压式的推销术说服他们接受其产品。对于刚上市的新产品，企业必须通过加强推销工作，来使消费者对企业的产品和服务从了解到感兴趣直至购买。

1.3.2 现代营销观念

1. 市场营销观念

20世纪50年代中期，市场营销观念是作为对上述诸观念的挑战而出现的一种新型的企业经营哲学。这种观念是以满足顾客需求为出发点的，即"顾客需要什么，就生产什么"。尽管这种思想由来已久，但其核心原则直到20世纪50年代中期才基本定型，当时社会生产力迅速发展，市场趋势表现为供过于求的买方市场，同时广大居民个人收入迅速提高，有可能对产品进行选择，企业之间的竞争加剧。许多企业开始认识到，必须转变经营观念，才能求得生存和发展。市场营销观念认为，实现企业各项目标的关键，在于正确确定目标市场的需要和欲望，并且比竞争者更有效地传送目标市场所期望的物品或服务，进而比竞争者更有效地满足目标市场的需要和欲望。营销观念认为，实现企业诸项目标的关键在于正确确定目标市场的需求和欲望，并且比竞争对手更有效、更有利地传送目标市场所期望满足的东西，它与推销有着本质的区别。

2. 社会营销观念

20世纪70年代，社会营销观念是用来修正取代市场营销观念的。这种观念认为，企业的任务是确定诸目标市场的需求、欲望和利益，并以保证或者提高消费者和社会福利的方式，比竞争更有效、更有利地向目标市场提供所期待的满足。企业承担相应的社会责任，保持企业利益与社会利益的一致性。

> **阅读材料**
>
> ## 碧桂园的社会营销观念
>
> 　　2016 年，广州碧桂园参与广东省行业协会社会责任报告发布。这是 2011 年以来，碧桂园连续 6 年参与省行业协会的报告发布，而在更早的 2007 年，碧桂园已经主动公开发布了第一份报告。这些年来，碧桂园的社会责任报告向社会公开披露了碧桂园为利益相关方——客户、员工、股东、合作伙伴和宏观社会经济及自然环境等创造的价值进行梳理说明。同时，以报告时刻警醒自身的社会责任。
>
> 　　从 2011 年开始，在集团工会的支持下，碧桂园员工成立了志愿者协会，以"知行合一，成己达人"为行动宗旨。从此，碧桂园的公益慈善又多了一个组织。
>
> 　　2012 年，碧桂园的十里银滩项目在一片海滩的盐碱地上崛起，这是碧桂园第一个滨海楼盘。也是在那一年，在离海洋遥远的内蒙古，碧桂园为通辽人民盖了共 9 947 平方米、162 套的保障房，切实履行了一家房企的责任。
>
> 　　在碧桂园销售突破千亿时，杨国强酝酿已久的广东碧桂园职业学院开始筹办。他在 2014 年的全国政协提案中说："'问渠那得清如许，为有源头活水来'，如果未来所有年轻人都接受良好的职业教育或大学教育，20 岁以后才出来工作，20 年后我们的国民素质和生产力，必能达到超级强国的水平，也定是世界第一的强国。"2014 年 9 月 28 日，广东碧桂园职业学院落成开学。
>
> 　　2014 年，碧桂园提出"建筑理念做地产"，这项改革包含提高资源利用率、减少建筑浪费的思想。同时，集团通过鼓励采用"新材料、新设备、新技术和新工艺"不断增加环保材料的使用和降低建筑污染。此外，碧桂园还引入建筑工业化生产，不仅提高资源利用率，还大幅降低了建筑工地的噪声污染并减小了施工误差等。
>
> 　　2015 年碧桂园共引入了 256 名全球名校博士。同年，国家人力资源和社会保障部和全国博士后管委会联合下发通知，批准碧桂园设立博士后科研工作站，开展博士后工作。
>
> **思考：**
> 　　碧桂园是如何处理顾客、企业和社会三者之间的利益关系的？
> 　　分析碧桂园秉持的是何种营销观念及其经营理念。

3. 大营销观念

　　大市场营销（Mega Marketing），是指为了进入特定市场，并在那里从事业务经营，在战略上协调使用经济的、心理的、政治的和公共关系等手段，以获得各有关方面如经销商、供应商、消费者、市场营销研究机构、有关政府人员、各利益集团及宣传媒介的合作及支持。这里所讲的特定市场，主要是指贸易壁垒很高的封闭型或保护型的市场。在这种市场上，已经存在的参与者和批准者往往会设置种种障碍，使那些能够提供类似产品，甚至能够提供更好的产品和服务的企业也难以进入，无法开展经营业务。大市场营销发展了市场营销观念和社会营销观念，一是在企业与外部环境关系上，突破了被动适应的观念，认为企业不仅可以通过自身的努力来影响，而且可以控制和改变某些外部因素，使之向有利于自己的方向转化；二是在企业与市场和目标顾客的关系上，突破了过去那种简单发现、单纯适应与满足的做法，认为应该打开产品通道，积极引导市场和消费，创造目标顾客需要；三是在市场营销手段和策略上，在原有的市场营销组合中，又加进了政治权利（Political Power）和公共关系（Public Relations）两种重要手段，从而更好地保证市场营销活动的有效性。

1.3.2　营销观念新发展

1. 顾客让渡价值观念

顾客让渡价值是指企业转移的、顾客感受得到的实际价值，一般表现为顾客购买总价值与顾客购买总成本之间的差额。顾客让渡价值是菲利普·科特勒在《营销管理》一书中提出来的，他认为，"顾客让渡价值"是指顾客总价值（Total Customer Value）与顾客总成本（Total Customer Cost）之间的差额。顾客总价值是指顾客购买某一产品与服务所期望获得的一组利益，它包括产品价值、服务价值、人员价值和形象价值等。顾客总成本是指顾客为购买某一产品所耗费的时间、精神、体力以及所支付的货币资金等，因此，顾客总成本包括货币成本、时间成本、精神成本和体力成本等。由于顾客在购买产品时，总希望把有关成本包括货币、时间、精神和体力等降到最低限度，而同时又希望从中获得更多的实际利益，以使自己的需要得到最大限度的满足，因此，顾客在选购产品时，往往从价值与成本两个方面进行比较分析，从中选择出价值最高、成本最低，即"顾客让渡价值"最大的产品作为优先选购的对象。企业为在竞争中战胜对手，吸引更多的潜在顾客，就必须向顾客提供比竞争对手具有更多"顾客让渡价值"的产品，这样，才能使自己的产品为消费者所注意，进而产生购买行为。

> **课堂讨论**：顾客让渡价值观念对企业有什么指导意义？
> **提示**：一是通过改进产品、服务、人员与形象，提高产品的总价值；二是通过降低生产与销售成本，减少顾客购买产品的时间、精神与体力的耗费，从而降低货币与非货币成本。

2. 体验营销观念

体验营销是指企业通过采用让目标顾客观摩、聆听、尝试、试用等方式，使其亲身体验企业提供的产品或服务，让顾客实际感知产品或服务。体验营销主要有需要顾客的主动参与、以顾客体验需求为中心、引导顾客感性消费等特点。

3. 精准营销观念

精准营销是指在精准定位的基础上，依托现代信息技术手段建立个性化的顾客沟通服务体系，实现企业可度量的低成本扩张之路，是有态度的网络营销理念中的核心观点之一。精准营销充分利用各种新式媒体，将营销信息推送到比较准确的受众群体中，从而既节省营销成本，又能起到最大化的营销效果。

4. 关系营销观念

关系营销是把营销活动看成是一个企业与消费者、供应商、分销商、竞争者、政府机构及其他公众发生互动作用的过程，其核心是建立和发展与这些公众的良好关系。关系营销与传统的交易营销相比，在对待顾客上的不同之处主要在于：

（1）交易营销关注的是一次性交易，关系营销关注的是如何保持顾客。

（2）交易营销较少强调顾客服务，而关系营销则高度重视顾客服务，并借顾客服务提高顾客满意度，培育顾客忠诚。

（3）交易营销往往只有少量的承诺，关系营销则有充分的顾客承诺。

（4）交易营销认为产品质量应是生产部门所关心的，关系营销则认为所有部门都应关心质量问题。

（5）交易营销不注重与顾客的长期联系，关系营销的核心就在于发展与顾客的长期、稳定关系。关系营销不仅将注意力集中于发展和维持与顾客的关系，而且扩大了营销的视野，它涉及的关系包含了企业与其所有利益相关者间所发生的所有关系。

5. 整合营销理论

整合营销理论是在与消费者的沟通中，统一运用和协调各种不同的传播手段，使不同的传播工具在每一阶段发挥出最佳的、统一的、集中的作用，目的是协助品牌建立起与消费者之间的长期关系。

6. 网络营销观念

网络营销也称线上营销或者电子营销，指的是一种利用互联网的营销形式，建立在互联网的基础上，以线上营销为导向、网络为工具，由营销人员利用专业的网络营销工具，面向广大网民开展一系列营销活动的新型营销方式。

1.4　正确认识营销工作

通过前面知识点的学习我们可以了解到，市场营销绝对不仅仅是推销活动。市场营销的工作需要从营销团队组建到产品研发生产，最终到消费者终端接收的全过程控制。如图 1.3 所示。

图 1.3　市场营销流程

市场营销工作是以消费者需求为导向，以企业资源为基础，研发和生产适销对路的产品，投放到目标市场当中的过程，最终实现商品的交换，满足消费者需求。

1.4.1　组建营销团队

组建营销团队，是市场营销工作的起点。在现代企业管理中，单打独斗的方式已经不能满足工作要求。企业要正常运营，就必须由营销团队齐心协力推动项目，攻克难关。

认清自我、找准角色定位非常重要。不同性格和能力的人，在团队中所担当的角色应该有所不同。有的人性格活泼、思维活跃，可能更适合担当与人打交道的工作；有的人思维缜密，可能更适合制订计划等工作；而作为团队队长，则应该具有判断力、领导力、组织力等。

1.4.2　评估市场

评估市场主要就是对企业或者项目所处的环境进行分析。环境会影响企业管理者的决策、营销项目的成功与否。环境包括宏观环境和微观环境。宏观环境主要包括社会、经济、文化、自然、人口、科技、政治等。微观环境包括企业内部环境、供应商、营销中介、顾客、竞争者和公众。作为营销人员，需要善于用多种手段去评估环境，从多维度去衡量环境。

1.4.3 展开市场调研

市场调研是通过调查问卷、数据分析等手段,充分了解目前市场的状况。调查的内容可以是消费者心理、竞争者状况、产品分销渠道等。市场营销员需要掌握多种调查手段,例如调查问卷、实地走访、模拟实验等方式,尽可能地在预算之内获取全方位详尽的信息。同时,需要学会将收集来的信息进行处理、分析,形成具有价值的、有参考性的、全面性的调查报告。市场调查报告是进行决策的数据基础。因此,市场调研的准确性影响着决策。

1.4.4 目标市场选择

通过之前的评估市场、市场调研以后,营销员此时已经对市场具备较为详细的了解了。那么,就需要将已知的市场进行市场细分、选择目标市场和做出市场定位。如果把市场比作一个蛋糕,那么营销人员就需要将这个蛋糕按照一定的方法进行切分,然后选出一块最适合自己企业或者产品的蛋糕。市场的细分方式有多种,例如按照消费者习惯、按照风俗文化、按照购买动机等。选择目标市场的方式也有多种,如产品专业化、市场专业化、产品市场集中化等。选定目标市场后,在这个市场上,营销人员需要做市场定位,例如打造企业形象、宣传产品理念等。

1.4.5 产品组合设计

对于营销员来说,仅仅了解市场还是远远不够的,还需要对自己的产品了然于心。在产品组合设计的工作中,需要熟知产品组合策略,了解产品的市场生命周期,知道应该如何开发新产品、如何打造品牌以及如何制定包装策略。只有了解产品,才能够在瞬息多变的市场环境中让自己的产品生存下去,才能打造属于自己的品牌,争夺一定的市场空间。

1.4.6 产品定价

产品的定价,决定了企业是否有利润并能够生存与发展。营销员需要了解影响产品价格的因素,知道如何定价,熟悉企业定价程序和策略。对于一些基本的定价方法,例如成本导向定价法、目标利润定价法、盈亏平衡定价法等,营销员需要结合市场现状、企业现状与定位,充分思考应运用何种定价方法,因为不同的定价方法会影响着产品的价值、企业形象等,可谓是牵一发而动全身。

1.4.7 分销渠道与促销方案设计

有了好的产品以及合理的定价,如果没有合适的渠道和促销方案,也是没办法获得令人满意的结果的。不同类型的产品适用于不同类型的渠道。因此,营销员还应该掌握渠道评估、开发和管理的能力。营销员应该在充分了解市场、产品的情况下,挖掘和搭建渠道。在现代电商繁荣的情况下,营销员除了能够开发线下渠道,还应该掌握线上渠道的开发和设计。

1.4.8 营销计划与控制

市场营销是一个综合性的活动,因此营销计划的撰写尤其重要。营销员要能够结合现有资料撰写营销计划书。营销计划书是营销计划的体现,也是营销计划顺利执行的保障。同时,在营销计划落实的过程中,营销员需要善于分析计划的落实情况,收集反馈信息,把控营销计划的执行进程。

1.5 营销岗位分析

营销的工作涉及多方面。因此,在现代企业中,营销的岗位也是多种多样的。市场营销专业的学生,就业面非常广泛,所涉及的行业、岗位也是多样化、多层次的。市场营销专业学生毕业时,可以从事各行业的企业产品销售、策划、市场调研、产品设计、广告公关、网络营销、客服咨询等岗位。本教材根据市场营销流程,列出了目前的一些相关岗位,见表1.1。

表1.1 市场营销岗位表

岗位	工作描述
市场调研	
市场研究员/分析员	主要从事分析目标市场的工作。工作内容包括设计调查问卷、开展调查活动、整理数据、分析数据、撰写调查报告提供给相关部门作为其策略制定的依据
产品组合设计	
品牌/产品经理	收集、汇总客户定制化需求,给研发输出产品开发任务书、建议书,并推进相关产品化工作;结合客户应用需求,纵观行业发展趋势,整体规划产品开发路线;产品生命周期内的运营管理、竞争分析;产品相关的客户支持和项目支持
广告产品策划员	负责公司广告定期制作与宣传、维护企业公众号、设计企业产品宣传方案等
媒介策划经理	管理公司媒介团队;指导和优化公司内部媒介;根据项目宣传需求撰写并执行媒介资源整合方案;负责媒介资源整合、采购、优化、客户投放指导等工作。根据数据对媒介推广效果进行把控及调整,形成分析报告
分销渠道与促销	
网络营销员	为企业综合提供网络营销规划、网站建设规划、搜索引擎优化竞价推广、微信营销等服务
客户服务经理/专员	对接客户,主要负责与客户以及组织的沟通协调。不同行业客服经理职责不同
销售经理	负责制订和实施区域销售计划、目标;掌握市场动态,开拓市场,完成公司销售目标;对外沟通,选择开发网络渠道;制订并实施销售计划书
跟单员	跟踪客户、维护客户关系以保证订单顺利完成
电话销售代表	通过电话完成销售
零售采购员	采购原材料、控制库存、分析供货水平、维护供货商关系
营销控制	
数据处理员	负责店铺进销存数据管理;负责所辖区域各店铺补货、退货的开单录入工作;做到日清日结,录入准确;分析销售数据、控制销售成本等
公关经理	根据企业战略部署,走访各职能部门、行业协会;参与公司会展策划;处理企业突发事件;拓展并参与行业相关业务项目对外战略合作

1.6 营销人员应该具备的基本素质

要成为一名优秀的营销员,需要具备较强的综合能力。而综合能力具体体现在个人的言行举止中。本教材把营销员所应具备的基本素质分为礼仪素质、职业素质和心理素质3种。

1.6.1 礼仪素质

个人的形象往往反映出一个企业的形象。作为营销人员,需要与不同岗位、不同行业的组织或者个人打交道,其一言一行都反映着自身的素养。与人打交道,首先第一印象便是衣着打扮。良好的装扮能够展示出令人瞩目的气质。作为一名营销人员,干净整洁、大方得体的衣着至关重要。给他人的第一印象良好与否往往对于后续能否继续交流起着至关重要的作用。心理学称这种现象为"首因效应"。

1. 着装

对于男性营销人员,保持每天剃须修面,尽量不抽烟。如果某些场合需要抽烟,那么也要保持口腔清洁,保持口气清新。发型以大方整洁为主,适时修剪头发,保持干爽清洁。两鬓发脚不宜过长,也不宜刘海过眉。工作中的服饰,以西装类正装为主。在选择西装的时候,要选择深色的,不要选择颜色鲜艳的西服。选择衬衫时,注意要与西服颜色整体协调,衬衫不宜过薄或者过透。西裤长度要适宜,不要卷边、拖地、露大部分袜子。穿西服的时候,不要搭配球鞋或者凉鞋,而是应该搭配颜色协调的皮鞋。

对于女性营销人员,不宜浓妆艳抹,应该以淡妆为主。选择发卡等头部装饰的时候,也不宜过于夸张,应该选择素雅庄重大方的饰品。女性着装应该以落落大方的职业装为主。要选择正式职业装,需要避免选择无袖、无领、衣领领口过低等服饰。

2. 见面礼仪

营销人员往往需要与客户、政府部门工作人员等面对面交流。因此,见面礼仪尤其重要。在见面之前,营销人员需要检查各项必须物品是否准备齐全:合同、笔、笔记本、名片、手机等,切记丢三落四,给对方造成不良印象。在出发之前,务必计算好路途时间,避免因为特殊原因导致迟到现象。

与对方见面,需要双方介绍时,遵循受尊重方有优先了解权的原则进行介绍。也就是:先将自己以及同事介绍给对方;先将位卑者介绍给位尊者;先将男士介绍给女士,先将年轻者介绍给年长者等。切记,介绍时不要用手指指人,而是掌心向上,拇指微张指人。

而实行握手礼时,则应遵循受尊重方先伸手的原则进行握手。也就是位尊者先伸手、上级先伸手、女士先伸手。与多人握手时,先尊后卑,先女后男,先老后幼。注意,平辈同级之间,先伸手为敬。注意,握手时候保持自己双手干爽,脱手套再握手。

递交名片。即便当今通信非常便利,可以采用多种即时通信工具进行交流,但是出于尊重和显示专业性,营销人员也应该随时配备名片。营销人员应该把名片放置于衬衣左侧口袋或者西装内侧口袋,但是不宜放太多,避免使口袋鼓鼓囊囊。也可以把名片放在公文包的固定位置。切记不要把对方的名片立即放入裤兜、玩弄对方名片、在对方名片上写字、先于领导把名片交给对方。

1.6.2 职业素质

职业素质中,最重要的是知识能力。营销岗位并不是一个门槛低、知识含量低的岗位。恰恰相反,是一个综合素质要求高、专业素质要求高的岗位。作为一名优秀的营销人员,需要掌握的就是专业知识。专业知识包括理论知识的掌握、实战经验的累积、人脉资源的把控以及自身学习新知识的能力。

理论知识的掌握,即营销员是否受到了良好的专业知识教育。系统性的营销知识教育,有助于培养营销人员看待问题的全面性,有助于锻炼营销人员解决和分析问题的能力。这种专业知识的积累,是一种潜移默化的思维锻炼。专业知识有助于培养营销员缜密的思维逻辑体系。过去,有很多营销人员认为专业知识可以从工作经验中获得,经常在碰到问题无法解决时，才感叹书到用时方恨少。特别在如今科技、资讯日新月异的时代，不具备专业知识的营销员如同没有武器上战场的士兵，可能要走更多的弯路，碰更多的壁。

实战经验的累积，也即实践出真知。光有专业知识而没有实战经验，就等于纸上谈兵。营销专业所涉及的岗位范围非常广，每个岗位面临的困难和突发事件都各不相同。营销人员只有通过多工作、多实践，才能具备处理各项突发事件的能力，才能磨炼出较强的应变能力。

人脉资源的把控，也就是学会与人沟通，善于开发新客户和维护老客户。营销员很大部分的岗位都需要与人打交道，例如采购谈判、促销活动、客诉处理、汇报工作等。这些工作都要求促销员具备良好的沟通能力、语言表达能力。具有良好的沟通能力，可以让营销员获取更多的新客户。同时，营销员要善于维护老客户，注重定时联系老客户。人脉是一种资源，营销员要善于获取。

自身学习新知识的能力，要求营销员像海绵一样，孜孜不倦地获取新知识。在当今社会，具有良好的学习能力是一项非常重要的工作技能。营销的专业知识会随着市场、科技的变化而发生改变，例如当今的营销很大部分都转移到线上进行，那么线上营销需要的技巧、技术都跟传统的知识不一样。营销员要保持一种求知心，保持终身学习的热情。只有坚持终身学习，才不容易被市场淘汰。

1.6.3 心理素质

心理素质体现于人的各种活动中。营销人员每日面临着各种各样的困难与挑战，需要具备过人的心理素质，例如具有强大的自信心、坚守到底的意志力、团队合作意识等。因为营销工作更多情况是与人沟通的过程，因此，像是一场没有硝烟的战争。营销员要面临多重挑战，如突发的客户投诉事件、不愿意接受填写调查问卷的消费者、迟迟不肯出货的供应商、不配合协作的团队成员等。各种事件的发生，极大限度考验着营销人员的心理素质。

1. 自信心

营销人员首先要注意培养自己的自信心。自信是一切行动的动力来源。无论是作为基层的还是作为领导层的营销员，自信能够激发自身的潜力。面对林林种种的困难，不自信的人会被击败，畏缩不前。不自信者会为不敢尝试新挑战而找借口。反观自信者能够解脱内心的焦虑和恐惧，有效地、冷静地寻求解决办法。而该如何树立自信心？不妨从敢于接受新挑战开始。例如接受领导委派的新任务，尝试自己不敢做的项目。在完成任务的过程中，营销员会发现困难，解决困难。如果任务顺利完成，无疑能够为营销员树立信心。如果任务没有成功，营销员也能从中得到经验教训，为下次新任务积累经验，树立信心。

2. 意志力

有一种品质，可以让人摆脱碌碌无为，摆脱平庸。这种品质，不是高智商也不是天资，而是意志力。意志力也可以叫作抗压力、耐受力。具有意志力是指营销员面对内外的巨大压力，能够通过调节心理，克服困难，迎难而上，坚韧不拔地完成任务。意志力需要得到磨炼，方能显示其珍贵。工作、学习中往往会碰到令人坚持不下去的阻力，大部分的人会在这时候选择放弃，而只有少部分具有坚韧意志力的人能够咬牙坚持。而成功往往青睐这些少部分的人。具有意志力的人，善于调节心理，善于从一次次失败中总结经验，重新出发。

3. 团队合作意识

现代企业经营理念中，分工协作必不可少。不少营销人员因为本身具备较强的业务能力，就容易产生单打独斗的思想。这种思想，虽然容易为个人争取到一定的荣誉，但是对于企业的长期发展却是有害的。团体协作虽然在一定程度上会抹杀个人业绩，但是可以产生的绩效是个人难以实现的。营销人员不要认为参与团队协作，会让个人业绩受到损害。实际上，能够参与或者管理一个团队，对于个人能力的锻炼是非常有益的。因为在团队协作中，队员之间会面临各种问题，例如沟通不畅、矛盾冲突、利益冲突等。面对这些"人为"的矛盾，营销人员的处理和应变能力就显得尤其重要。这种人际关系的处理能力，也能运用到客户关系管理中。因此，作为营销人员，不要惧怕团队协作，而是应该善于团队协作。

4. 职业道德

营销人员在工作中，可能会面临各种诱惑。例如与客户串通来谋取企业利益、个人利益与团队利益的取舍、个人利益与顾客利益的平衡等。如何采取行动，取决于个人的行为准则。作为营销人员，应该坚守基本职业道德操守，守住道德红线。对于有利可图但是违法或者损害对方利益的事情，要做到坚决抵制，绝不沾染。所谓的企业职业道德是指企业调整人与人、单位与单位、个人与集体、个人与社会、企业与社会之间关系的行为准则。"敬业、尊重、公正"就是所有营销人员的共同行为准则。

敬业，强调的是对员工个体的要求，要求每个员工认真对待自己的工作和事业。"敬业"既是企业对员工的要求，也是员工自身发展的要求。员工的敬业成就企业的成功，成功的企业造就优秀的员工。员工只有认真对待自己的工作，出色完成任务，才会对企业做出真正贡献，才会在企业中实现自身的价值。

尊重，指的是企业对顾客的尊重、员工之间的相互尊重、企业内部上下级之间的相互尊重，以及企业同行间的相互尊重。通过尊重，赢得客户的信任，创造融洽的工作氛围、合作的基础、流畅的信息和情感沟通、高效的工作节奏，增强企业的凝聚力。在一个知识密集、人才众多的人群中，相互尊重才是科学精神的体现。每个人的知识结构、经验阅历不尽相同，对事物的观察与判断也会多种多样，因此，尊重他人，取长补短，才能丰富自己，赢得他人尊重。

公正，即公平正直，没有偏私。独立，即行为准则不受权势、金钱的左右，以正确的准则自主行事。公正和独立二者相辅相成又有所不同，主要是对企业行为的规定与约束。在营销过程中，我们必须以企业利益为重，全面考虑社会效益、经济效益，同时公正地兼顾各方利益。只有维护了大局的利益，才会具备社会公信力，才能保护企业自身的长远利益。

【思政小课堂】

弘扬工匠精神

中共十九大报告指出："弘扬劳模精神和工匠精神，营造劳动光荣的社会风尚和精益求精的敬业风气。工匠精神乃现代企业文化的一部分，体现为产品的生产者或服务的提供者对与其工作相关的某一方面专业品质的不懈追求与顽强坚守，是工业文明高度发展的精神成果。

大学阶段是高职院校学生扣好人生第一粒扣子的关键时期，也是伦理和职业素养形成的关键时期。如何在立德树人根本教育任务的指引下，完善大学生工匠精神的培育体系，是新时代工匠精神培育面临的重要课题之一。

① 工匠精神，是我们对职业的一种精神，具体包含对职业的专注、认真与负责。这是国家对即将步入社会的大学生的基本要求。② 工匠精神要求我们对待工作要负责，要做到精益求精。精益求精才会出精品，让国人对中国制造充满信心。③ 工匠

精神要求我们摒弃心中的浮躁之气,潜心修行。现代人生活节奏快,浮躁之风尤为严重。我们需要静下心来,静以修身,宁静致远。④ 大国工匠,国之重器。工匠精神是对每一位毕业生的要求,只有具有工匠精神,我们才能更好地服务社会,报答祖国,实现我们的人生价值。

【案例学习】

虹彩艺术创始人小贤在前期工作实践基础上根据公司业务板块需求启动"师资招聘培训系统"的建设工作,小贤带领团队将公司各岗位职能设置、教师专业知识培训、日常行为规范、客户服务等内容加以概括,从自我学习能力、人际沟通能力、合作交往能力、解决问题能力、数字应用能力、信息处理能力、革新创造能力7个方面构建岗位任职要求,自主研发虹彩艺术教师职业核心能力认证,实习主教职业核心能力认证(统筹课堂)见表1.2。

表1.2 实习主教职业核心能力认证(统筹课堂)

职业能力	基本要求	分值	
自我学习能力	深入学习虹彩艺术理念要求: 1. 解决遗留的不足,主教鉴定完毕,上报教学总监。 2. 完成交给主教。 3. 根据学习书籍的重点进行系统的整理,并给虹彩艺术教师进行分享讲解	完成☐	未完成☐
与人交流能力	1. 主动每次和主教做好课前、课后的沟通交接工作。 2. 主动每次和主教沟通自己的课堂表现,及下次改进的方向。 3. 主动关注6个学生的表现,及时发现和赏识学生的点滴进步,注重激发和保护学生的积极性、自信心。 4. 主动和关注的6个学生的家长进行8次以上有效沟通。 要求:(第1、2、4项主教做好记录,每周根据助教的情况书写100字的评价上交教学总监。第3项要客观地、全面地了解和评价关注的学生。仔细观察几节课,从学生的转变切入做600字总结。) 格式要求:结合课堂表现+画面效果分析孩子的变化	完成☐	未完成☐
与人合作能力	1. 主动和主教及其他教师一起去完成这学期分配的团队任务。 2. 分配好助教每次上下课工作安排	完成☐	未完成☐
解决问题能力	在上课过程中,遇到问题自己能主动想办法解决2次以上。 要求:根据在上课过程中能完美解决的问题书写600字总结。 格式要求:出现问题—解决方法—心得体会	完成☐	未完成☐
数字应用能力	学习虹彩艺术的备课材料课件、教案、范画等设计的方法,并完成1套完整的课堂备课。 要求:根据主教安排完成自己相应的课件、教案、范画	完成☐	未完成☐
信息处理能力	整理出自己关注学员的信息分析。要求:包括学校、班级、生日、来画画的原因、喜爱程度等	完成☐	未完成☐
创新革新能力	前期不断积累上课经验,后期准备充足,上一节课后总结不足,为下节课铺垫。根据上课经验,总结一套属于自己的上课程序,并用文字的方式书写出来,做一个分享会。 要求:上两节课,每次上课总结经验和不足,每次上完课做500字总结	完成☐	未完成☐

【迁移训练】

根据所学知识与对实际企业调查访问所获得的信息资料，组建模拟公司。

进行总经理竞聘，每名竞聘人员以"我要成立一个什么样的公司"为题，准备一份竞聘演讲稿，并发表竞聘讲演；对总经理竞聘讲演提供建议，思路如下：

1. 基本内容结构

本人简介（优势）。

模拟公司计划主营业务。要求以销售实物产品为主，建议开发新产品，可上网查找相关专利及最新技术研究方向，不能是想象出来的产品。

公司发展前景分析与预测。

2. 把握要领

认真分析主客观条件，研究竞聘态势，做到知己知彼。

研究选民心理，投其所好，满足需要，争取民心。

为自己科学定位，树立有魅力的自身形象。

【效果评价】

1. 考核内容

总经理竞聘演讲（教师评分占60%，选举得票占40%）

2. 评价标准

（1）神态、举止。（55分）

其中声音大小10分、热情展现7分、面带微笑10分、站姿8分、肢体语言5分、语言表达10分、服装得体5分。

（2）内容新颖、独特，顺序自然。（35分）

（3）时间掌控。（10分）

【竞赛辅导】

根据第七届中国国际"互联网+"大学生创新创业大赛评审要求，在青年红色筑梦之旅赛道中特别提及"引领教育"（15分）、"带动就业"（10分）、"可持续性"（15分）。其中"引领教育"要求"1. 项目充分展示了创业团队扎根中国大地了解国情民情，运用创新思维和创业能力服务社会；2. 项目充分体现专业教育与创新创业教育的有机融合，充分体现思政教育与创新创业教育的有机融合；3. 突出大赛的以人为本，充分体现项目成长对团队成员的社会责任感、创新精神、实践能力的锻炼和提升作用；4. 项目所在院校对项目发展的支持情况或项目与所在院校的互动、合作情况。"因此，参与竞赛的团队在项目设计之初要充分考虑项目的立意、创始人的资源禀赋、团队成员是否具备相应的素质条件，并将其在创业计划书中进行论述呈现。

【知识链接】

想进一步了解市场营销岗位的同学，可以登录以下链接，进一步加深理解。

https://www.bilibili.com/video/BV1rC4y1t7oY? from=search&seid=11958401577046226603（张雪峰老师讲解市场营销专业的职业规划）

https：//www.bilibili.com/video/av795429424/（上海交通大学程名望博士的网络公开课）

https：//www.iqiyi.com/v_19rrh88ylc.html？vfm=m_312_shsp&fv=9bdf85be5ffe0f89（纪录片《市场营销的奥秘》）

https：//haokan.baidu.com/v？pd=wisenatural&vid=10262268663937797282 TED（约瑟夫·派恩演讲：讲解消费者的欲望）

项目二
组建和管理团队

内容框架
建议学时：4学时，其中理论2学时，实训2学时
- 工作情境
- 创业案例
- 经典导入
- 知识要点
- 课堂讨论
- 阅读材料
- 思政小课堂
- 案例学习
- 营销小知识
- 迁移训练
- 效果评价
- 竞赛辅导
- 知识链接

知识目标
- 了解公司当中营销部门的组织架构
- 了解营销团队构成中的人员分工

能力目标
- 培养初步运用管理系统的思想、建立现代组织的能力
- 培养分析、归纳与演讲的能力

素质目标
- 增强团队合作精神
- 初步具备市场营销的意识

【工作情境】

在组建公司初期，小伙伴们意识到这与以前的组队打比赛、组队讨论问题有了本质的差异。创业团队是整个企业的栋梁，团队的好坏决定了企业的兴衰成败。没有绝对优秀的个人，只有绝对优秀的团队。麻雀虽小，五脏俱全，小型企业应当同样重视创业团队的组建。于是，刚刚上任的团队领导者带领小伙伴们参观广州虹彩艺术教育咨询有限公司，在向创始人小贤取经的基础上，大家开始思考如何搭建自己的企业营销团队。

【创业案例】

2016年夏，当时刚上大三的小贤心怀创业梦想，在学校和国家政策的鼓励与帮助下选择休学创业两年，带着15名同学共同创办了'虹彩艺术'，主做少儿美术培训。创业初期众人没考虑太多问题，在校外租赁场地，本着'勤劳苦干，大干一场改变命运'的理想开始创业实践。由于贪图场地租金便宜答应了业主分成，结果一年下来除了借钱填补亏空，并无利润，半年历程，经历了资金亏空、办证失败、被举报投诉、团队其他成员陆续退出的局面。因没有工资和规划不够明确，导致团队仅一年时间便只剩4人，小贤顿时倍感失落无助，也一度怀疑是否有前途。

关键时刻4位创始人闭关开会自我批评检讨，整整将近50个小时不眠不休，深刻地总结认识到团队技术互补、性格互补的重要性，中间有很多次争论和近乎爆发的瞬间，大家不断总结经验和推翻旧模式、旧思维，但也因为这次深刻讨论，大家更加团结一致、目标坚定，最终本企业采取事业部制组织架构，并逐渐根据个人特长进行分工，明晰职权，建立起完整的职务薪酬体系，其组织结构图如图2.1所示。

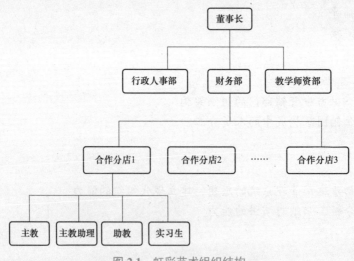

图2.1 虹彩艺术组织结构

A. 创始人、项目CEO，广东省民办教育协会秘书长，高级创业指导师，连续创业者，总体负责统筹绘画课程、艺术指导。

B. 项目合伙人，教学总监兼财务总管，拥有会计从业资格证、小学教师资格证，负责小学少儿美术课程研发。

C. 项目合伙人，行政运营总监，人力资源师二级，广东省小学教师发展中心委员。负责学前少儿美术课程研发。

D. 项目合伙人，教学主管，广东省学前教育师资培训中心教学秘书，专注学前少儿心理学研究。

问题讨论：
1. 虹彩艺术的创始人团队都分别担任什么岗位和角色？
2. 虹彩艺术的团队组建存在哪些优势和劣势？（从企业组织架构和人员分工等不同方面加以梳理）

⊠ 经典导入

新形势下，企业家如何履行社会责任

2020年8月18日，中国社会责任百人论坛在京召开发布会，中国社科院钟宏武教授、责任云研究院汪杰团队发布《企业家社会责任研究报告（2020）》。课题组根据企业规模分别选取国有企业50强、民营企业50强、外资企业50强作为研究样本，从"公益责任""抗疫责任""就业责任"三大维度，设立评价指标，编制"企业家社会责任指数"。

研究显示，腾讯马化腾（93.10分）、中国移动杨杰（91.66分）、大连万达集团王健林（91.21分）、中国一汽徐留平（90.43分）、阿里巴巴张勇（90.15分）、华润集团王祥明（89.45分）、碧桂园杨国强（88.91分）、东风公司竺延风（88.02分）、国家电网毛伟明（87.55分）、恒大集团许家印（87.20分）分别名列"企业家社会责任指数"前十名，国企企业家与民企企业家各占半壁江山。中国移动杨杰（91.66分）、腾讯马化腾（93.10分）、三星黄得圭（82.97分）分列国企、民企、外企企业家社会责任指数首位。

这份报告将汇丰银行中国董事长王冬胜的责任指数评为0分，主要原因是汇丰银行中国大幅裁员。新冠肺炎疫情期间，汇丰银行宣布将重启之前的大规模裁员3.5万人的计划。

启示：中国的企业家越来越重视社会责任。2006年，中国企业发布的社会责任报告只有32份，不到全球报告总数的1%；2020年这个数字已经超过2 000份，超过全球报告总数的10%。数据的变化，反映的是中国企业家群体的社会责任意识显著提升。企业家的社会责任，这个诞生于20世纪20年代的理念，在今天又有了更多新内涵。在2020年7月21日召开的企业家座谈会上，习近平总书记对企业家承担社会责任提出殷切希望。他强调："社会是企业家施展才华的舞台。只有真诚回报社会、切实履行社会责任的企业家，才能真正得到社会认可，才是符合时代要求的企业家。"

⊠ 知识要点

本章所陈述的"营销团队"与传统的销售团队相比，是一个范围更广的概念，不仅涉及产品销售环节，还包含产品设计、产品研发、产品销售、售后服务等多方面的内容，在具体操作过程中可以发现，营销团队的组建过程与当下的初创企业创业团队有共通之处。以2021年第七届中国国际"互联网+"大学生创新创业大赛章程为例，虽然赛道众多，但是都明确规定项目报名必须以团队申报，人数在3～15人，这也从竞赛驱动角度更加阐明了团队的重要性。

2.1 营销团队概述

营销团队的凝聚力、合作精神、立足长远目标的敬业精神会帮助新创企业度过危难时刻,加快成长步伐。另外,团队成员之间的互补、协调以及与创业者之间的补充和平衡,对新创企业起到了降低管理风险、提高管理水平的作用。

一般而言,营销团队由以下四大要素构成:

2.1.1 目标

目标是将人们的努力凝聚起来的重要因素,从本质上来讲营销团队的根本目的就在于创造企业价值。因此,团队需要明确共同愿景、共同目标,成员之间共担风险和共享回报,形成统一目标和良性循环。如图 2.2 所示。

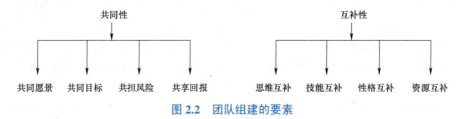

图 2.2 团队组建的要素

2.1.2 人员

任何计划的实施最终还是要落到人的身上去。人作为知识和能力的载体,所拥有的知识对于营销团队的贡献程度将决定企业在市场中的命运。

2.1.3 团队成员的角色分配

团队成员的角色分配,即明确各人在新创企业中所担任的职务和承担的责任。团队成员要形成思维互补、技能互补、性格互补和资源互补。

2.1.4 构建团队制度体系

通过构建完整的创业团队制度体系来实现对成员的管理和激励,充分调动成员的积极性、最大限度发挥团队成员作用的目的。

> **课堂讨论**:龙舟队、旅行团、足球队、候机乘客四个类型,哪些是群体?哪些是团队?
> 提示:结合构成团队的四大要素进行判断,要素缺一不可。

阅读材料

第一团队

在美国接受教育并且工作多年的沈南鹏、梁建章,与接触过国外文化的民营企业家季琦、国营企业管理者范敏,构成了中国企业史上的一个奇妙组合。1999 年,四人创立了携程网;2002 年,4 人创立了如家。在中国的企业家中,三年内两次把自

己创办的企业送进美国纳斯达克股市,他们是纪录的创造者,所以,这4个人堪称"第一团队"。4个人的分工明确:

季琦——团队的实干者和推动者。1997年开始,做过很多生意。后认识梁建章,成为好友,决定共同创业。

梁建章——团队的信息者、技术者。原甲骨文中国区咨询总监,看到美国互联网发展迅速,提议做网站。

沈南鹏——团队的监督者、完美者。当时德意志银行的董事。是季琦同届的校友,与梁建章在美国相识。

范敏——团队的行业专家。当时已在旅游业工作了10年,时任大陆饭店的总经理,待遇优厚。季琦的校友,通过多人辗转找到,三顾茅庐挖来。

4人按照各自的专长组成"梦幻组合":梁建章任首席执行官,沈南鹏任首席财务官,季琦任总裁,范敏任执行副总裁。

在第一团队的组合里,没有"皇帝",也没有"大哥";他们虽有同学之谊、朋友之情,但性格、爱好迥然不同,经历各异;他们创立的携程和如家虽然经历了多次高层人事变更,却从来没有发生过震荡,都在纳斯达克成功上市,并且一直保持着优异的业绩;他们为中国企业树立了一个高效团队的榜样,最终获得了共赢的结局。

> ◆ **课堂讨论:**
> 1. 这个项目团队的分工模式适合你们企业吗?为什么?
> 2. 谈谈你在选择团队的过程中,最看重的能力和素质是什么?

2.2 营销团队组建的基本原则

根据营销团队的核心定义及主要构成,可以确定组建营销团队过程的基本原则包括:

2.2.1 目标明确合理原则

目标必须明确,这样才能使团队成员清楚地认识到共同的奋斗方向是什么。与此同时,目标也必须是合理的、切实可行的,这样才能真正达到激励的目的。

2.2.2 互补原则

个体之所以要寻求团队合作,其目的就在于弥补创业目标与自身能力间的差距。

2.2.3 精简高效原则

为了减少创业期的运作成本、最大比例地共享成果,创业团队人员构成应该在保证企业高效运转的前提下尽量精简。

2.2.4 动态开放原则

团队的稳定性与团队的灵活性之间是一个动态平衡的过程,组建团队的过程应该注意保持团队的开放性,使得真正完美匹配的人员能够吸纳到团队当中。

图2.3为团队组建基本原则示意图。

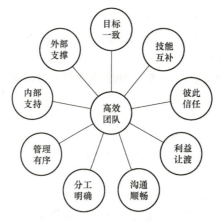

图 2.3　团队组建基本原则

2.3　营销团队组建的主要影响因素

营销团队的组建受多种因素的影响，这些因素相互作用、共同影响着组建过程，进一步影响着团队组建后的运行效率。

2.3.1　领导者

团队领导者的能力和思想意识从根本上决定了是否要组建营销团队、团队组建的时间表以及由哪些人来组建团队。不同领袖风格的团队领导者在组建团队过程中看中的素质要求是不同的。

2.3.2　项目特点

不同类型的项目需要团队的类型也不尽相同。个体应该根据项目特点考虑团队的构成需求，决定如何组建团队、从何招募团队成员、需要哪些能力和素质等。

2.3.3　目标与价值观

共同的价值观、统一的目标是组建营销团队的前提，团队成员若不认可团队目标，就不可能全心全意为此目标的实现而与其他团队成员相互合作、共同奋斗。而不同的价值观将直接导致团队成员在创业过程中脱离团队，进而削弱创业团队作用的发挥。没有一致的目标和共同的价值观，营销团队即使组建起来，也无法有效发挥协同作用，缺乏战斗力。

2.3.4　外部环境

团队的生存和发展直接受到制度性环境、基础设施服务、经济环境、社会环境、市场环境、资源环境等多种外部要素的影响。这些外部环境要素从宏观上间接影响团队组建类型的需求。

【思政小课堂】

诚信经营方能行稳致远

任何时候，依法诚信经营都是企业安身立命之本。"诚招天下客，誉从信中来"，以诚信擦亮品牌，企业才能立得住、行得稳。

最近，纳斯达克上市公司瑞幸咖啡自曝财务造假事件引起市场关注。2020年4月2日，瑞幸咖啡发布声明称，董事会成立特别委员会调查发现，公司虚报2019年第二至第四季度销售额约22亿元人民币。消息一出，瑞幸咖啡当日股价暴跌约8成，市值大幅蒸发。从成立仅10多个月即在美国上市，到上市不到一年就曝出财务造假事件，瑞幸咖啡由风光无限到跌入谷底的历程，让人有颇多感慨，也给人以启示。

对于企业来说，应当扎扎实实做好主业，盲目追求快速扩张这条路往往走不远。近年来，有的初创企业被包装成"蓝海"中的"珍珠"，在获取资金热捧后，短时间内靠"烧钱"铺店面、靠低价推产品，快速抢占市场份额。然而，无论其产品还是盈利模式都尚未成熟，更多依靠低价营销吸引眼球，光鲜背后往往埋下了风险隐患。

显然，不管企业采取什么样的商业模式，产品精、服务优才是兴业的不二选择。企业只有拿出品质优良、产销对路的产品和服务，才能真正赢得消费者青睐，实现长期稳健的发展。可以说，会给资本"画大饼"的企业不算真英雄，用心做出色香味俱佳的真大饼、好大饼，赢得市场认可，这样的企业才能有长远发展。归根结底，企业要提升核心竞争力和稳定盈利能力，才能行稳致远、基业长青。

当经营状况不甚理想时，采取造假的方式谎报业绩，就更不可取。"人无信不立"，对企业而言亦是如此，任何时候，依法诚信经营都是企业安身立命之本。作为上市公司，更应当严格遵守相关市场的法律和规则，真实准确完整地履行信息披露义务，这既是对市场、对股东负责，也是对自己负责。"诚招天下客，誉从信中来"，以诚信擦亮品牌，企业才能立得住、行得稳。

当然，要让上市公司真实披露信息，不仅需要企业的自觉，外部环境约束也不可少。只有监管部门、中介机构、投资者等各方共同努力，才能形成更好的市场环境。国务院金融委日前召开会议强调，发挥好资本市场的枢纽作用，不断强化基础性制度建设，坚决打击各种造假和欺诈行为。可以预期，未来随着监管力度的加强，将进一步强化信息披露要求，提高上市公司财务造假等行为违法成本，提升上市公司诚实守信经营水平，并进一步压实中介机构责任，进而更好地维护投资者合法权益。投资者也要擦亮眼睛，提高"用脚投票"能力，把资金投向那些有前景、讲诚信的企业，与优质上市公司一起成长。

（摘录自《人民日报》，2020年4月13日18版）

2.4　创业团队组建的主要工作

2.4.1　明确目标

对于初创企业而言，营销团队的目标就是要通过完成创业阶段的技术、市场、规划、组织、管理等各项工作实现企业从无到有、从起步到成熟。总目标确定之后，为了推动团队最终实现创业目标，再将总目标加以分解，设定若干可行的、阶段性的子目标。

2.4.2　制订计划

在确定了阶段性子目标以及总目标之后，紧接着就要研究如何实现这些目标，为了实现目标需要哪些人员组成、人员的数量及技能要求，确定招募计划。

2.4.3 招募人员

对于创业团队成员的招募,主要考虑两个方面:一是考虑互补性,即考虑其能否与其他成员在能力或技术上形成互补。这种互补性的形成既有助于强化团队成员间彼此的合作,又能保证整个团队的战斗力,更好地发挥团队的作用。一般而言,营销团队至少需要产品设计(技术)、产品销售(狭义概念的营销)及客户服务(运营管理)三类人才。二是考虑适度规模,适度的团队规模是保证团队高效运转及有效获利的重要条件。一般认为,初创团队的规模控制在 3~12 人最佳。

> ◆ **课堂讨论**:常见的招募人员的渠道有哪些?为什么会选择该渠道?
> **提示**:家人、亲朋好友、招聘平台、熟人推荐……

2.4.4 职权划分

为了保证团队成员执行计划、顺利开展各项工作,必须预先在团队内部进行职权划分。团队成员之间的职权划分必须明确,既要避免职权的重叠和交叉,也要避免无人承担造成工作上的疏漏。此外,由于还处于创业过程中,团队面临创业环境又是动态复杂的,不断会出现新的问题,团队成员可能出现更换,因此职权也需要定期进行调整。

> ✉ **阅读材料**
>
> #### 团队规范形成之"分粥"
>
> 有 7 个人组成的小团体,其中每个人都是平凡而且平等的,但不免自私自利。他们想通过制定制度来解决每天的吃饭问题——要分食一锅粥,但并没有称量用具。那么怎么分才最有效呢?
>
> **方法一**:指定一个人负责分粥事宜。很快大家就发现,这个人为自己分的粥最多。于是又换了一个人,结果总是主持分粥的人碗里的粥又多又好。阿克顿勋爵做出的结论是:"权力会导致腐败,绝对的权力导致绝对的腐败。"
>
> **方法二**:大家轮流主持分粥,每人一天。虽然看起来平等了,但是每个人在一周中只有一天吃得饱且有剩余,其余 6 天都饥饿难挨。大家都认为这种办法造成了资源浪费。
>
> **方法三**:大家选举一个信得过的人主持分粥。开始这位品德尚属上乘的人还能公平分粥,但不久他开始为自己和溜须拍马的人多分。
>
> **方法四**:选举一个分粥委员会和一个监督委员会,形成监督和制约。公平基本上做到了,可是监督委员会常常提出种种议案,而分粥委员会又据理力争,等粥分完时,粥早就凉了。
>
> **方法五**:每个人轮流值日分粥,但是分粥的那个人要最后一个领粥。令人惊奇的是,在这个制度下,7 只碗里的粥每次都是一样的多。每个主持分粥的人都认识到,如果 7 只碗里的粥不同,他确定无疑将享用那份最少的。
>
> (摘录自《大学生创业基础知能训练教程》(第二版))

2.4.5 构建制度

团队制度体系体现了营销团队对成员的控制和激励能力,主要包括了团队的各种约束制度和各种激励制度。一方面，创业团队通过各种约束制度（主要包括纪律条例、组织条例、财务条例、保密条例等）指导其成员避免做出不利于团队发展的行为，实现对其行为进行有效监督。另一方面，团队要有一整套有效激励机制（主要包括利益分配方案、奖惩方案、考核标准、激励措施等）。需要注意的是，团队的制度体系必须以规范化的书面形式确定下来，以免带来不必要的混乱。

2.4.6 调整融合

在完成前置工作步骤之后，团队调整融合工作主要是针对团队运行中各种问题进行修正改善。在这个过程中，领导者要保证团队成员间经常进行有效的沟通与协调，强化培养团队精神，提升团队士气。

团队发展一般经历组建期、磨合期和稳定期 3 个阶段。不同时期团队有不同的发展状态，领导者也应该相对应开展不同的工作。

2.4.6.1 组建期

1. 特征

① 对团队目标和个人目标不了解。
② 团队成员彼此陌生，互相猜忌。
③ 团队成员对团队规则不熟悉，对组织没有信心。
④ 人员流动性大。
⑤ 团队绩效成长较快。

2. 管理者主要工作

① 组建队伍：按照市场需要进行定编和进行人员招聘。
② 定目标：宣布你对团队的期望，与成员一起建立团队愿景。
③ 指方向：提供团队明确的工作方向和策略。
④ 讲文化：培训团队成员了解团队文化并提供团队所需的信息，获取信任。
⑤ 定核心和分工：明确团队的核心和根据个人特点进行工作分工。
⑥ 树信心：对团队成员多鼓励少批评，建立团队信心。

2.4.6.2 磨合期

1. 特征

① 团队绩效快速增长。
② 成员冲突、彼此敌对。
③ 信息不通、出现混乱。
④ 权威没有建立，对领导不满。

2. 管理者主要工作

① 带队伍：在团队里面充当教练角色，对团队成员进行传帮带，帮助其成长，以德服人。
② 及时处理冲突：最重要的是快速处理冲突安抚人心，以事带人。
③ 信息流动：建立工作规范和工作流程，使团队内信息流动起来。
④ 透明决策：调整领导角色，鼓励团队成员参与决策，使团队成员对决策承担责任。
⑤ 活动组织：多组织一些活动，让团队成员互相了解、互相信任。

2.4.6.3 稳定期

1. 特征

① 稳定期团队的绩效趋于比较稳定的成长。
② 人际关系由敌对走向合作。

③ 团队的工作文化和工作方式已经得到团队成员认可，工作效率逐步提高。
④ 团队成员工作技能提升。

2. 管理者工作

① 鼓励竞争：通过挑战性任务培养团队成员成长，鼓励团队成员良性竞争。
② 放权：通过放权，鼓励团队成员承担更多的责任并不断进行创新。
③ 提效率：通过优化规范和流程不断提高团队的效率。

2.5 常见的营销团队组成模式

2.5.1 星状的核心主导团队

① 组织结构紧密，向心力强。
② 主导人物作用巨大。
③ 决策程序相对简单，效率较高。
④ 容易形成权力过分集中的局面。
⑤ 当其他团队成员和主导人物发生冲突时，因为核心主导人物的特殊权威，使其他团队成员在冲突发生时往往处于被动地位，在冲突较严重时，一般都会选择离开团队，因而对组织的影响较大。

2.5.2 网状的群体性创业团队

① 没有明显的核心，整体结构较为松散。
② 集体决策，效率相对较低。
③ 容易形成多头领导的局面。
④ 当团队成员之间发生冲突时，一般都采取平等协商、积极解决的态度消除冲突。
⑤ 团队成员不会轻易离开，但是一旦团队成员间的冲突升级，使某些团队成员撤出团队，就容易导致整个团队的涣散。

> ❖ **课堂讨论：单干，还是合伙？**
>
> 　　有同学会问，人们比较熟悉的汇源、小肥羊、安踏、万向、盛大等上市公司的创始人，他们最初都是采用单干的方式，最后获得了很大的成功。那么我们是选择合伙人创业再招募员工，还是自己单干？
>
> 　　可以问问自己以下问题：
> 1. 我的资金已经充分到位了吗？
> 2. 我拥有核心技术吗？
> 3. 目前我能够解决技术方面的所有问题吗？
> 4. 我已经做过详细的市场调查了吗？
> 5. 我已经有明确的营销渠道和方法了吗？
> 6. 对我自己不擅长的领域，通过招聘员工就能解决吗？
>
> 　　**提示：** 如果上述问题你都能回答：是！那你可以单独干了！不宜绝对地说哪种创业方式好，这要看创业者要进入的是哪一个行业。有些行业是必须要合伙才能创业的，如创办律师楼、顾问公司、培训机构等，如果没有合伙人，很难开展业务；对资金、技术依赖性强的行业也不宜单干，要建立起合作团队。

2.6 营销团队组建的风险成因

谈起团队的组建,《西游记》中由唐僧率领的取经团队被公认为是一支"黄金组合"的创业团队,这个组合也可以借鉴到营销团队的组建过程。四个人的性格各不相同,却又同时有着不可替代的优势。比如说,唐僧慈悲为怀,使命感很好,有组织设计能力,注重行为规范和工作标准,所以他担任团队的主管,是团队的核心;孙悟空武功高强,是取经路上的先行者,能迅速理解、完成任务,是团队业务骨干和铁腕人物;猪八戒看似实力不强,又好吃懒做,但是他善于活跃工作气氛,使取经团队不至于太沉闷;沙僧勤恳、踏实,平时默默无闻,关键时刻他能做好后勤保障、稳定局面。但是现实中这类黄金组合非常少见,在组建和管理团队过程中因为各种原因会造成风险存在,以下将团队组建的风险成因加以概括。

2.6.1 盲目照搬成功的组建模式

创业团队的组建基本可以分成三种模式:关系驱动、要素驱动和价值驱动。

关系驱动是指以创业领导者为核心的人际关系圈内成员构成团队。他们因为经验、友谊和共同兴趣结成合作伙伴,彼此发现商业机会后共同创业。

要素驱动是指创业团队成员分别贡献创业所需的创意、资源和操作技能等要素。由于这些要素完全互补,团队成员之间处于相对平等的地位。

价值驱动是指创业成员将创业视为一种实现自我价值的手段,他们的使命感很强,成功的冲动也很强。

不同的组建模式适用的条件不尽相同。如果盲目照搬照套某种组建模式,会给企业带来巨大的风险。现在应用最广泛的是关系驱动模式,它和中国文化的特点相契合,其团队的稳定性相对较高。要素驱动模式比较符合西方文化的特点,现在的互联网创业团队大多属于这种模式,如果成员之间磨合顺利,可以缩短企业成功所需的时间,但是如果磨合不顺利,就很容易解散。

2.6.2 团队成员选择具有随意性和偶然性

创业团队是要将个体的力量整合为集聚的攻击力,并保持这种攻击力的持久性。英国学者贝尔宾曾经考察了 1 000 多支团队,研究理想创业团队的构成,最后提出了"九种角色"论,即成功的团队必须包含 9 种不同角色的人。这 9 种角色分别是:提出创新观点并做出决策的创新者;将思想语言转化为行动的执行者;将目标分类,进行角色职责与义务分配的协调者;促进决策实施的塑造者;引进信息与外部谈判的资源调查者;分析问题与看法并评估别人贡献的监控评估者;给予个人支持并帮助他人的协作者;强调任务的时效性并完成任务的完成者;以及具有专业技能和知识的专家。见表 2.1。

表 2.1 团队成员角色

类型	角色	角色描述及个性特征
行动导向 (负责执行团队任务活动)	完成者 (Completer/Finisher)	为团队带来严谨、担当。勤勤恳恳,尽职尽责,积极投入,找出差错与遗漏,准时完成任务
	执行者 (Implementer)	为团队带来稳健、信誉。执行力强,纪律性强,办事高效利索,值得信赖,保守稳健
	塑造者 (Shaper)	为团队带来动力、人性。极强的成就导向,充满活力,激发人心,有克服困难的动力和勇气

续表

类型	角色	角色描述及个性特征
人际导向 （负责协调团队 内外部人际关系）	协调者 （Co-ordinator）	为团队带来成就、掌舵支柱。成熟、自信，能够阐明目标，促使决策，合理分工，成员信任与认同，典型的人际导向型团队领袖
	资源调查者 （Resource Investigator）	为团队带来热情、发展机会。外向、热情、健谈，善于发掘机会、谈判、构建关系网络、获取外部资源
	协作者 （Teamworker）	为团队带来高效合作、凝聚力。善于倾听，性格温和，感觉敏锐，能够防止摩擦、平息争端、趋利避害，促使团队融洽，保持振奋向上的团队精神
谋略导向 （负责发现创意与 提供专家智慧）	创新者 （Plant）	为团队带来创新、改革力。高智商，富有创造力和想象力，不墨守成规，敢想敢干，能够解决难题
	专家 （Specialist）	为团队带来特殊技能、专业性。目标专一，提供专业的知识与技能，同时表现为高度内向，自我鞭策，甘于奉献
	监控评估者 （Monitor Evaluator）	为团队带来可观评判、明智决策。明智、谨慎、聪明，遇事沉稳冷静，具有战略眼光与远见卓识，在重大决策上往往能够做出正确评估与判断

但是，在组建初期由于规模和人数的限制，创业团队在成员选择方面经常考虑不够全面，过于随意和偶然，甚至只是因为碰巧谈到创业问题而一拍即合，所以不可能具备所有这 9 种角色，之后又没有进行及时补充，或是在团队中承担某种角色的人才过多，团队成员之间角色和优势重复，这些都会引发各种矛盾，最终导致创业团队解散。

2.6.3 缺乏明确和一致的团队目标

心理学家马斯洛指出：杰出团队的显著特征是具有共同的愿景与目标。凝聚人心的经营理念，是团队合作的基础。目标则是共同愿景在客观环境中的具体化，能够为团队成员指明方向，是团队运行的核心动力。

事实上，在创业初期，创业团队的目标一般并不十分清晰和明确，可能只是一个发展方向，有些人甚至不明白自己为什么会走上创业的道路。而且即使创业领导者的目标明确，也不能保证其他成员都能够准确理解团队目标的含义。随着创业进程的推进以及外界环境的变化，团队成员可能会发现原先确定的目标和现实之间存在差距，必须对目标进行适当调整，此时如果团队成员之间意见难以调和，或是个人目标与组织目标出现较大的差距，那么团队就会面临着解散的风险。联想的柳传志非常重视市场导向，而倪光南则十分强调技术导向，他们在经营理念和创业目标上的不一致导致了曾被誉为"中关村最佳拍档"的联想创业组合的分裂，给当时的联想企业带来了巨大的冲击。

2.6.4 激励机制尤其是利润分配方式不完善

在团队组建初期，由于企业前途未卜，各成员在创业企业中的作用和贡献无法准确衡量，因此团队无法给出一个明确的利润分配方案，可能只是简单地采取平均主义的做法，这样，随着企业的发展和利润的增加，团队成员在利润分配时就会出现争议，从而导致创业团队解散。

❖ **课堂讨论**：为了节约成本，让你从西游团队裁掉一员，你会选择谁？

✉ **阅读材料**

新东方的创业团队历程

作为新东方的创始人及董事长俞敏洪，把新东方从一个小作坊发展为现在市值千亿美金的公司，一路走来可谓是历经坎坷。对于新东方的发展历程来说也是磨难重重：去家族化遭母亲和妻子抵制，股权分配时的新东方内部矛盾，所有创业公司以及家族企业、合伙人公司经历过的团队搭建、人才引进、商业模式、股权分配……这些问题，新东方都统统经历一遍。

1. 去家族化

新东方刚开始的时候，俞敏洪用的都是家族成员，家族成员很便宜，但没有什么所谓的现代化结构。但是，如果这样一直做下去，就会出大问题。企业大了会引进很多外面的人，但家族成员都在企业内部，家族成员文化水平不够、管理经验不够，还要到处乱插手，下面的人，不管是职业经理还是老师都会没有尊严感。1995年以后，俞敏洪深刻意识到，家族成员的存在会形成新东方的发展障碍。基于这个前提条件，他到国外把大学同学、中学同学招回来，他们从才气上到能力上，都盖过了家族成员。所以，家族成员就只能退守一边。

2. 引进人才

俞敏洪找了王强、徐小平过来，因为他们英文水平和人文水平都比较高。1996年，王强、徐小平从美国回来，在家族制的改革僵持不下时，王强为了给俞敏洪施加压力，递交了辞职信。为了表示对王强的支持，徐小平也表示辞职。俞敏洪在内心深处认为去家族化是正确和必要的，所以他挽留住了王强。

3. 构建制度、职权划分

新东方刚开始所谓的合伙，其实就是包产到户，俞敏洪把新东方分成几个板块，比如王强做口语，徐小平做出国咨询，他来做考试，这是一个非常松散的合伙制。当把一个松散的合伙制度变成一个非常严格股份制结构的时候，出现了问题。

第一，到底谁占多少股份？最后他们划分出11个人的原始股东，但这11个人拿多少股份，是一个大问题。他们按照过去大家在这个领域当中所做的贡献进行分配，但是到底谁贡献大、谁贡献小？

当时他们设立的合伙人架构是一个非发展架构，当新的业务产生的时候，根本装不进去。真正股份制度实行完了以后，也出现了很多问题。到底谁是第一副总裁？大家认为俞敏洪当第一总裁都没有问题，但是谁当第一副总裁、谁当第二副总裁？这些问题，到最后大概花了4年的时间才解决掉。当然解决到最后的结果是好的，新东方变成了一个实实在在的股份制公司。

第一个启示：用10%的代持股份，吸引来了新东方的第二代管理者。在分股份的时候，俞敏洪拿出10%作为代持股份。因为俞敏洪知道新东方必须要有后来人，要有新的管理者进来才行，这个股份就是为新的股东留的。这10%留下相当于1 000万股，新东方上市按照1亿股上市的，这1 000万股出来以后，最后真的吸引到了新东方第二代管理者。

第二个启示：合理的股份增发机制，让干得多的人权利不断增加。俞敏洪每年申请期权，发给能干的人，谁干得多，就发给谁，这些人就不断地能拿到新东方的股权。其实合伙制企业也好，创业也好，一开始要设立一个股权激励机制，不是那么容易的事情。新东方在上市之前没有增发股份,因为俞敏洪预留的10%正好在上市之前用完,上市以后就开放了公开的期权发放机制,也不再需要重新在内部增发股份。

(摘录自《俞敏洪亲述新东方创业团队的搭建和股权分配》)

【营销小知识】

鲶鱼效应

挪威人喜欢吃沙丁鱼,尤其是活鱼。市场上活鱼的价格要比死鱼高许多。所以渔民总是想方设法地让沙丁鱼活着回到渔港。可是虽然经过种种努力,绝大部分沙丁鱼还是在中途因窒息而死亡。但却有一条渔船总能让大部分沙丁鱼活着回到渔港。船长严格保守着秘密。直到船长去世,谜底才揭开。原来是船长在装满沙丁鱼的鱼槽里放进了一条以鱼为主要食物的鲶鱼。鲶鱼进入鱼槽后,由于环境陌生,便四处游动。沙丁鱼见了鲶鱼十分紧张,左冲右突,四处躲避,加速游动。这样沙丁鱼缺氧的问题就迎刃而解了,沙丁鱼也就不会死了。这样一来,一条条沙丁鱼活蹦乱跳地回到了渔港。这就是著名的"鲶鱼效应"。鲶鱼效应是采取一种手段或措施,刺激一些企业活跃起来投入市场中积极参与竞争,从而激活市场中的同行业企业。让鲶鱼在搅动小鱼生存环境的同时,也激活了小鱼的求生能力。其实质是一种负激励,是激活员工队伍之奥秘。

【案例学习】

在经历过成立初期的迷茫困惑后,创始人小贤带领团队经过讨论制定了严密的企业员工岗位职责说明书、岗位绩效考核方案、工资标准表、股权架构等。见表2.2~表2.5。

表2.2 企业员工岗位职责说明书

职业	公司安排的任务	公司安排的其他任务	任职资格
董事长	把握制定公司的发展战略,发掘市场机会,领导创新与变革,代表公司参加重大业务活动,负责保证内部管理体系完整	负责不定期组织成员团建,定期做会议总结,询问成员工作状况,负责组织与校方定期沟通	企业创办人以及出资最多额度者。就读或者毕业于美学管理
行政人事部部长	负责公司的运行,以及分店合作方和总店的工作协调	举办宣传活动以及成果展示	管理专业或社工专业
财务部部长	组织公司会计核算、财务管理工作,控制公司成本费用	负责协助董事长做好季度以及年度规划	持国家认证会计证书
教学师资部部长	负责课程研发以及教师上课时间的协调,同时负责师资培训和任务安排	负责教师意外情况时作为课时替补老师,积极开展教学工作	工作超过半年,完成内部师资培训课程课时以及机构管理教学课
合作分店店长	负责保证对外合作管理,定期向公司核心层通报经营战略和计划执行情况、资金运用情况和盈亏情况	各分店关于教学宣传、产品包装以及家长会召开的协调工作	工作超过一年,完成内部师资培训课程课时,并通过机构运营模式考核者

续表

职业	公司安排的任务	公司安排的其他任务	任职资格
主教老师	负责课堂主导管理及培养助理以及产品售后服务跟进	负责上课以及课程的服务全套，包括备课、采集上课照片、课堂记录、课后反馈、学生资源库整理以及分类，还有课后家长的意见收集、反馈调查和学期每次开展室外活动的协调工作	工作超过半年，完成内部师资培训课程课时
主教助理	负责课堂协调管理以及培养助教，同时参与课程开发		选修或必修通过"发展与教育心理学""学前教学与研究""教学基本功""课程教学设计""学前教育概论""大学生创业培训专题课"课程中的两到三门课程即可
助教	负责协调和安排实习生工作，并做好实习生与课堂对接工作，充分了解熟悉产品		
实习生	负责机构卫生及客服接待，了解产品特点优势及输出模式，负责课堂学习记录、反馈以及孩子学习情况的跟进和微信客服		

表 2.3　虹彩艺术岗位绩效考核方案

内容	金额		指标评价标准	自评	教务主管评	店长主管评
教师教学工作	1 800～3 000元	3%提成	主动接待上门咨询家长并添加联系方式安排体验课，学生在体验周期内按学生情况制订推荐合适教学计划反馈家长并邀约家长续报成功常规班，老带新等教师可在学费中抽3%作为提成			
		基础工资	教师上课提前备课，禁止没备课上课，打印资料分类放于文件夹中			
		基础工资	每月3～4次和家长1对1反馈学员学习情况，并获得家长好评			
		提成另计	配合公司安排组织任教班级学员参加比赛、考级、续报、各类活动邀约，提成另计			
		基础工资	每次登记管理任教班级的学员考勤情况和邀约补课			
		基础工资	每月考核教师任教班级教学质量和家长满意度			
店长运营工作		基础工资	每月制定一场营销引流、比赛、考级等活动（一月一活动）策略，写出具体可操作方案包括（具体流程、活动成本、预测效果、教师收益等）带领教师们完成活动			
		基础工资	负责安排每月每周工作分配和监督目标达成并制定对此解决对策			
		基础工资	负责每月做好店内营业报告（店内的营业报告、经费的报告、支出和收入的报告）			
		基础工资	店长每月至少组织一次销售技能、沟通技能、门店的管理技能等技能的培训（应有PPT和演讲稿），带领教师成长			
		提成另计	拓展合作伙伴，每月至少一次邀约意向机构负责人参观机构并介绍机构情况促成加盟/派师/课程开发等业务合作			
教师教研工作		每个10元	更新大纲范画PPT并录制授课讲解视频（避免和他人重复）			
		提成另计	根据合作方的要求制作新的教学大纲和教学PPT			
		基础工资	每月组织进行一次教研活动可针对教学效果和存在问题，帮助教师改进（有PPT、流程、演讲稿）			
教师其他工作		提成另计	负责相关新闻稿推文撰写和排版发布			
		提成另计	负责配合参加招生等活动			

表 2.4　虹彩艺术教师工资标准表

地点	教师职称（等级）	课时费	餐费	车费	备注	合计
五山总部	实习助教	0	14元	4元	关注课堂	18元
	助教	10元			协助主教	28元
	实习主教	15元			接触课堂	33元
	主教	20元			携带助教	38元
	独立主教	40元			独立教学	58元
分店	外派主教	80元（6人）	自费	自费	独立教学	80元
		120元（10人）				120元
		140元（13~14人）				140元
	外派助教	该教师在五山总部的课时费（28~58元）	14元	视路程定	由外派主教支付费用	
	实习店长	分店收益，总部得40%，实习店长得60%	自费		需支付外派教师课时费	视排课情况，不低于3 600元
	店长	分店收益，总部得20%，店长得80%			需支付外派教师课时费	视排课情况，不低于5 000元

1. 外派教师上课学生人数较多时如果需要助教协助，外派教师要根据《虹彩艺术教师工资标准》自行支付相应费用给助教；
2. 教师职称（等级）需要每位教师根据虹彩艺术职业核心能力认证，审核通过认证进行提升等级；
3. 所有教师需在五山总部进行升级至主教或独立主教才能获得外派资格；
4. 虹彩艺术教师工资标准表最终解释权归机构所有。

表 2.5　股权架构及合伙人分工协议

项目	合伙人 A	合伙人 B	合伙人 C
出资方式	现金	现金	现金
利润分配和亏损分摊	67%	13%	20%
经营分工、权限和责任	公司里的出纳，主要负责资金收付	会计，主要负责账务处理和编制报表	人员管理招聘以及解雇等
合伙人个人应负的责任	相关法律责任	相关法律责任	相关法律责任
协议变更和终止	破产或涉及相关法律	破产或涉及相关法律	破产或涉及相关法律

在进行团队招募的过程中，小贤也带领创始团队进行了精心设计，并希望能够给来访的团队一些启发。

虹彩艺术招募通知

虹彩艺术是由师兄师姐在学院领导以及老师支持下，在校创办的学前美术教育培训班创业队伍，创业历时一年，至今有25人学生团队以及15家分店，为师弟师妹们提供了实现老板梦的机会！无须任何费用，净身入户，但需付出别人吃不了的苦，只针对广外艺在校生、应届毕业生、实习生进行合作招募，本次招募将与师兄师姐们同甘共苦，是一个在校生接触社会、深入社会、适应社会的大好时机，优秀者可保证就业无忧，成为管理店长，祝你抵达人生巅峰！

注：

*虹彩艺术提供创业平台，非勤工俭学或是兼职，若有此类考虑请绕道。

*创业需谨慎，务必跟家长沟通并取得认同方可进行。

（一）要求：

1. 性格开朗，有爱心、责任心和亲和力。
2. 具有良好的语言表达能力、学习理解能力及团队协作精神。
3. 热爱教育事业，并计划未来从事机构教育行业。
4. 非毕业生需在不影响学业的情况下进行报名。
5. 在实习期间有一套针对能力提升的标准要求，按标准完成即可升职升资。

（二）虹彩艺术将给你带来：

1. 善于与学生、家长交流沟通的能力。
2. 提供上课平台，锻炼上课的技巧能力。
3. 每周五会进行师资培训，定期会请学院专业教授、教师进行讲座和指导。

*培训内容包括：① 学前教师的专业素养以及美术技能的提高；② 培训机构经营的逻辑思维以及合作管理；③ 教育机构行业新模式以及参与实操活动；④ 教育活动团队内部管理与技能转现。

4. 优秀实习生毕业后（半年以上）可成为虹彩艺术分店店长，无须投资，享受80%分红利润，能力较强者多劳多得，可开设2~4家分店管理。

（三）你将付出：

1. 玩耍、约会、颓废的时间，因为这里不是学生活动，而是实打实的社会交际圈的锻炼，容不得浪费时间的狼性训练会让你在短期内能力突飞猛进。
2. 超过常人的吃苦能力和耐力，虹彩团队需要的是一支狼性团队，每个人都是能力暴发户，承压能力需要十分强悍。

（四）给师弟师妹们的寄语

您愿意选择毕业前四处面试就业，还是毕业后当老板给别人提供就业的机会？

您愿意父母看着我们历时十年寒窗，就业还要四处奔波，还是从现在开始奋发崛起，未雨绸缪？

一生之计，全看自己，机遇和命运往往都是一瞬间决定的事，全民创新、万众创业的黄金时代来了，作为"90后"有活力、有干劲的我们，还等什么？

有意向的同学，可添加微信咨询。

【迁移训练】

1. 由总经理组织本公司的招聘工作。每个应聘人员需准备一份自我介绍，组建团队（每个团队5~6人），成立公司，自定公司名称。自我介绍应至少包括以下内容：姓名、年龄、特长、应聘岗位以及应聘该岗位的原因。落选的总经理候选人有优先挑选团队的权利，其他学生应聘时要求做自我介绍并回答总经理的问题。

2. 确定好公司选择的项目类型。确定营销团队分组后，完成项目选题工作。

注意：① 项目选题方向不限，但建议与本专业的网络营销方向结合起来，选择具有创新性、营利性、影响性的模式项目。② 项目中所提出的产品和服务，必须具备一定的技术支持，具备可操作性，且必须对该项目拥有合法的知识产权或使用权。

【效果评价】
  1. 考核内容
  企业组织结构图及岗位职责说明书
  2. 评价标准
  （1）团队成员的教育和工作经历、价值观念、能力互补情况。（40分）
  （2）团队的组织架构清晰、分工合理、职责定位准确。（60分）

【竞赛辅导】
  以2021年第七届中国国际"互联网+"大学生创新创业大赛评审要求为例，竞赛评审单列"团队维度"（占25分），针对职教赛道创意组项目强调"团队成员的教育、实践、工作背景、创新能力、价值观念等情况；团队的组织架构、分工写作、能力互补、人员配置、股权结构以及激励制度合理性情况；团队与项目关系的真实性、紧密性，团队对项目的各类投入情况，团队未来投身创新创业的可能性情况；支撑项目发展的合作伙伴等外部资源的使用以及与项目关系的情况"；职教赛道创业组评审要求中强调"团队成员的教育和工作背景、创新能力、价值观念、分工写作和能力互补情况，重点考察成员的投入程度及团队成员的稳定性；团队的组织架构、股权结构、人员配置以及激励制度合理性情况、支撑项目发展的合作伙伴等外部资源的使用以及与项目关系的情况"。这就要求参赛团队、特别是创意组参赛项目需要特别关注自身的营销环境分析，在环境分析基础上能够形成对自身企业发展战略的合理认知和规划。
  请结合"互联网+"系列赛事评审标准要求对照模拟企业的营销环境进行分析，模拟企业的情况是否能够达标？可以从哪些细节进行优化？

【知识链接】
  1. 推荐书目
  《营销大变革——开创中国战略营销新范式》，李颖生、鲁培康主编，清华大学出版社2009年版
  《营销学基础》，[美]佩罗特麦·卡锡著，中国财政经济出版社2004年版
  2. 视频案例链接
  学习本项目内容的学员可观看下列学习视频，进一步加深理解。
  https://v.qq.com/x/page/l0154m1qknb.html（马尔科姆·格拉德威尔：选择，幸福和意面酱）
  https://www.bilibili.com/video/av1524568/（《看见》柴静专访"中国式合伙人"俞敏洪）

学习模块二

分析营销机会

项目三

营销环境分析

内容框架

建议学时：8学时，其中理论6学时，实训2学时
- 工作情境
- 创业案例
- 经典导入
- 知识要点
- 课堂讨论
- 阅读材料
- 思政小课堂
- 案例学习
- 营销小知识
- 迁移训练
- 效果评价
- 竞赛辅导
- 知识链接

知识目标
- 营销环境对企业的意义
- 环境威胁与营销机会
- 宏观营销环境的构成因素
- 微观营销环境的构成因素

能力目标
- 能运用"环境机会矩阵图"和"环境威胁矩阵图"识别出企业的市场机会和企业的威胁
- 能运用SWOT法定位出企业的理想业务
- 能够判断出各种宏观环境因素对企业的影响
- 能够判断出各种微观环境因素对企业的影响

素质目标
- 增强团队合作精神
- 初步具备市场环境的意识

【工作情境】

在公司成立初期,你和你的小伙伴虽然选定了项目,但是对于这个项目所面临的市场环境还不够了解。在和虹彩艺术交流的过程中,你们发现SWOT分析法是对环境问题进行扫描的有效工具,因此决定派出团队中得力干将进入虹彩艺术进行学习交流。

你觉得可以从哪些方面进行学习交流呢?

【创业案例】

虹彩艺术创始人小贤选择了做美术教师与教材输出以及开办少儿美术培训班的创业项目,因为它既是小贤从小钻研的专业,又是他乐于从事的职业。但是仅仅靠热爱和技术并不能够得到市场的接纳和用户的认可,因此在学校老师的指导下,小贤和他的团队一起开展了细致的调查,并整理了如下数据:

(一)市场容量

1. 市场容量或本企业预计市场占有率

据中国青少年研究中心研究数据显示,目前全国小学生总数约10 564万,幼儿园幼儿约4 600.14万人,市场估值600亿。据天眼查数据表明,全国共50 274家美术培训公司,师资教材输出市场容量达80%。

2. 市场容量的变化趋势及前景

虹彩全科美术教育项目少儿美术培训班本部选址周围90%都是五山A大学、B大学、C学院,以及3所小学的正式编制教职工,国家政策二胎开放后,高素质人群的孩子培养消费观念给市场容量变化带来了稳步上升的趋势,本企业主做3~12岁共10年周期的美术培训课程,预计未来10到15年市场前景才能达饱和状态。

师资及课程输出市场容量变化以及前景根据党的十九大推动文化繁荣兴盛政策可预计未来10年教育市场将持续呈上升趋势。

(二)目标顾客及潜在顾客描述

虹彩全科美术教育项目的少儿美术培训班本部选址目标顾客主要以选址周围幼儿园儿童、小学学生为主体人群,围绕幼(少)儿美术兴趣班开展。经实地调研,潜在客户以选址为中心2公里内共7个住宅小区(广州天河侨英小区、富力院士庭、天一新村、五山教师村小区、华工生活区、春晖苑、五所小区),人口总数达到78 000人。

师资及课程输出目标客户主要以非美术专业综合性机构、美育老师欠缺幼儿园及中小学,广州现有非美术专业综合类教育组织超过2 000家,在打通广州教育市场后可向全国成规模地系统复制。

问题讨论:

公司成立之初从哪些方面进行了市场营销环境调查与分析?

经典导入

家乐福兵败香港

继 1997 年年底八佰伴及 1998 年中大九百货公司在中国香港相继停业后，2000 年 9 月 18 日，世界第二大超市集团"家乐福"位于香港杏花村、荃湾、屯门及元朗的 4 所大型超市全部停业，撤离香港。法资家乐福集团，在全球共有 5 200 多间分店，遍布 26 个国家及地区，全球的年销售额达 363 亿美元，盈利达 7.6 亿美元，员工逾 24 万人。家乐福在我国的台湾、深圳、北京、上海的大型连锁超市，生意均蒸蒸日上，为何独独兵败香港？

启示：家乐福败走香港说明了"巨无霸"也不是不可战胜的，唯有切实地了解市场、适应环境，才能做好市场。总结家乐福的经验教训，也能为中国企业"走出去"提供思路。中国企业"走出去"，必须要有强大的国家作为后盾，中国建筑"走出去"的四十年，见证并参与了伟大祖国强大国力和国际地位的提升；中国企业"走出去"，必须要有久久为功的坚守，国际化道路并不平坦，海外事业不会一帆风顺，需要保持战略定力，步步为营、久久为功，方能实现"水滴石穿、绳锯木断"。

知识要点

3.1 市场营销环境定义

市场营销环境是影响企业市场营销活动的内、外部因素和条件的总和。

市场营销环境可分为微观环境和宏观环境两大类：微观环境因素包括企业、供应商、营销中介、顾客、竞争者和公众，宏观环境因素包括人口环境、经济环境、自然环境、技术环境、政治/法律环境、社会/文化环境 6 大部分。如图 3.1 所示。

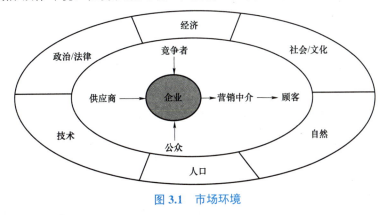

图 3.1 市场环境

3.2 市场营销环境特点

3.2.1 客观性

市场营销环境作为一种客观存在，是不以企业的意志为转移的，有着自己的运行规律和发展趋势，对营销环境的主观臆断必然会导致决策的盲目与失误，所以企业营销管理者的任务就在于适当安排营销组合，使营销组合与客观存在的外部环境相适应，实现"适者生存"。

3.2.2 差异性

营销环境的差异性主要是因为企业所处的地理环境、生产经营的性质、政府管理制度等方面存在的差异。因此企业营销管理者必须根据环境的差异，应用不同的工具科学合理地设计营销组合，做到"入乡随俗，一切从实际出发"。

3.2.3 相关性

构成营销环境的各种因素和力量是相互联系、相互依赖的。例如经济因素不能脱离政治因素而单独存在；同样，政治因素也要通过经济因素来体现，要做到"系统全面，不能简单从事"。

3.2.4 动态性

企业所处的外部环境随着时间的推移会不断地处于变化之中，这一方面要求企业营销策划在制定之后必须随时保留机动性，另一方面要求企业对外部环境有敏锐的观察力。

3.2.5 不可控性

企业营销环境的内容包含许多方面，情况也复杂多变，营销环境的变化并不以企业管理者的主观臆断而变化。

3.2.6 可影响性

营销环境的变化虽然不以企业的意志为转移，但是可以被企业所利用，要实现"与时俱进，不能墨守成规"。

3.3 市场营销环境的分析与评价

3.3.1 微观营销环境分析

3.3.1.1 企业内部各部门

企业的市场营销环境不是孤立的，它面对着企业中的许多职能部门，如高层管理、财务、会计、开发与研究、采购、制造等。营销部门在制订和实施营销计划的同时，也必须考虑其他部门的意见，处理好同其他部门的关系。

3.3.1.2 供应商

对于供应商，传统的做法是选择几家供应商，按不同的比重分别从它们中进货，并使它们互相竞争，从而迫使它们利用价格折扣和优质服务来尽量提高自己的供货比重。但也会存在供货质量参差不齐、过度的价格竞争使供货商负担过重、放弃合作等情况。企业应把供应商视为合作伙伴，设法帮助它们提高供货质量和及时性。供应商对营销活动的影响主要表现在以下3个方面：

1. 供货的稳定性与及时性

原材料、零部件、能源及机器设备等货源的保证供应，是企业营销活动顺利进行的前提。如棉纺厂不仅需要棉花等原料来进行加工，还需要设备、能源作为生产手段与要素，任何一个环节在供应上出现了问题，都会导致企业的生产活动无法正常开展。因此，企业为了在时间上和连续性上保证得到货源的供应，就必须和供应商保持良好的关系，必须及时了解和掌握供应商的情况，分析其状况和变化。

2. 供货的价格变动

供应的货物价格变动会直接影响企业产品的成本。如果供应商提高原材料价格，必然会带来企业的产品成本上升，生产企业如提高产品价格，会影响市场销路；如果使价格不变，会减少企业的利润。为此，企业必须密切关注和分析供应商的货物价格变动趋势，使企业应变自如、早做准备、积极应对。

3. 供货的质量

供应商能否供应质量有保证的生产资料直接影响到企业产品的质量，进一步会影响到销售量、利润及企业信誉。例如劣质葡萄难以生产质优葡萄酒，劣质建筑材料难以保证建筑物的百年大计。

📧 阅读材料

福喜事件引发麦当劳供应链"蝴蝶效应"

福喜事件是指2014年7月20日上海电视台曝光了上海福喜食品有限公司使用过期变质肉类加工为快餐原材料。上海福喜食品有限公司无视鸡肉等产品的保质期，将大量过期的鸡肉、鸡皮等原料重新返工，经过绞碎、裹粉和油炸等工艺后，制成麦乐鸡等产品重新出售。同时，该企业还将霉变、发绿、过期7个多月的牛肉再切片使用。上海福喜过期肉事件之后，麦当劳深受福喜所累，在内外部压力下，宣布与中国福喜完全断绝关系。与麦当劳相比，肯德基、德克士等相对轻松，仅有一两款产品下架，门店经营尚属正常。差异的背后，是各家快餐企业供应链体系的不同。福喜被它的老朋友们纷纷抛弃，会是国内其他供应商的机遇吗？谁能填补福喜留出来的市场空白？上海福喜有限公司使用加工过期肉事件曝光后，相关餐饮企业均发表公开声明，极力与福喜"撇清关系"。随后，从上海市食药监局开始，各地食药监局发布彻查上海福喜问题产品的紧急通知。受此影响，麦当劳、肯德基、德克士等相关涉事产品纷纷下架。

3.3.1.3 营销中介

营销中介是协助企业促销、销售和配送其产品给最终购买者的企业或个人。营销中介实际上起到了联系企业和消费者的桥梁作用，它包括以下几种类型：

1. 中间商

中间商是指产品从生产商流向消费者的中间环节或渠道，一般分为买卖中间商和代理中间商两大类。

2. 物流机构

现代物流是通过市场体系和营销网络组织商品集散，使生产价值、使用价值和剩余价值的时间与空间合理流动的经济运行业务。它能有机地衔接消费、销售、运输、供给、生产与开发，建立合理的"供应链"，并使人才流、商业流、信息流、资金流集成一体化而发展成为现代物流产业。

3. 营销服务机构

营销服务机构主要有广告公司、市场调研公司、营销咨询公司、传播媒介公司。如今，大多数企业都要借助这些服务机构来开展营销活动。企业需要分析并选择能为本企业提供有效服务的机构。

4. 金融机构

金融机构包括银行信用公司、保险公司和其他金融组织机构。金融机构可以为企业营销活动提供融资及保险服务，企业应与金融机构保持良好的关系。

3.3.1.4 顾客

按照购买动机和类别，顾客市场可以分为：

① 消费者市场，是指为满足个人或家庭需要而购买商品和服务的市场。

② 生产者市场，是指为赚取利润或达到其他目的而购买商品和服务来生产其他产品和服务的市场。

③ 中间商市场，是指为利润而购买商品和服务以转售的市场。

④ 政府集团市场，是指为提供公共服务或将商品与服务转给需要的人而购买商品和服务的政府和非营利机构。

⑤ 国际市场，是指国外买主，包括国外的消费者、生产者、中间商和政府等。

3.3.1.5 竞争者

根据产品的替代性程度，可以把竞争者分为不同层次：

① 愿望竞争者：为满足消费者当前的各种愿望而提供不同产品的竞争者。例如，大众汽车公司认为自己在与所有的主要耐用消费品、国外度假、新房产和房屋修理公司竞争。

② 属类竞争者（平行竞争）：为满足同一需求而提供不同产品的竞争者。单门与双门冰箱的竞争，黑白与彩色电视的竞争等。

③ 形式竞争者：为满足同一需求而提供同种类别不同形式产品的竞争者。如自行车就有男式车、女式车、轻便车、加重车、山地车、助力车、赛车等。

④ 品牌竞争者：为满足同一需要而提供同种形式不同产品的竞争者。以电视机为例，索尼、长虹、夏普、金星等众多产品之间就互为品牌竞争者。

【营销小知识】

波特五力模型

迈克尔·波特（Michael Porter）于20世纪80年代初提出了波特五力分析模型，他认为行业中存在着决定竞争规模和程度的"五种力量"，即"供应商的议价能力、购买者的议价能力、潜在竞争者进入的能力、替代品的替代能力、行业内竞争者现有的竞争能力"。这五种力量综合起来，影响着产业的吸引力和现有企业的竞争战略决策。5种力量的不同组合变化最终影响行业利润潜力变化。如图3.2所示。

根据企业在目标市场上的竞争地位及其竞争战略，企业可以分为：

市场领先者（Market Leader）。这个公司在相关产品市场上占有最大的市场份额。通常在价格变化、新产品引进、分销覆盖和促销强度上，对其他公司起着领导者的作用。如通用、IBM、宝洁等。保持第一位的优势需要在以下3个方面采取行动：扩大总需求、保护现有的市场份额和增加市场份额。

市场挑战者（Market Challenger）。挑战者攻击市场领先者和其他竞争者，以夺取更多的市场份额。常用的进攻策略有正面进攻、侧翼进攻、包围进攻、迂回进攻、游击进攻。作为特定的进攻战略，挑战者还可以采用价格折扣、名牌战略、产品延伸、渠道创新、改进服务、密集广告等手段。

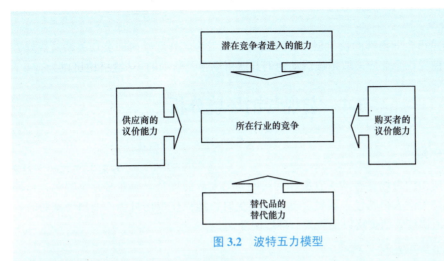

图 3.2 波特五力模型

市场跟随者（Market Follower）。大多数居第二位的公司喜欢追随而不是向市场领先者挑战。领先者在一个全面的战役中往往可能有更好的持久力，一场恶战可能会使双方两败俱伤，这意味着挑战者在进攻前必须三思而行。市场追随者的角色有仿造者、紧跟者、模仿者、改变者。

市场补缺者（Market Nichers）。在大市场上成为跟随者的备选方案是在小块市场或补缺市场成为领先者。小公司经常避免与大公司竞争，它们的目标市场是小的细分市场或大公司不感兴趣的市场，但有些大公司的业务部门也推行补缺战略。

3.3.1.6　公众

公众是指对本组织实现营销目的的能力具有实际的或潜在影响力的群体。企业应争取公众的支持和偏爱，为自己营造和谐的社会环境。目前，许多企业建立了公共关系部门，专门筹划与各类公众建立良好关系，为企业营造宽松的营销环境。企业公众的内涵相当广泛，主要有以下 6 种：

1. 金融公众

金融公众是指能够影响企业融资的机构。比如银行、投资公司、保险公司、证券交易所等。

2. 媒介公众

媒介公众是指掌握传媒工具、能直接影响社会舆论对企业的认知和评价的传播实体。比如报纸、杂志、电台、电视、网络等传播媒介。

3. 政府公众

政府公众是指与企业营销活动有关的各级政府部门，它们所制定的方针、政策对企业营销活动或是带来限制，或是带来机遇。政府公众包括行业主管部门，财政、工商、税务、物价、商品检验等部门。

4. 群众团体

群众团体是指与企业营销活动有关的非政府机构。如消费者协会、环境保护团体及其他有影响力的团体。这些群众团体的意见、建议往往对企业的营销决策有着十分重要的影响。

5. 社区公众

社区公众主要是指企业所在地周围的居民和社区团体。社区是企业的邻居，企业保持与社区的良好关系，为社区的发展做出一定的贡献，会受到社区居民的好评，他们的口碑能帮助企业在社会上树立良好形象。

6. 内部公众

内部公众是指企业内部的决策层、管理人员、职工等。处理好内部公众关系是搞好外部公众关系的前提，企业应采取措施调动他们开展市场营销活动的积极性和创造性。

3.4 宏观营销环境分析

3.4.1 人口环境

市场营销所指的市场是有购买意愿和购买能力的人群的集合。企业必须重视对人口环境的研究，密切关注人口特性及其发展动向，不失时机地抓住市场机会，当出现威胁时，应及时、果断地调整营销策略以适应人口环境的变化。

3.4.1.1 人口总量及其增长速度

人口数量是指一个国家或地区人口的总数。据估计，目前世界总人口已经超过60亿，并将在2025年达到79亿以上。20世纪的最后20年中，世界人口居然增长了近18亿。世界上大多数人口集中在低收入国家和中等收入国家，这个比例大约为80%，而高收入发达国家人口约占20%。

3.4.1.2 人口分布

人口结构往往决定市场产品结构、消费结构和产品需求类型。人口结构主要包括年龄结构、性别结构、受教育程度和家庭特点，它们是影响最终购买行为的重要因素。根据阿里大数据所呈现的信息，中国网购人群的近一半分布在19~28岁这一年龄段，但29~35岁的轻熟群体是购买力最强的人群。这一现象也符合个人从踏入职场到进入收入稳定期而使购买力逐渐提高的规律。如果一个城市网购人口集中在19~35岁年龄段，其消费稳定性会较一般的城市更好，远期的消费潜力可能会更大。

> ❖ **课堂讨论**：职业女性的数量增加将带来哪些市场机遇？请结合你的企业创业项目进行思考。
> **提示**：职业装、化妆品、净菜、快餐、托儿服务、家政服务等。

3.4.1.3 经济环境

市场不仅是由人口构成的，这些人还必须具备一定的购买力。一定的购买力水平是市场形成并影响其规模大小的决定因素，也是影响企业营销活动的直接经济环境。

1. 储蓄和信贷

消费者个人收入不可能全部花掉，总有一部分以各种形式储蓄起来，这是一种推迟了的、潜在的购买力。所谓消费者信贷，就是消费者凭信用先取得商品使用权，然后按期归还贷款，以购买商品。这实际上就是消费者提前支取未来的收入，提前消费。

2. 消费者收入的变化

消费者收入是指消费者个人从各种来源中所得到的全部收入，但消费者并不是把全部收入都用来购买商品或劳务，购买力只是收入的一部分，是在个人可支配收入中减去用于维持个人与家庭生存不可缺少的费用，如房租、水电、食物、燃料、衣着等项开支后剩余的部分。这部分收入是消费需求变化中最活跃的因素，也是企业开展营销活动时所要考虑的主要对象。因为这部分收入主要用于满足人们基本生活需要之外的开支，一般用于购买高档耐用消费品、旅游、储蓄等，它是影响非生活必需品和劳务销售的主要因素。

消费者收入水平的不同衡量标准包括：

国民生产总值：指一个国家物质生产部门的劳动者在一定时期内（通常为一年）新创造的价值的总和。国民生产总值增长越快，对工业品的需求和购买力就越大。

人均国民收入：即用国民收入总量除以总人口。这个指标大体上反映一个国家的经济发展水平。人均收入增长，对消费品的需求和购买力就大；反之就小。

个人收入：指所有个人从多种来源中所得到的收入。该指标可以用于衡量当地消费者市场的容量和购买力水平的高低。

个人可支配收入：即在个人收入中扣除税款和非税性（工会会费、党费、团费）负担后所得余额。它是个人收入中可以用于消费支出或储蓄的部分。它构成实际购买力。

个人可任意支配收入：即在个人可支配收入中减去用于维持个人与家庭生存不可缺少的费用（房租、保险费、分期付款、抵押借款等）后剩余的部分。这部分收入是消费需求变化中最活跃的因素，也是企业研究营销活动时所要考虑的主要对象。它是影响非生活必需品和劳务销售的主要因素。

3. 消费者支出的变化

消费结构也发生变化。恩格尔系数表明，在一定的条件下，当家庭个人收入增加时，收入中用于食物开支部分的增长速度要小于用于教育、医疗等方面的开支增长速度。食物开支占总消费量的比重越大，恩格尔系数越高，生活水平越低；反之，食物开支所占比重越小，恩格尔系数越小，生活水平越高。这种消费支出模式不仅与消费者收入有关，而且还受到其他因素的影响。

恩格尔定律：一个家庭收入越少，其总收入中用来购买食物的费用所占比例就越大，随着收入的增加，用于文化、娱乐、卫生、劳务等的费用所占比重就越大。

【思政小课堂】

树立正确消费观念，远离不良"校园贷"

近年来，部分互联网小额贷款机构和科技公司合作，以大学校园为目标，通过虚假、诱导性宣传，发放互联网消费贷款，诱导大学生在互联网购物平台上过度消费，导致部分大学生陷入高额贷款陷阱，产生了恶劣的社会影响。树立正确的消费观念是避免深陷"校园贷"陷阱的基本前提。大学生如果确需申请贷款的，一定先和父母沟通，认真评估自己的还款能力，并向正规的银行等金融机构办理贷款业务。贷款前还应仔细阅读合同内容，明确贷款的额度、利率、还款方式、违约责任等重要信息，确保合同条款合法、合理。此外，还需保管好个人信息。学生如不慎踏入不良"校园贷"陷阱或者遇到疑似不良"校园贷"诈骗的情形，应当积极收集并留存有关证据，可通过教育部全国学生资助管理中心开发的"中国学生资助"微信公众号里面的"举报通道"栏目如实进行登记举报、提供线索，或是直接拨打110报警求助。

◈ **课堂讨论**：中国当前经济环境的主要特征是什么？会对你的创业项目带来哪些启发？

3.4.2 自然环境

一个国家、一个地区的自然地理环境包括该地的自然资源和地理环境。自然资源是指自然界提供给人类各种形式的物质财富，如矿产资源、森林资源、土地资源、水力资源等。这些资源分为三类：一是"无限"资源，如空气、水等；二是有限但可以更新的资源，如森林、粮食等；三是有限但不可再生资源，如石油、锡、煤、锌等矿物。自然资源是进行商品生产和实现经济繁荣的基础，和人类社会的经济活动息息相关。地理环境指一个国家或地区的地形地貌和气候，是企业开展市场营销所必须考虑的因素，这些地理特征对市场营销有一系列影响。例如，气候（温度、湿度等）与地形地貌（山地、丘陵等）特点，都会影响产品和设备的性能和使用。近年，自然环境对企业营销环境的影响越来越大，具体表现在自然资源日益短缺、环境污染日趋严重、政府干预不断加强3个方面。

3.4.3 技术环境

现代科学技术是社会生产力中最活跃的和决定性的因素，它作为重要的营销环境因素，不仅直接影响企业内部的生产和经营，而且还与其他环境因素相互依赖、相互作用，影响企业的营销活动。企业应特别重视科学技术这一重要的环境因素对企业营销活动的影响，以使企业能够抓住机会、避免风险，求得生存和发展。

3.4.3.1 科技发展促进社会经济结构的调整

新的技术革命在推动传统产业现代化的同时，使第三产业在国民经济中所占的比重日益提高。产业结构的变化又导致就业结构的变化。

3.4.3.2 科技发展促使消费者购买行为的改变

科学技术的进步，将会使人们的生活方式、消费模式和消费需求结构发生深刻的变化。一种新技术的应用，必然导致新的产业部门和新的市场的出现，使消费者的品种不断增加、范围不断扩大、消费结构发生变化。例如，在美国，由于汽车工业的迅速发展，使美国成为一个"装在车轮上的国家"，现代美国人的生活方式，无时无刻不依赖于汽车，深刻改变了美国人的消费习惯和产品喜好。

3.4.3.3 科技发展影响企业营销组合策略的创新

科学技术的发展，使得每天都有新品种、新款式、新功能、新材料的商品在市场上推出。因此，科学技术进步所产生的效果，往往借助消费者和市场环境的变化而间接影响企业市场营销活动的组织。营销人员在进行决策时，必须考虑科技环境带来的影响。

3.4.3.4 科技发展促进企业营销管理的现代化

科学技术突飞猛进，新原理、新工艺、新材料等不断涌现，使得刚刚炙手可热的技术和产品转瞬间成为明日黄花。这种情况下要求企业不断进行技术革新，赶上技术进步的浪潮，同时企业营销管理手段和方法必须跟上时代要求，跟上技术发展和消费需求变化的速度，否则就会被市场无情淘汰。

3.4.4 政治法律环境

政治因素像一只有形之手，调节着企业营销活动的方向，法律则为企业规定商贸活动行为准则。政治与法律相互联系，共同对企业的市场营销活动发挥重要作用。其中包含政治形式、政府的方针政策、政治团队和公众团体、法律环境及国际关系等多个方面。

中国政治法律环境的主要特征概括起来包含以下几个方面：

社会主义市场经济环境不断完善，多种所有制并存发展，对外开放步伐不断加快，政府行政干预的幅度和力度不断减弱。

法规体系不断完善，中国已制定经济法律50多项，其中涉及市场建设的法律已有30多项。

消费者保护系统正在不断加强，法律、社会、舆论的综合保护体系已经形成。

区域经济发展不平衡，区域市场行政分割的状况仍然比较严重。

3.4.5 社会文化环境

中国社会文化环境的主要特征包括：

地域广阔，历史悠久，多民族、多区域文化各具特色，相互交融；政治经济环境的变化巨大，造成代际文化更替迅速，差异扩大；传统消费文化影响深刻，节俭、攀比、从众、跨代等主要消费文化特征明显；改革开放导致外来文化影响较大，长期经济落后导致"崇洋"文化心理上升。

3.4.6 教育状况

对企业选择目标市场的影响。处于不同教育水平的国家或地区，对商品的需求不同。

对企业营销商品的影响。文化不同的国家和地区的消费者，对商品的包装、附加功能和服务的要求有差异。通常文化素质高的地区或消费者要求商品包装典雅华贵，对附加功能也有一定要求。

对营销调研的影响。企业的营销调研在受教育程度高的国家和地区，可在当地雇佣调研人员或委托当地的调研公司或机构完成具体项目，而在受教育程度低的国家和地区，企业开展调研要有充分的人员准备和适当的方法。

对经销方式的影响。企业的产品目录、产品说明书的设计要考虑目标市场的受教育状况。如果经营商品的目标市场在文盲率很高的地区，就不仅需要文字说明，更重要的是要配以简明图形，并要派人进行使用、保养的现场演示，以避免消费者和企业的不必要损失。

3.4.7 宗教信仰

纵观历史上各民族消费习惯的产生和发展，可以发现宗教是影响人们消费行为的重要因素之一。某些国家和地区的宗教组织在教徒购买决策中也有重大影响。一种新产品出现，宗教组织有时会提出限制，禁止使用，认为该商品与宗教信仰相冲突。所以企业可以把影响大的宗教组织作为自己的重要公共关系对象，在经销活动中也要针对宗教组织设计适当方案，以避免由于矛盾和冲突给企业营销活动带来的损失。

3.4.8 价值观念

价值观念就是人们对社会生活中各种事物的态度和看法，不同的文化背景下，人们的价值观念相差很大，消费者对商品的需求和购买行为深受价值观念的影响。对于不同的价值观念，企业的市场营销人员就应该采取不同的策略。一种新产品的消费，会引起社会观念的变革。而对于一些注重传统、喜欢沿袭传统消费方式的消费者，企业在制定促销策略时应把产品与目标市场的文化传统联系起来。

3.4.9 消费习俗

消费习俗是人类各种习俗中的重要习俗之一，是人们历代传递下来的一种消费方式，也可以说是人们在长期经济与社会活动中所形成的一种消费风俗习惯。不同的消费习俗，具有不同的商品需要，研究消费习俗，不但有利于组织好消费用品的生产与销售，而且有利于正确、主动地引导健康的消费。了解目标市场消费者的禁忌、习俗、避讳、信仰、伦理等是企业进行市场营销的重要前提。

3.4.10 审美观念

人们在市场上挑选、购买商品的过程，实际上也是一次审美活动。近年来，我国人民的审美观念随着物质水平的提高，发生了明显的变化。

追求健康的美。体育用品和运动服装的需求量呈上升趋势。

追求形式的美。服装市场的异军突起，不仅美化了人们的生活，更重要的是迎合了消费者的求美心愿。在服装样式上，青年人一扫过去那种多层次、多线条、重叠反复的造型艺术，追求强烈的时代感和不断更新的美感，由对称转为不对称，由灰暗色调转为鲜艳、明快、富有活力的色调。

追求环境美。消费者对环境的美感体验，在购买活动中表现得最为明显。

因此，企业营销人员应注意以上三方面审美观的变化，把消费者对商品的评价作为重要的反馈信息，使商品的艺术功能与经营场所的美化效果融合为一体，以更好地满足消费者的审美要求。在研究社会文化环境时，还要重视亚文化群对消费需求的影响。每一种社会文化的内部都包含若干亚文化群。因此，企业市场营销人员在进行社会和文化环境分析时，可以把每一个亚文化群视为一个细分市场，生产经营适销对路的产品，满足顾客需求。

【思政小课堂】

端午申遗与文化自信

2009年9月，联合国教科文组织正式审议并批准中国端午节列入世界非物质文化遗产，成为中国首个入选世界非物质文化遗产的节日。本次申报的遗产名称为"中国端午节"，由湖北秭归县的"屈原故里端午习俗"、黄石市的"西塞神舟会"及湖南汨罗市的"汨罗江畔端午习俗"、江苏苏州市的"苏州端午习俗"四部分内容组成，申报材料由三省联合"打包"。受文化部委托，湖北省代表中国向联合国教科文组织递交了申报表和相关材料。据悉，以上三省四地的"端午习俗"，已于2006年公布为首批国家级非物质文化遗产名录。2009年10月4日，长江日报记者从湖北省非物质文化遗产保护中心证实，湖北代表中国"端午申遗"成功，这也是中国传统节日首次跻身世界"非遗"名录。

本次"申遗"的积极意义在于，有望唤起民众对祖先创造的文化形态和价值观念进行重新思考；有望促使抢救和保护科学化、规范化。习近平总书记曾在主持召开的哲学社会科学工作座谈会上提到，"坚定中国特色社会主义道路自信、理论自信、制度自信，说到底是要坚定文化自信，文化自信是更基本、更深沉、更持久的力量"。

中国传统节日是民族文化认同的一个标志性符号，也是强化中华文化主体意识的载体。"文化是长久的历史沉淀下来的一种民族根本精神，是华夏民族的灵魂，它无形中深刻影响着国人的价值观念和言谈举止。所以，一个国家的实力最终是体现在文化上，只有拥有了文化自信，国家才能持久强大。"

✉ 阅读材料

2020新式茶饮市场情况分析

2020年突如其来的新冠肺炎疫情让餐饮消费行业备受打击，"复苏"成了新式茶饮企业共同的课题。以奈雪的茶、喜茶为代表的头部品牌迅速调整策略，依靠精耕会员体系、入驻电商平台，发力新零售、小程序以及数字化运营等措施盘活流量。《2020新式茶饮白皮书》显示，新式茶饮已经走过了"原料迭代"的1.0时期、"品类融合多场景"的2.0时期，正式迈入"数字化"的3.0时期。

经测算，2020年中国茶饮市场的总规模为4 420亿元；中国咖啡市场的总规模为2 155亿元。2020年茶饮市场规模仍将是咖啡市场规模的2倍以上。预计2021年中国茶饮市场规模与咖啡市场规模差距将进一步扩大。而在4 420亿元的茶饮市场中，新式茶饮市场规模预计到2020年年底将达到1 020亿元。

《2020年新式茶饮白皮书》用户调研数据显示，"90后"与"00后"消费者成为新式茶饮主流消费人群，占整体消费者数量近7成，其中近3成的"90后"与"00后"消费者购买新式茶饮的月均花费在400元以上。总体来看，女性消费者在各年龄层的占比中仍处于主导地位，但相较2019年数据，男性消费者的比重有了明显提升，男女比例从3:7提升至4:6。八成消费者的品牌忠诚度较高，消费者更倾向于选择头部品牌和高品质的产品。与2019年相比，2020年新式茶饮消费者购买频次有所增加，超过八成的消费者每周至少购买一次。

在城市分布方面，新式茶饮2020年线下与线上呈现出不同趋势。2020年新式茶饮门店在一、二线城市的增速放缓，呈现向三、四线市场下沉的趋势。《2020年新式茶饮白皮书》中来自饿了么的新式茶饮用户城市分布数据显示，2020年近5成外卖渠道的新式茶饮消费者来自三线及以下城市。而新式茶饮品牌天猫旗舰店的用户中，一、二线城市消费者占比超过6成，是新零售的消费主力军。

《2020新式茶饮白皮书》显示，54%的消费者选择通过线上渠道购买新式茶饮。与2019年相比，新式茶饮线上订单占比提升近20%。除了可以缩短排队等候时长，无接触也是消费者选择线上点单的主要原因。用户的"向线上迁移"也使得新式茶饮品牌更加注重会员的精细化运营，通过预点单、积分商城、专属评价渠道等方式加深与消费者间的连接，精耕会员体系成为提高用户黏性和复购率的重要举措。

2020年受疫情影响，新式茶饮的消费场景也有所变化，超8成的消费者独自一人时也会消费新式茶饮。从年龄层来看，"00后"偏爱在用餐的同时饮用茶饮；而茶饮则是"90后"约会和聚会的标配；"80前"和"80后"则偏爱在办公室喝下午茶以及和家人在店内享受茶饮。

除此之外，"茶饮+烘焙"依旧是消费者最偏爱的组合。选择搭配烧烤或火锅的消费者分别占到了36%和33%。值得注意的是，对比《2019新式茶饮消费白皮书》，"品质安全"已经超越"口感口味"成为消费者首要的考量因素。另外，健康仍然是消费者关注的重要内容，近7成的消费者会选择降低糖度。

3.5 SWOT分析法

在国际上，通用的营销环境分析方法为SWOT法，即优势（Strength）、劣势（Weakness）、机会（Opportunity）、威胁（Threat）的简称。所以，市场营销环境分析也称为机会和威胁分析，其任务就是对外部环境各要素进行调查研究，确认企业的营销机会和不利于企业的环境威胁。如图 3.3 和表 3.1 所示。

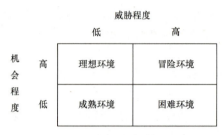

图 3.3　机会与威胁分析矩阵

表 3.1　企业内外部环境分析的关键要素

	潜在外部威胁	潜在外部机会
外部环境	市场增长较慢 竞争压力增大 不利的政府政策 新的竞争者进入行业 替代品销售额正在上升 用户讨价还价能力增强 用户偏好逐步转变 通货膨胀递增和其他	纵向一体化 市场增长迅速 可以增加互补产品 能争取到新的客户群 有进入新市场的可能 有能力进入更好的企业集团 同行业中竞争业绩优良 扩展产品线满足用户需要及其他
	潜在内部优势	潜在的内部劣势
内部环境	产权技术：具有规模经济 成本优势：公认的行业领先者 竞争优势：良好的财务资源 特殊能力：高素质的管理人员 产品创新：买方的良好印象	竞争劣势：销售水平低于同行业其他企业 战略方向不明：管理不善，相对于竞争对手高成本 竞争地位恶化：战略实施的历史记录不佳 产品线范围太窄：不明原因的利润率下降 设备老化、资金拮据：技术开发滞后

3.5.1　环境威胁和市场机会

企业所处的环境基本上有两种发展变化趋势：环境威胁与环境机会。企业进行分析的目的就是要寻找机会规避威胁。

① 环境威胁指环境中不利于企业营销活动甚至限制企业营销活动发展的因素，对企业已经形成挑战，置之不理会对企业的市场地位造成伤害。环境威胁主要来自 3 个方面：一是直接威胁着企业生产经营的情况；二是因为企业的目标与任务或企业资源与环境因素相矛盾；三是可能来自国际经济形势的变化。

② 市场机会指对企业营销有利的各项环境因素的总和。根据机会与威胁程度的高低，可划分为 4 种类型。

3.5.2　企业对机会和威胁的反应

根据矩阵图，企业在进行环境分析的基础上还要针对不同的威胁和机会采取不同的措施，见表 3.2。

表 3.2 企业对机会和威胁的反应

序号	机会和威胁	反 应
1	理想环境	这是威胁程度低、机会程度高的环境，收益大于风险。企业应该牢牢抓住机会，及时制订业务发展计划，把机会付诸实践
2	成熟环境	这是威胁程度低、机会程度高的环境，是比较平稳发展的环境，可作为企业的常规经营环境。企业应稳妥把握，利用此环境作为企业持续发展的保证
3	冒险环境	这是威胁程度和机会程度均高的环境，这种环境既可能蕴含很大的机会也可能蕴含很大的威胁，一般高科技产品市场这种环境最多。必须提醒注意的是，企业对这种市场机会要慎重评估
4	困难环境	这是威胁程度高和机会程度低的环境，企业要尽量避免遭遇。但如果已经面临，企业有3种可以选择的对策：① 反抗；② 减轻；③ 转移

3.5.3 SWOT 分析模型

SWOT 分析有 4 种不同类型的组合：优势–机会（SO）组合、弱点–机会（WO）组合、优势–威胁（ST）组合和弱点–威胁（WT）组合。如图 3.4 所示。

	企业内部资源	
	优势（Strength） 列出：优势	劣势（Weakness） 列出：劣势
机会（Opportunity） 列出：机会	SO 战略 利用优势去抓住机会	WO 战略 利用机会去克服劣势
威胁（Threat） 列出：威胁	ST 战略 利用优势避免威胁	WT 战略 将劣势和威胁最小化

图 3.4 SWOT 分析模型

优势–机会（SO）战略是一种发展企业内部优势与利用外部机会的战略，是一种理想的战略模式。当企业具有特定方面的优势，而外部环境又为发挥这种优势提供了有利机会时，可以采取该战略。例如良好的产品市场前景、供应商规模扩大和竞争对手有财务危机等外部条件，配以企业市场份额提高等内在优势可成为企业收购竞争对手、扩大生产规模的有利条件。

弱点–机会（WO）战略是利用外部机会来弥补内部弱点，使企业改变劣势而获取优势的战略。存在外部机会，但由于企业存在一些内部弱点而妨碍其利用机会，可采取措施先克服这些弱点。例如，若企业弱点是原材料供应不足和生产能力不够，从成本角度看，前者会导致开工不足、生产能力闲置、单位成本上升，而加班加点会导致一些附加费用。在产品市场前景看好的前提下，企业可利用供应商扩大规模、新技术设备降价、竞争对手财务危机等机会，实现纵向整合战略，重构企业价值链，以保证原材料供应，同时可考虑购置生产线来克服生产能力不足及设备老化等缺点。通过克服这些弱点，企业可能进一步利用各种外部机会，降低成本，取得成本优势，最终赢得竞争优势。

优势–威胁（ST）战略是指企业利用自身优势，回避或减轻外部威胁所造成的影响。如竞争对手利用新技术大幅降低成本，给企业带来很大成本压力；同时材料供应紧张，其价格可能上涨；消费者要求大幅提高产品质量；企业还要支付高额环保成本；等等，这些都会导致企业成本状况进一步恶化，使之在竞争中处于非常不利的地位，但若企业拥有充足的现金、熟练的技术工人和较强的产品开发能力，便可利用这些优势开发新工艺，简化生产工艺过程，提高原材料利用率，从而降低材料消耗和生产成本。另外，开发新技术产品也是企业可选择的战略。新技术、新材料和新工艺的开发与应用是最具潜力的降低成本的措施，同时它还可以提高产品质量，从而回避外部威胁影响。

弱点-威胁（WT）战略是一种旨在减少内部弱点，回避外部环境威胁的防御性技术。当企业存在内忧外患时，往往面临生存危机，降低成本也许成为改变劣势的主要措施。当企业成本状况恶化、原材料供应不足、生产能力不够，无法实现规模效益，且设备老化，使企业在成本方面难以有大作为，这时将迫使企业采取目标聚集战略或差异化战略，以回避成本方面的劣势，并回避成本原因带来的威胁。

【营销小知识】

PEST 分析模型

PEST 分析是指宏观环境的分析，宏观环境又称一般环境，是指一切影响行业和企业的宏观因素。对宏观环境因素做分析，不同行业和企业根据自身特点和经营需要，分析的具体内容会有差异，但一般都应对政治（Political）、经济（Economic）、社会（Social）和技术（Technological）这四大类影响企业的主要外部环境因素进行分析。简单而言，称之为PEST分析法。有时，亦会用到PEST分析的扩展变形形式，如SLEPT分析、STEEPLE 分析，STEEPLE 是以下因素英文单词的缩写：社会/人口（Social/Demographic）、技术（Technological）、经济（Economic）、环境/自然（Environmental/Natural）、政治（Political）、法律（Legal）、道德（Ethical）。此外，地理因素（Geographical Factor）有时也可能会有显著影响。

【案例学习】

经过交流，团队发现，在成立之初，虹彩艺术运用 SWOT 分析法对当时的市场营销环境进行了综合分析，并得出企业的定位和发展战略。

虹彩艺术SWOT 分析

1. 优势

（1）师资方面。一是项目拥有科学可行的师资培训人才培养系统；二是教师持有教师资格证上岗；三是教师均由美术、学前、中文、英语四个专业知识领域构成；四是特聘艺术顾问团定期指导。

（2）课程内容方面。一是美术课程与中小学语文课程结合；二是美术与英语课程结合；三是学前五大领域结合研发；四是注重想象力开发；五是锻炼学生思维能力；六是培养学员创造能力；七是以赛促教，参加丰富多彩赛事，在比赛中鼓励学生成长。

（3）教育资源方面。所在学校是广东省小学教师发展中心和广东省学前教育师资培训授予单位，同时学校国际教育交流中心拥有丰富的国际艺术交换生资源。

（4）团队方面。一是项目负责人是连续三次创业者，拥有创业的丰富经验；二是项目负责人拥有创业指导师资格证书；三是与学校教务系统实施学分兑换，团队稳定；四是团队成员以美术教育和学前教育师范生为主，互补有财务、人力资源管理等专业。

（5）模式创新方面。一是师资招聘培训系统、分校经营管理系统、客户信息服务系统、课程标准规范化系统的"四统一管理模式"；二是拥有统一升职生资资金制度；三是拥有统一的销售指导书；四是拥有统一的报表和周任务；五是拥有统一的营销模式；六是拥有校中校、加盟校的合作协议。

（6）与传统美术教育区别。虹彩教育的创新性体现在技术创新、技能创新、岗位创新，与传统美术行业教学存在差异性，见表3.3。

表3.3 虹彩艺术教育创新性与传统美术教育模式的区别

传统美术教育模式	虹彩艺术教育创新性
教学理念属于纯艺方向	文化课与艺术课结合市场刚需（技术创新）
课程递进性设置	教材与师训方案共有2 400套
传统填鸭式教学，指导教学	互动教学式、启发教学式、引导教学式课堂（模式创新）
师资专业度官方权威保障不一	教师全部持证上岗
美术教育绘画法	融合学前教育儿童学、绘画法、教育心理学
教师技能单一	教师以美术为主体，学前、中文与英语教育为辅助（技能创新）
"换汤不换药"的师资力量和教材	师资培训与教材一年升级一次
服务质量因人而异	统一规范服务流程与监督
增值服务不完善，学生上完即走	每节课课后反馈，制作作品书籍、纪念册，组织亲子游
地域性限制	线上线下授课模式（岗位创新）

2. 劣势

（1）师资团队整体年龄或教龄较低，经验不够丰富。

（2）暂未挖掘到高水平的营销人才，品牌推广能力有待加强。

（3）初创型企业今后发展规模有待不断调整。

3. 机会

（1）传统美术教育的教学理念是属于纯艺方面，而我们项目是文化课与美术课的综合，这提供了更多的市场机会。

（2）一年的实践已巩固2 000余人的消费群体。

（3）受国家政策扶持，前期可免税免租。

4. 威胁

（1）产品与服务已经提炼相关模式，具有复制可操作性，容易被复制者改良后运用形成新的竞争对手。

（2）校中校、加盟店的管理存在一定威胁。

（3）发展规模的变化容易有隐患。

【迁移训练】

1. 模拟公司根据本公司的实际情况，通过互联网查找影响本公司经营的微观、宏观环境及主要竞争对手的相关资料。由模拟公司的总经理带领本组成员讨论、筛选需要查找的资料，并对小组成员进行分工，上交分工名单。

2. 模拟公司成员分工查找相关资料。
3. 模拟公司成员对所掌握的资料进行集体讨论：
- 模拟公司优势与劣势有哪些？
- 模拟公司面临的机会与威胁有哪些？
- 模拟公司的改进措施及未来发展方向。

4. 撰写 SWOT 分析报告，每个模拟公司需提交 SWOT 分析报告电子版一份。模拟公司总经理对小组成员进行分工，5 名成员分别撰写优势、劣势、机会、威胁、改进措施与未来发展方向 5 部分，最后由总经理对报告进行整合修改。
5. 每个模拟公司讲解自己的 SWOT 分析报告。
6. 教师点评 SOWT 分析报告。
7. 学生对 SWOT 分析报告进行修改。

【效果评价】
1. 考核内容
SWOT 分析报告
2. 评价标准
（1）报告结构严谨规范，逻辑性强。（10 分）
（2）语言简洁流畅，叙述清楚明了。（10 分）
（3）对模拟公司营销环境进行了全面的调研，有资料来源。（30 分）
（4）与竞争对手的对比分析有理有据，运用定量分析方法。（20 分）
（5）问题解决措施和方案合理到位。（20 分）
（6）报告中有自己的见解或结论。（10 分）

【竞赛辅导】
根据 2021 年第七届中国国际"互联网+"大学生创新创业大赛评审要求，职教赛道创意组评审中强调"对行业、市场、技术等方面有翔实调研，并形成可靠的一手材料，强调实地调查和实践检验"；职教赛道创业组评审要求中强调"产品或服务成熟度及市场认可度"，要求体现"项目对相关产业升级或颠覆的情况；项目与区域经济发展、产业转型升级相结合情况"。这就要求参赛团队特别是创意组参赛项目需要特别关注自身的营销环境分析，在环境分析基础上能够形成对自身企业发展战略的合理认知和规划。

请结合"互联网+"系列赛事评审标准要求对照模拟企业的营销环境进行分析，看模拟企业的发展战略是否合理？可以从哪些细节进行优化？

【知识链接】
1. 推荐书目
《营销学基础》，[美]佩罗特麦卡锡著，中国财政经济出版社 2004 年版
2. 视频案例链接
学习本项目内容的学员可观看下列学习视频，进一步加深理解。

请登录：http://v.163.com/movie/2011/7/U/8/M852BE5U0_M857D9UU8.html（东田纳西州立大学公开课：市场营销原理，经营环境）

请登录：http://www.hjienglish.com/wangyiopencourse/p348202/（宾夕法尼亚大学公开课：沃顿商学院讨论金融危机影响）

请登录：http://my.tv.sohu.com/us/15296827/55039011.shtml（浙江大学，市场调研）

项目四

顾客锁定和市场调查

内容框架

建议学时：6 学时，其中理论 4 学时，实训 2 学时

- 工作情境
- 创业案例
- 经典导入
- 知识要点
- 课堂讨论
- 阅读材料
- 思政小课堂
- 案例学习
- 营销小知识
- 迁移训练
- 效果评价
- 竞赛辅导
- 知识链接

知识目标

- 掌握市场调查的作用与内容
- 掌握市场调查的基本方法
- 了解消费者市场的概念和购买行为模式以及影响消费者购买行为的因素
- 了解消费者购买的决策过程

能力目标

- 能根据影响消费者购买行为的因素开展有效的市场营销活动
- 能分清购买行为中的5种角色，对决策者进行营销影响
- 能根据消费者的购买过程进行营销行为
- 能够识别市场调查的内容和方法
- 能够进行市场问卷调查

素质目标

- 增强团队合作精神
- 初步具备市场环境意识
- 初步具备市场调查的意识

【工作情境】

在前期市场环境分析的基础上团队已经逐步明确了企业的战略定位，也逐步清晰了目标客户人群，但是在进入下一步产品设计之前团队成员发现对于目标市场客户的需求以及竞争对手的情况还不够了解，此时小伙伴们又找到创业前辈小贤，希望能够了解当初虹彩艺术是如何了解客户及竞争对手情况的。

【创业案例】

虹彩艺术创始人小贤得知团队的来意后，热情地向大家介绍之前虹彩在市场调研过程采用的方法，并介绍其在市场调研过程中整理出来的一套信息系统，分为师资招聘培训系统、分校经营管理系统、客户信息服务系统、课程标准规范化系统，分别对应内部员工管理、中间商管理、客户管理、产品管理四个重要环节。以客户信息服务系统为例，小贤带领团队通过数据筛查、日常访谈、客户咨询等环节，梳理《分校客户数据库》《分校每年班级人数统计数据库》《客户服务体制完善制度》《客服问答》《客服心理案例》5套文本资料，为后续进行客户分析积累了丰富的资料。虹彩艺术信息系统见表4.1。

表4.1 虹彩艺术信息系统

四大系统	相应管理文献		负责人
师资招聘培训系统	《年招教师计划安排》 《教师培训计划：每班、每期、每月、每周》 《教师学前知识培训：五大模块》 《教师美术知识培训：所有班别训练》 《教师日常行为培训：客服、团建、内部制度》		A
分校经营管理系统	《分校合作协议书完整合同》 《分校合伙人五千问答案》 《合作中出现的协调以及教学问题》 《合作中洽谈业务需要声明的内容》 《分店管理汇报资源库（包括学生作品、家长反馈）》		B
客户信息服务系统	《分校客户数据库》 《分校每年班级人数统计数据库》 《客户服务体制完善制度》 《客服问答》 《客服心理案例》		C
课程标准规范化系统	《学前班课程管理体系》 《小学班课程管理体系》	（班别一年五期教案设计） （13种班别五期教学大纲） （班别设计理念意图来源） （教案链接好知识具体来源）	D

创始人小贤介绍，在每个学期对孩子本期学习内容总结后，机构教师开始给家长讲解根据孩子还需要加强的点制订的学习计划，通过对家长和孩子的画种意向调查了解孩子想要画的画种，还有了解家长想要培养孩子的目标。下面为虹彩艺术意向调查案例。

① 家长画种培养意向表

该意向表交给家长和孩子去填选，目的是为更好地了解家长和孩子的个人意向，想要画什么画种,想要往哪方面去培养。通过该表格,可以更好地给孩子制订学习计划,见表 4.2。

表 4.2 家长画种培养意向

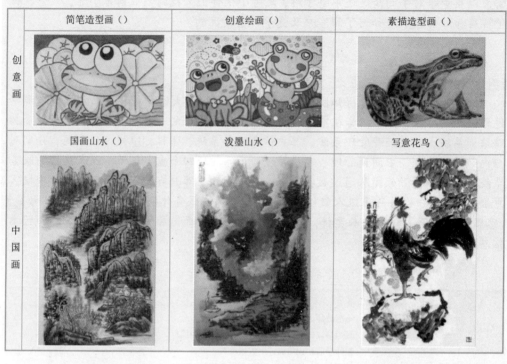

② 班别选择测评表(能力)

该测评表是老师根据学生在本学期的学习情况进行评选,对孩子学前领域和美术领域分别进行评估,通过评估结果呈现给家长看让家长了解到孩子的优势和劣势,通过这个表再结合家长意向表更好地去制订学习计划,见表 4.3。

表 4.3 班别选择测评

	项目	内容	优+	优	备注
美术领域评估	主题	主题鲜明有创意,内容丰富、构思新颖、巧妙,具有生活和时代气息			
	构图	物体聚散得宜,视点清晰,画面完整协调,层次丰富			
	造型	线条运用流畅,物体特征清晰、生动,有黑白灰的处理且具有想象力,物体有空间远近、虚实关系以及质感特点			
	色彩	色彩丰富,冷暖关系协调,一个物体有亮暗面的颜色区分,具有独特的美感			
	技巧	能熟练使用绘画材料以及绘画方法,如油水分离法、黑白装饰的物体细节刻画、敲点法……			
	创造力	绘画出新奇独特的事物形象,事物间有着不同于常理的有趣联系			
学前领域评估	创造性	是否具有创造性的发散性思维,有独特的闪光点			
		是否在作品中表现出大胆的创意与构思			
		能否运用艺术美、自然美、生活美或融合新的观念演变成一种新的形式(信心)			
	适应性	是否对美术感兴趣			
		能否通过导入环节快速进入学习状态(冒险性)			

续表

项目		内容	优+	优	备注
学前领域评估	审美性	能否通过多元化的知识结合去欣赏艺术作品			
		是否对欣赏作品表达自己对自然生活的情感、美术作品的灵感以及美感（新经验）			
	主动性	是否主动对新知识观察、探索和运用，以及主动学习的态度			
		能否主动分享交流自己对美术作品的描述与思想表达			
	协调性	能否在活动中与同学合作，并在结束时进行收拾整理（平常心、坚持）			
		能否通过游戏环节激发创造思维并与动手能力相结合（智力品质）			

测评结果：学员"×××"能力评测及定制化课程选择

根据上面的测评内容，最终老师给出测评结果，给出下学期的学习目标和报班方向。

问题讨论：
1. 公司成立之初从哪些方面开展消费者行为分析？
2. 公司成立之初采用了哪些方法开展市场调研？

经典导入

红罐王老吉：从1亿元到90亿元的销售奇迹

没有调查就没有发言权，市场中只有找不准的需求，没有卖不出去的产品。红罐王老吉找准市场定位取得成功的案例生动地说明了广告调查的重要性。

凉茶是广东、广西地区的一种由中草药熬制，具有清热去湿等功效的"药茶"。其中，王老吉凉茶为消费者所熟知，它属于加多宝集团旗下产品。2002年以前，红色罐装王老吉（以下简称"红罐王老吉"）在广东和浙南地区销售量稳定，有比较固定的消费群，销售业绩连续几年维持在1亿多元。发展到这个规模后，加多宝集团的管理层发现，要把企业做大，要走向全国，还必须弄清楚一连串的问题，其中最主要的问题是什么吸引了消费者购买？要知道这一点必须做广告调查。

很多人都见过这样一则广告：一个非常可爱的小男孩为了打开冰箱拿一罐王老吉，用屁股不断蹭冰箱门，广告语是"健康家庭，永远相伴"。显然这个广告并不能体现红罐王老吉的独特价值。

红罐王老吉以金银花、甘草、菊花等草本植物熬制，有淡淡的中药味，对口味至上的饮料而言，存在不小的劣势，加之红罐王老吉的零售价达3.5元，如果加多宝集团不能将红罐王老吉与竞争对手区分开，它就永远走不出饮料行业"列强"的阴影。

公司在研究中发现，广东的消费者饮用红罐王老吉主要在烧烤、登山等场合，其原因不外乎"吃烧烤容易上火，喝一罐先预防一下""可能会上火，但这时候没有必要吃牛黄解毒片"；而在浙南，消费者饮用红罐王老吉的场合主要集中在外出就餐、家庭聚会时。在对当地饮食文化的了解过程中，研究人员发现：该地区消费者对于"上火"的担忧比广东有过之而无不及。例如，消费者座谈会桌上的话梅蜜饯就被认为是"会上火"的危险品而无人问津。后面的跟进研究也证实了这一点，温州地区的消费者对红罐王老吉的评价是"不会上火""健康,小孩老人都能喝,不会引起上火"。虽然这些观念可能并没有科学依据,但这就是浙南消费者头脑中对红罐王老吉的观念,是需要被关注的"重大的事实"。

消费者的这些认知和购买行为均表明,消费者对红罐王老吉并无"治疗"的要求,而是作为一种功能饮料购买,购买红罐王老吉的真实动机是用于"预防上火"。例如,希望在吃烧烤时减少上火情况的发生,待其真正上火后可能还会采用药物治疗。

在此基础上,加多宝集团进一步研究消费者对竞争对手的看法,发现红罐王老吉的直接竞争对手,如菊花茶、清凉茶等由于缺乏品牌推广,仅仅是以低价渗透市场,并未明确"预防上火的饮料"的定位;而可乐、茶饮料、果汁饮料、水等明显不具备"预防上火"的功能,它们与红罐王老吉仅仅是间接的竞争。

同时,任何一个品牌要想在市场中占据某一强势地位,都必须有据可依。例如,可口可乐说其是"正宗的可乐",是因为可口可乐公司就是可乐的发明者。研究人员对于企业、产品自身在消费者心目中的认知进行了研究,结果表明,红罐王老吉的"凉茶始祖"身份、神秘中草药配方、175年的历史等,显然有能力占据"预防上火的饮料"这一市场空间。

由于"预防上火"是消费者购买红罐王老吉的原始动机,这一概念的提出自然有利于巩固和加强原有市场。而能否满足企业对于"进军全国市场"的期望,则成为研究的下一步工作。通过对二手资料进行研究并请专家做访谈等都表明,中国几千年的"清热祛火"中医概念在全国广为普及,"上火"的概念也在各地深入人心,这就使红罐王老吉突破了凉茶概念的地域局限。研究人员认为:"做好了这个宣传概念的转移,只要有中国人的地方,红罐王老吉就能活下去。"

至此,广告调查基本完成。在研究一个多月后,调查公司向加多宝提交了研究报告。报告首先明确红罐王老吉是在"饮料"行业中竞争,竞争对手应是其他饮料;其次"预防上火的饮料"独特的价值在于——喝红罐王老吉能预防上火,让消费者无忧地尽情享受生活:吃煎炸、香辣美食、烧烤,通宵达旦地看足球……

(摘录自营销学堂网《红罐王老吉广告调查成功案例:从1亿元到90亿元的销售奇迹》)

✉ 知识要点

4.1 消费者购买行为模式

4.1.1 消费者市场的认知

(一)消费者市场的概念

消费者市场是个人或家庭为了生活消费而购买商品和服务的市场。生活消费是商品和服务流通的终点,对消费品市场的研究是整个市场研究的基础和核心。

(二)消费者市场的特征

消费者市场的研究对象主要是消费者,如消费者为何购买、何时何处购买、如何购买等。为了更好地研究上述问题,有必要对消费者市场特性进行分析。

一般来讲,消费者市场有如下特点:

① 广泛性：在消费者市场上，不仅购买者人数众多，而且购买者地域分布广。从城市到乡村，从国内到国外，消费者市场无处不在。

② 分散性：消费者每次购买数量零星，次数频繁。每个人、每个家庭都是消费者，相对于产业市场，消费者市场购买人数众多，而且由于消费者所处的地理位置不同、闲暇时间不一致，造成购买地点和时间的分散性。

③ 可诱导性：消费者需求的产生受内部和外部因素的影响，特别是外部因素的影响，企业可以引导和调节。

④ 流动性：由于购买力相对有限，消费者对所需要的某些产品会慎重选择，在市场经济比较发达的今天，商品和服务的选择余地越来越大，加之人口在地区间的流动，导致消费者的购买能力经常在不同产品、不同地区及不同企业之间流动。

⑤ 发展性：消费者购买是在不断变化的，随着社会的发展和人们消费水平、生活质量的提高，消费需求也在不断向前推进。过去只要能买到商品就行了，现在要追求名牌；过去不敢问津的高档商品，如汽车等，现在消费者众多；过去自己承担的劳务现在由劳务从业人员承担等。这种新的需求不断产生，而且是永无止境的，从而使消费者购买具有发展性特点。

⑥ 伸缩性：消费需求受各种因素影响表现出较大的需求弹性或伸缩性。

⑦ 替代性：消费品中除了少数商品不可替代外，大多数商品都可找到替代品或可以互换使用的商品。因此，消费者市场中的商品有较强的替代性。

⑧ 周期性：消费者购买有一定的周期性可循，从而使消费者市场呈现一定的周期性。从消费者对商品的需求来看，有些商品消费者需要常年购买、均衡消费，如食品、副食品、牛奶、蔬菜等生活必需品；有些商品消费者需要季节购买或节日购买，如一些时令服装、节日消费品；有些商品消费者需要等商品的使用价值基本消费完毕才重新购买，如家用电器等。由此可见，消费者购买有一定的周期性可循，从而使消费者市场呈现一定的周期性。

与消费者市场相对的就是生产者市场。生产者市场又叫产业市场或工业市场，是由那些购买货物和劳务，并用来生产其他货物和劳务，以出售、出租给其他人的个人或组织构成。它具有购买者数量较少、规模较大、生产者市场的需求波动性较大、生产者市场的需求一般都缺乏弹性等特点。它对于国民经济的发展具有重要的作用。

（三）消费品分类

1. 根据消费者的购买行为和购买习惯，消费品可以分为便利品、选购品、特殊品和非渴求品四类。

（1）便利品（Convenience Goods）

指消费者要经常购买、反复购买、即时购买、就近购买、惯性购买，且购买时不用花时间比较和选择的商品。

（2）选购品（Shopping Goods）

指顾客对使用性、质量、价格和式样等基本方面要做认真权衡比较的产品。例如家具、电子产品、服装、旧汽车和大的器械等。

（3）特殊品（Speciality Goods）

指具有特定品牌或独具特色的商品，或对消费者具有特殊意义、特别价值的商品，如具有收藏价值的收藏品以及结婚戒指、小汽车等。

（4）非渴求品（Unsought Goods）

指消费者不熟悉，或虽然熟悉，但不感兴趣，不主动寻求购买的商品。如一些刚开发的应用软件、刚面世的新产品、保险、百科全书等。

2. 按消费品的消耗特点和产品形态分类

① 非耐用消费品：易耗消费品也叫非耐用消费品，是指只能使用一次或几次的容易消耗的有形物品。如食物、水果、洗涤用品等。

② 耐用消费品：是指可以多次使用，单价较高的有形物品。如服装、家用电器等。

③ 无形产品：服务是"用于出售或者是同产品连在一起进行出售的活动、利益或满足感"。服务是一种无形产品。如美容、技术咨询等。

> **课堂讨论**：某小区同时开了两家小店，一家卖的是日用品，一家卖的是服装，日用品店生意兴隆，而服装店的生意却门可罗雀。请用市场营销学的原理分析一下原因。
>
> **提示**：日用品属于便利品，消费者习惯就近购买；衣服属于选购品，消费者要反复对比、比较，且习惯到大型的购物中心或商业区购买。

（四）消费者购买行为模式

消费者购买行为模式认为，所有消费者的购买行为都是由刺激引起的。这种刺激既来自外部环境，也来自消费者内部的生理或心理因素。在环境刺激和内部刺激的共同作用下，经过消费者本人复杂的心理活动过程，产生购买动机，最后产生购买行为。由于这一过程是一种心理活动过程，是消费者内部自我完成的，心理学家也称之为"暗箱"。如图 4.1 所示。

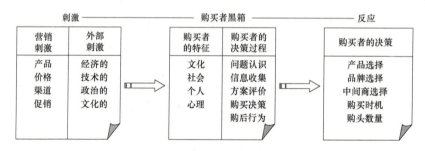

图 4.1 营销刺激–反应模式

"购买者外界的刺激"有两类：一类是市场营销刺激，包括"4Ps"即产品、价格、地点和促销，另一类是"环境刺激"，包括经济的、技术的、政治的和文化的刺激等。营销刺激和环境刺激都是可以看到的，尤其是营销刺激营销人员是可以控制的，购买者决策的结果通过观察消费者的行为也是可以知道的，但是购买者如何根据外部的刺激进行判断，如何感知商品，如何学习产品的信息，如何对产品进行评价，他们在选择时注重产品的哪些特点，最终如何进行产品的选择、品牌选择和商店选择等过程是看不见的。因此，市场营销人员的任务就是要了解在出现外部刺激后到做出购买决策前的购买者意识中所发生的情况，认识消费者的购买行为规律，并根据本企业的特点，向消费者进行适当的市场营销的"刺激"，以使外在的刺激因素与消费者内在的心理活动发生相互作用，以便消费者形成有利于该企业的购买决策，产生购买行为。

4.2 影响消费者购买行为的因素

4.2.1 消费者购买行为的类型

1. 根据消费者购买行为的复杂程度和所购产品的差异程度划分

① 复杂的购买行为。如果消费者属于高度参与，并且了解现有各品牌、品种和规格之间具有的显著差异，则会产生复杂的购买行为。复杂的购买行为指消费者购买决策过程完整，要经历大量的信息收集、全面的产品评估、慎重的购买决策和认真的购后评价等各个阶段。

对于复杂的购买行为，营销者应制定策略帮助购买者掌握产品知识，运用各种途径宣传本品牌的优点，影响最终购买决定，简化购买决策过程。

② 选择性购买行为。同样是价格比较昂贵的商品，有较大的购买决策风险，但是由于消费者对于某类商品比较熟悉，知道应当怎样进行选择，在购买决策时无须再对商品的专业知识做进一步的了解，而只要对商品的价格、购买地点以及各种款式进行比较选择就可以了，此时消费者往往表现出选择性购买行为。

③ 简单性购买行为。对于某些消费者不太熟悉的新产品，由于价格比较低廉，购买频率也比较高，消费者不会花很大的精力去进行研究和决策，而常常会抱着"不妨买来试一试"的心情来进行购买，所以购买过程相对比较简单，此时消费者往往表现出简单性购买行为。

④ 习惯性购买行为。指消费者并未深入收集信息和评估品牌，只是习惯于购买自己熟悉的品牌，在购买后可能评价也可能不评价产品。

2. 根据消费者购买目标选定程度区分划分

① 完全确定型。指消费者在购买商品以前，已经有明确的购买目标，对商品的名称、型号、规格、颜色、式样、商标以至价格的幅度都有明确的要求。这类消费者进入商店以后，一般都是有目的地选择，主动地提出所要购买的商品，并对所要购买的商品提出具体要求，当商品能满足其需要时，则会毫不犹豫地买下商品。

② 半确定型。指消费者在购买商品以前，已有大致的购买目标，但具体要求还不够明确，最后购买需经过选择比较才完成。如购买空调是原先计划好的，但购买什么牌子、规格、型号、式样等心中无数。这类消费者进入商店以后，一般要经过较长时间的分析、比较才能完成其购买行为。

③ 不确定型。指消费者在购买商品以前，没有明确的或既定的购买目标。这类消费者进入商店主要是参观游览、休闲，漫无目标地观看商品或随便了解一些商品的销售情况，有时感到有兴趣或合适的商品偶尔购买，有时则观后离开。

3. 根据消费者购买态度与要求划分

① 习惯型。指消费者由于对某种商品或某家商店的信赖、偏爱而产生的经常、反复购买。由于经常购买和使用，他们对这些商品十分熟悉，体验较深，再次购买时往往不再花费时间进行比较选择，注意力稳定、集中。

② 理智型。指消费者在每次购买前对所购的商品，要进行较为仔细研究比较。购买感情色彩较少，头脑冷静、行为慎重、主观性较强，不轻易相信广告、宣传、承诺、促销方式以及售货员的介绍，主要看商品质量、款式。

③ 经济型。指消费者购买时特别重视价格，对于价格的反应特别灵敏。购买无论是选择高档商品，还是中低档商品，首选的是价格，他们对"大甩卖""清仓""血本销售"等

低价促销最感兴趣。一般来说，这类消费者与自身的经济状况有关。

④ 冲动型。指消费者容易受商品的外观、包装、商标或其他促销努力的刺激而产生的购买行为。购买一般都是以直观感觉为主，从个人的兴趣或情绪出发，喜欢新奇、新颖、时尚的产品，购买时不愿做反复选择比较。

⑤ 疑虑型。指消费者具有内倾性的心理特征，购买时小心谨慎和疑虑重重。购买一般缓慢、费时多。常常是"三思而后行"，常常会犹豫不决而中断购买，购买后还会疑心是否上当受骗。

⑥ 情感型。这类消费者的购买多属情感反应，往往以丰富的联想力衡量商品的意义，购买时注意力容易转移，兴趣容易变换，对商品的外表、造型、颜色和命名都较重视，以是否符合自己的想象作为购买的主要依据。

⑦ 不定型。这类消费者的购买多属尝试性，其心理尺度尚未稳定，购买时没有固定的偏爱，在上述 6 种类型之间游移，这种类型的购买者多数是独立生活不久的青年人。

4. 根据消费者购买频率划分

① 经常性购买行为。经常性购买行为是购买行为中最为简单的一类，指购买人们日常生活所需、消耗快、购买频繁、价格低廉的商品，如油盐酱醋茶、洗衣粉、味精、牙膏、肥皂等。购买者一般对商品比较熟悉，加上价格低廉，人们往往不必花很多时间和精力去收集资料和进行商品的选择。

② 选择性购买行为。这一类消费品单价比日用消费品高，多在几十元至几百元之间；购买后使用时间较长，消费者购买频率不高，不同的品种、规格、款式、品牌之间差异较大，消费者购买时往往愿意花较多的时间进行比较选择，如服装、鞋帽、小家电产品、手表、自行车等。

③ 考察性购买行为。消费者购买价格昂贵、使用期长的高档商品多属于这种类型，如购买轿车、商品房、成套高档家具、钢琴、电脑、高档家用电器等。消费者购买该类商品时十分慎重，会花很多时间去调查、比较、选择。消费者往往很看重商品的商标品牌，大多是认牌购买；已购消费者对商品的评价对未购消费者的购买决策影响较大；消费者一般在大商场或专卖店购买这类商品。

消费者购买行为也称消费者行为。是消费者围绕购买生活资料所发生的一切与消费相关的个人行为，包括从需求动机的形成到购买行为的发生直至购后感受总结这一购买或消费过程中所展示的心理活动、生理活动及其他实质活动。

> ◆ **课堂讨论**：便利品在网点布置和货物摆放上应注意什么？
>
> 提示：
> （1）便利品的商店应该开在人流密集的地方。
> （2）在方便消费者购买的位置摆放。
> （3）分区分类摆放。
> （4）摆放的数量足够多。
> （5）摆放整齐、醒目等。

4.2.2 影响消费者购买行为的因素

1. 内在因素

（1）动机

需要引起动机，需要是人们对于某种事物的要求或欲望。就消费者而言，需要表现为获取各种物质的需要和精神需要。马斯洛的"需要五层次"理论,即生理需要、安全需要、社会需要、尊重需要和自我实现的需要,如图 4.2 所示。

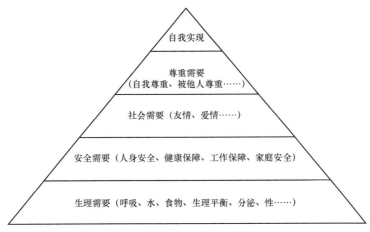

图 4.2　马斯洛需求层次理论

动机是为了使个人需要满足的一种驱动和冲动。消费者购买动机是指消费者为了满足某种需要,产生购买商品的欲望和意念。购买动机可分为两类:

1)生理性购买动机。

生理性购买动机是指由人们因生理需要而产生的购买动机,如饥思食、渴思饮、寒思衣,又称本能动机,包括维持生命动机、保护生命动机、延续和发展生命动机。生理动机具有经常性、习惯性和稳定性的特点。

2)心理性购买动机。

心理性购买动机是指人们由于心理需要而产生的购买动机。根据对人们心理活动的认识,以及对情感、意志等心理活动过程的研究,可分为以下 3 种:

① 感情动机。指由于个人的情绪和情感心理方面的因素而引起的购买动机。根据感情不同的侧重点,可将其分为三种消费心理倾向:求新、求美、求荣。

② 理智动机。指建立在对商品客观认识的基础上,经过充分的分析比较后产生的购买动机。理智动机具有客观性、周密性的特点。在购买中表现为求实、求廉、求安全的心理。

③ 惠顾动机。指对特定的商品或特定的商店产生特殊的信任和偏好而形成的习惯重复光顾的购买动机。这种动机具有经常性和习惯性特点,表现为嗜好心理。

人们的购买动机不同,购买行为必然是多样的、多变的。要求企业营销深入细致地分析消费者的各种需求和动机,针对不同的需求层次和购买动机设计不同的产品和服务,制定有效的营销策略,获得营销成功。

(2)感受

消费者购买如何行动,还要看他对外界刺激物或情境的反应,这就是感受对消费者购买行为的影响。感受指的是人们的感觉和知觉。

(3)态度

态度通常指个人对事物所持有的喜欢与否的评价、情感上的感受和行动倾向。作为消费者态度对消费者的购买行为有着很大的影响。企业营销人员应该注重对消费者态度的研究。

(4)学习

学习是指由于经验引起的个人行为的改变。即消费者在购买和使用商品的实践中,逐步获得和积累经验,并根据经验调整自己购买行为的过程。学习是通过驱策力、刺激物、提示物、反应和强化的相互影响、相互作用而进行的。

2. 外在因素

（1）文化因素

1）文化。

文化是人类知识、信仰、艺术、道德、法律、美学、习俗、语言文字以及人作为社会成员所获得的其他能力和习惯的总称。文化是人们在社会实践中形成的，是一种历史现象的沉淀；同时，文化又是动态的、处于不断的发生变化之中。

文化通常是指人类在长期生活实践中建立起来的价值观念、道德观念以及其他行为准则和生活习俗。若不研究、不了解消费者所处的文化背景，往往会导致营销活动的失败。

2）亚文化。

任何文化都包含着一些较小的群体或所谓的亚文化群。它们以特定的认同感和影响力将各成员联系在一起，使之持有特定的价值观念、生活格调与行为方式。这种亚文化群有许多不同类型，其中影响购买行为最显著的主要有：一是民族亚文化群。如我国除了占人口多数的汉族外，还有几十个民族，他们在食品、服饰、娱乐等方面仍保留着各自民族的许多传统情趣和喜好。二是宗教亚文化群。以我国来说，就同时存在着伊斯兰教、佛教、天主教等。他们特有的信仰、偏好和禁忌在购买行为和购买种类上表现出许多特征。三是地理亚文化群。如我国华南地区与西北地区，或沿海地区与内陆偏远地区，都有不同的生活方式和时尚，从而对商品的购买也有很大不同。

3）社会阶层。

社会阶层是指一个社会按照其社会准则将其成员划分为相对稳定的不同层次。不同社会阶层的人，他们的经济状况、价值观念、兴趣爱好、生活方式、消费特点、闲暇活动、接受的大众传播媒体等各不相同。这些都会直接影响他们的购买习惯和购买方式。

（2）社会因素

消费者行为亦受到社会因素的影响，它包括消费者的家庭、参考群体和社会角色、社会地位等。社会相关群体对消费者购买行为的影响。相关群体是指对消费者的态度和购买行为具有直接或间接影响的组织、团体和人群等。消费者作为社会一员，在日常生活中要经常与家庭、学校、工作单位、左邻右舍、社会团体等发生各种各样的联系。

1）家庭。

家庭介于社会和个人之间，它包容了个人，组成了消费群体。各个成员均受影响，一般妻子管理家政财务的情况比较多。同时家庭生命周期也是影响消费者行为的一个因素。家庭产生影响包括更直接的日常生活购买行为的影响，这种影响在家庭成员之间都可以产生，这种影响也会随着社会环境、工作情况的变化而变化。

2）参照群体。

群体是指追求共同的目标或兴趣相互依赖的两个或者两个以上的人。个人的态度和行为会受各种群体的影响。对这个人的态度和行为有直接或间接影响的群体即为参照群体。

参照群体在展示新的行为模式和生活方式，宣扬对产品、企业的态度和看法等方面会对消费者产生影响。参照群体还会对个人形成压力，促使人们行为一致化，在产品、品牌等实际中发挥作用。因此进行消费者行为分析，要准确判断出目标消费者参照群体，从中发掘观念指导者，有重点地与他们沟通和交流，以使参照群体发挥更大的影响。

① 主要群体是指个人经常性受其影响的非正式群体，如家庭、亲密朋友、同事、邻居等。

② 次要群体是指个人并不经常受到其影响的正式群体，如工会、职业协会等。

③ 期望群体是个人希望成为其中一员或与其交往的群体。

企业营销应该重视相关群体对消费者购买行为的影响作用，利用相关群体的影响开展营销活动，还要注意不同的商品受相关群体影响的程度不同。商品能见度越强，受相关群体影响越大。商品越特殊、购买频率越低，受相关群体影响越大。对商品越缺乏知识，受相关群体影响越大。

【思政小课堂】

谁是你的偶像？我们要追什么样的星？

提示：1. 新时代的偶像；2. 以梦为马，不负韶华；3. 做时代的追梦人；4. 不负时代，勇担己责。

关于袁隆平的"热搜"很多，但都和水稻有关。袁隆平参加湖南农业大学开学典礼的消息在网上引起轰动，网友直呼：巨型追星现场！他在演讲中说道："我一直有两个梦：第一个梦是禾下乘凉梦，这是追求水稻的高产梦；第二个梦是杂交水稻覆盖全球梦。"他勉励青年人："我始终都还在努力使梦想成真""你们是新时代中国青年。我相信你们必定会在追求真理的道路上躬行实践、厚积薄发，并将不会辜负时代的担当。"与动辄千万流量的"鲜肉""网红"相比，袁隆平才是当之无愧的"流量巨星"，为袁隆平点赞，愿我们都做前进路上的追梦人！

从董存瑞、雷锋，到钱学森、陈景润，再到"四大天王"和周杰伦、蔡徐坤……到了思想观念多元的"00后"一代，已再难有统一的答案。偶像的更迭，映射着时代的变迁，也不断改写着"偶像"的内核外延。

有学者在研究中写道：当前青少年对偶像的崇拜，已从"仰望"向"共生"改变。青年媒体人黄帅说："不少'90后'青年也会为白芳礼、丛飞等'感动中国人物'的事迹洒下热泪，在面对这些偶像人物时，我们不再采取匍匐膜拜的姿态，而是用他们的精神引导日常生活。"

"硬核医生"张文宏成了"网红"。这位在疫情中讲真话、金句频出的医生具备镇定人心的才能，受到年轻人的喜爱。"90后"学生文文在朋友圈接连转发了3条张文宏的公开演讲视频，称自己已是张医生的"迷妹"，"简直字字珠玑，字字钻进我心里！"

"张文宏是我想成为的那种医生。他专业素养高，不讲虚话空话，为患病者和更多的人做实际贡献，这是医生职业精神最动人的地方。"今年大二的医学专业学生高强说，同学们反复观看张文宏关于传染病防控的系列演讲，学习知识，也在重温报考医学专业的初衷。

新时代青年偶像观呈现出价值多样和内涵提升的双重趋势。价值多样是指当前青年的崇拜对象已不再集中在少数类型、几个人物身上，甚至崇拜自己这颗"夜空中最亮的星"；内涵提升是指随着精神文明的不断丰富，年轻一代的英雄观正走向成熟。

"杂交水稻之父"袁隆平在线上线下都火了。先是袁老九十大寿的小视频在网上点击量过亿，网友们纷纷送上生日祝福；紧接着，袁老在湖南农业大学演讲，学生们欢呼尖叫，上演"大型追星现场"。

袁隆平、屠呦呦、黄旭华、于敏、孙家栋、张富清、李延年……"共和国勋章"颁发后，这些闪亮的名字频频出现在社交媒体，年轻的粉丝群体将追星对象指向了他们——共和国最闪亮的星。

> 数据显示，在"共和国勋章"相关讨论中，"贡献者""中国赞""人民英雄"等词语成为关键标签。这意味着，网友追捧这些大科学家、大知识分子作为明星，指向的是他们所代表的科学精神、奉献精神与社会责任感。
>
> 这样的精神，引领无数科研工作者冲在一线拓荒、甘为人梯奉献，铸就了中国的今时今日，也激励着青年人紧随榜样的步伐，在强国征程中不断筑梦圆梦。从这个角度而言，与其说年轻人在追"星"，不如说是在和当下各个领域的大家交心，并向他们致敬。

3）社会角色。

每个人在社会中扮演一定的角色，拥有相应的地位，这些都会对购买决策和行为产生影响。不同社会角色和地位的人，其消费行为往往不同。换句话说，就是不同社会阶层的消费是决定于他们自身的生活品质和生活方式，通常人们会选择与自己地位相吻合的产品及服务，而产品和品牌也可能成为地位的象征。

4）社会地位。

社会地位是人们在各种社会关系网中所处的位置，是对决定人们身份和地位的各种要素综合考察的结果。这些要素包括个人的政治倾向、经济状况、家庭背景、文化程度、生活方式、价值取向、审美观及所担任的角色和所拥有的权利等。

消费者往往根据自己的地位做出购买选择，许多产品和品牌由此成为一种身份和地位的象征，如劳力士手表、LV手提包等。

3. 个人因素

消费者购买行为首先受其自身因素的影响，这些因素主要包括：消费者的经济状况，即消费者的收入、存款与资产、借贷能力等；消费者的职业和地位，不同职业的消费者，对于商品的需求与爱好往往不尽一致；消费者的年龄与性别，消费者对产品的需求会随着年龄的增长而变化，在生命周期的不同阶段，相应需要各种不同的商品；消费者的性格与自我观念，不同性格的消费者具有不同的购买行为。

4.3 消费者购买决策过程

4.3.1 消费者购买决策的角色

消费者购买决策过程中的角色可以分为 5 种：即消费的发起者、影响者、决策者、购买者和使用者，如图 4.3 所示。

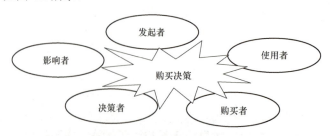

图 4.3 消费者购买决策的角色

① 发起者，即本人有消费需要或消费意愿，或者认为他人有消费的必要，或者认为其他人进行了某种消费之后可以产生所希望的消费效果，他要倡导别人进行这种形式的消费，

这个人就属于消费的倡导者。

② 影响者，即以各种形式影响消费过程的一类人，包括家庭成员、邻居与同事、购物场所的售货员、广告中的模特、消费者所崇拜的名人明星等，甚至素昧平生、萍水相逢的过路人等。

③ 决策者，即有权单独决策或在消费中与其他成员共同做出决策的人。

④ 购买者，即做出最终购买决定的人。购买者，即直接购买商品的人。

⑤ 使用者，即最终使用、消费该商品并得到商品使用价值的人，有时称为"最终消费者""终端消费者""消费体验者"。

这 5 种角色相辅相成，共同促成了购买行为，它们是企业营销的主要对象。五种角色的存在并不意味着每一种购买决策都必须 5 个人才能作出，在实际购买行为中，有些角色可在一个人身上兼而有之。认识购买决策的群体参与性，对于企业营销活动有十分重要的意义。

4.3.2 消费者购买过程

在复杂购买中，消费者购买决策过程由引起需要、收集信息、评价方案、决定购买和购后行为 5 个阶段构成。

① 引起需要。消费者进入市场后的第一步是确认自身需要解决的"问题"，即存在着某种需求。

② 收集信息。消费者的信息来源包括消费者的个人经验、相关群众影响、大众媒体等方面，企业要注意利用以上诸因素为消费者提供信息，同时，还要考虑到影响消费者对信息获取的因素。

③ 评价方案。在比较复杂的购买行动中，消费者对已经到手的信息进行估价、比较，以便于做下一步的决定。企业应不断开发满足消费者不同需求的产品，并设法使自己经营商品的商标、特点给消费者留下印象，以便于消费者选择与比较。

④ 决定购买。消费者会选择一款处于优势地位的商品。

⑤ 购后行为。消费者购买商品以后，购买的决策过程还在继续，他要评价已购的商品。企业对这一步仍须给予充分的重视，因为它关系到产品今后的市场和企业的信誉。判断消费者购后行为有两种理论，一种叫"预期满意理论"，另一种叫"认识差距理论"。消费者购后行为如图 4.4 所示。

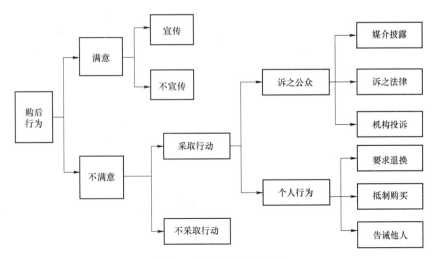

图 4.4 消费者购后行为

【营销小知识】

250 定律

　　每一位顾客身后或许都站着 250 个人，这是与他关系比较亲近的人：同事、邻居、亲戚、朋友。如果一个推销员在年初的一个星期里见到 50 个人，其中只要有两个顾客对他的态度感到不愉快，到了年底，由于连锁影响就可能有 5 000 个人不愿意和这个推销员打交道，知道一件事：不要跟这位推销员做生意。这就是乔·吉拉德的 250 定律。由此，乔·吉拉德得出结论：在任何情况下，都不要得罪哪怕是一个顾客。在乔·吉拉德的推销生涯中，每天都将 250 定律牢记在心，抱定生意至上的态度，时刻控制着自己的情绪，不因顾客的刁难，或是不喜欢对方，或是自己心绪不佳等原因而怠慢顾客。乔·吉拉德说得好："你只要赶走一个顾客，就等于赶走了潜在的 250 个顾客。"

4.4　市场调查的含义及内容

4.4.1　市场调查的含义

　　市场调查是指运用科学的方法，有系统、有目的地搜集、整理、分析并报告与企业有关的市场信息资料及研究结果，了解市场的现状及其发展趋势，为市场预测提供客观、正确的资料，它是市场预测的基础和依据。

4.4.2　为什么要进行市场调查

　　由于现代化社会大生产的发展和技术水平的进步，商品市场的竞争变得日益激烈。市场情况在不断地发生变化，而促使市场发生变化的原因，主要就是产品、价格、分销、广告、推销等市场因素和有关政治、经济、文化、地理条件等市场环境因素。这两类因素往往又是相互联系、相互影响的，而且不断地发生变化。

　　因此，企业为适应这种变化，就只有通过广泛的市场调查，及时地了解各种市场因素和市场环境因素的变化，从而有针对性地通过对市场因素，如价格、产品结构、广告等进行调整。能否及时了解市场变化情况，并适时适当地采取应变措施，这是企业能否取胜的关键。

4.4.3　市场调查的作用

　　市场调查的主要功能有描述、诊断和预测。市场调查的主要作用是通过信息把营销者和消费者、公众联系起来，通过对信息的分析来寻找市场机会，制定、完善和评估市场营销方案，控制市场营销行为，为企业经营决策活动提供重要依据。企业经营的重点是决策，而决策的重点是信息，信息的来源就是市场调查。因此，市场调查对企业有着重要作用。

　　1. 市场调查活动是企业了解市场的重要手段

　　企业的营销活动是从市场调查开始的。通过市场调查，企业可以发现市场机会、制定营销战略、进行市场细分、选择目标市场、进行准确的市场定位、设计营销组合策略。在各个市场营销活动过程中，市场调查贯穿始终，每一步决策都需要市场调查结论作为决策的依据。否则，没有准确的市场调查结论而脱离实际情况的决策，会给企业带来不必要的损失。

　　2. 有助于企业更好地吸收国内外先进经验和最新技术，提高管理水平

　　当今世界，科技发展迅速，新发明、新创造、新技术和新产品层出不穷，日新月异。

这种技术的进步自然会在商品市场上以产品的形式反映出来。通过市场调查，有助于我们及时地了解市场经济动态和科技信息，为企业提供最新的市场情报和技术生产情报，以便更好地学习和吸收同行业的先进经验和最新技术，改进企业的生产技术，提高人员的技术水平，提高企业的管理水平，从而提高产品的质量，加速产品的更新换代，增强产品和企业的竞争力，保障企业的生存和发展。

3. 为企业管理部门和有关负责人提供决策依据，有检验和修正作用

任何一家企业都只有在对市场情况有实际了解的情况下才能有针对性地制定市场营销策略和企业经营发展策略。在企业管理部门和有关人员要针对某些问题进行决策时，如在制定产品策略、价格策略、分销策略、广告和促销策略时，通常要了解的情况和考虑的问题是多方面的，主要有：本企业产品在什么市场上销售较好，有发展潜力；在哪个具体的市场上预期可销售数量是多少；如何才能扩大企业产品的销售量；如何掌握产品的销售价格；如何制定产品价格，才能保证在销售和利润两方面都能有良好表现；怎样组织产品推销，销售费用又将是多少；等等。这些问题只有通过具体的市场调查，才可以得到具体的答复，而且只有通过市场调查得来的具体答案才能作为企业决策的依据，通过市场调查，企业可以检验其经营战略和计划是否可行，有无疏忽和遗漏，是否需要修正，并可以根据市场调查结论提供相应的修正方案。否则，企业就会制定出盲目的和脱离实际的决策，而盲目则往往意味着失败和损失。

4. 增强企业的竞争力和生存能力

商品市场的竞争由于现代社会化大生产的发展和技术水平的进步而变得日益激烈。市场情况在不断地发生变化，而促使市场发生变化的原因，不外乎产品、价格、分销、广告、推销等市场因素和有关政治、经济、文化、地理条件等市场环境因素。这两种因素往往又是相互联系和相互影响的，而且在不断地发生变化。因此，企业为适应这种变化，就只有通过广泛的市场调查，及时地了解各种市场因素和市场环境因素的变化，从而有针对性地采取措施，通过对市场因素，如价格、产品结构、广告等的调整，去应付市场竞争。

对于企业来说，能否及时了解市场变化情况，并适时地采取适当的应变措施，是企业能否取胜的关键。

阅读材料

农夫山泉广告语的由来

农夫山泉成功上市，市值高达 3 700 亿，一度将钟睒睒推上"中国首富"的宝座；但是，你知道农夫山泉价值千金的广告语"农夫山泉有点甜"是怎么来的吗？

1997 年 5 月，农夫山泉选定上海为全国第一个试点市场。董事长钟睒睒亲自跑到上海调研市场，他在静安寺附近敲开一户居民家的房门，请他们全家品尝农夫山泉，家中的小朋友喝了一口，脱口而出："有点甜！"这就是"农夫山泉有点甜"的由来。既传递出产品的核心特质，又自然可亲，这不正是他苦苦追寻、梦寐以求的那句响亮的品牌口号吗？其实在这之前，农夫山泉早已策划好广告语，一句是"千岛湖源头活水"，专门针对上海人喝的黄浦江江河尾水（上海自来水厂取水口就在黄浦江杨浦大桥边）。另一句是"好水喝出健康来"。于是，1997 年农夫山泉用这三句广告语在上海试销之后，又专门做了一个消费者调研，结果"农夫山泉有点甜"在消费者记忆度调研中遥遥领先。

1998 年农夫山泉在全国正式上市，全面启用"农夫山泉有点甜"作为主广告语。

> **课堂讨论：什么情况下不需要进行市场调研？**
> 提示：缺乏人力、财力、时间等资源；调研结果毫无用处；错过市场时机；已经做出明确的决策；管理者还未对制定决策信息达成一致；制定决策所需信息已存在；调研成本超过收益等。

4.4.4 市场调查的内容

市场调查是市场营销活动的起点，它通过一定的科学方法对市场了解和把握，在调查活动中收集、整理、分析市场信息，掌握市场发展变化的规律和趋势，为企业进行市场预测和决策提供可靠的数据和资料，从而帮助企业确立正确的发展战略。市场调查的内容很多，有市场环境调查，包括政策环境、经济环境、社会文化环境的调查；有市场基本状况的调查，主要包括市场规范、总体需求量、市场的动向、同行业的市场分布占有率等；有销售可能性调查，包括现有和潜在用户的人数及需求量、市场需求变化趋势、本企业竞争对手的产品在市场上的占有率、扩大销售的可能性和具体途径等；还可对消费者及消费需求、企业产品、产品价格、影响销售的社会和自然因素、销售渠道等开展调查。

市场调查的内容涉及市场营销活动的整个过程，主要包括：

1. 市场环境的调查

市场环境调查主要包括经济环境、政治环境、社会文化环境、科学环境和自然地理环境等。具体的调查内容可以是市场的购买力水平、经济结构，国家的方针、政策和法律法规，以及风俗习惯、科学发展动态、气候等各种影响市场营销的因素。

2. 市场需求调查

市场需求调查主要包括消费者需求量调查、消费者收入调查、消费结构调查、消费者行为调查，包括消费者为什么购买、购买什么、购买数量、购买频率、购买时间、购买方式、购买习惯、购买偏好和购买后的评价等。

3. 市场供给调查

市场供给调查主要包括产品生产能力调查、产品实体调查等。具体为某一产品市场可以提供的产品数量、质量、功能、型号、品牌，生产供应企业的情况等。

4. 市场营销因素调查

市场营销因素调查主要包括产品、价格、渠道和促销的调查。产品的调查主要有了解市场上新产品开发的情况、设计的情况、消费者使用的情况、消费者的评价、产品生命周期阶段、产品的组合情况等。产品的价格调查主要有了解消费者对价格的接受情况、对价格策略的反应等。

5. 市场竞争情况调查

市场竞争情况调查主要包括对竞争企业的调查和分析，了解同类企业的产品、价格等方面的情况，他们采取了什么竞争手段和策略，做到知己知彼，通过调查帮助企业确定企业的竞争策略。

4.4.5 市场营销调研的步骤

市场调查是由一系列收集和分析市场数据的步骤组成。某一步骤做出的决定可能影响其他后续步骤，某一步骤所做的任何修改往往意味着其他步骤也可能需要修改。市场调查的步骤一般分为准备阶段、实施阶段、调查结果处理阶段，按如下程序进行：第一，确定调查目标，拟定调查项目；第二，确定所需资料；第三，确定收集资料的方式；第四，抽样设计；第五，数据收集；第六，整理分析调查资料；第七，撰写调查报告。

1. 确定调查目标，拟定调查项目

由于市场调查的主要目的是收集与分析资料以帮助企业更好地做出决策，以减少决策的失误，因此调查的第一步就要求决策人员和调查人员认真地商定研究的目标。俗话说："对一个问题做出恰当定义等于解决了一半。"在任何一个问题上都存在着许许多多可以调查的事情，如果对该问题不做出清晰的定义，那收集信息的成本可能会超过调查提出的结果价值。例如某公司发现其销售量已连续下降达 6 个月之久，管理者想知道真正原因究竟是什么：是经济衰退？广告支出减少？消费者偏爱转变？还是代理商推销不力？市场调查者应先分析有关资料，然后找出研究问题并进一步做出假设、提出研究目标。假如调查人员认为上述问题是消费者偏爱转变的话，再进一步分析、提出若干假设。例如：消费者认为该公司产品设计落伍或者竞争产品品牌的广告设计较佳。

做出假设、给出研究目标的主要原因是为了限定调查的范围，并从将来调查所得出的资料来检验所做的假设是否成立，写出调查报告。

2. 确定所需资料

确定问题和假设之后，下一步就应决定要收集哪些资料，这自然应与调查的目标有关。例如：消费者对本公司产品及其品牌的态度如何？消费者对本公司品牌产品价格的看法如何？本公司品牌的电视广告与竞争品牌的广告，在消费者心目中的评价如何？不同社会阶层对本公司品牌与竞争品牌的态度有无差别？

3. 确定收集资料的方式

第三步要求制定一个收集所需信息的最有效的方式，它需要确定的有数据来源、调查方法、调查工具、抽样计划及接触方法。

如果没有适用的现成资料（第二手资料），原始资料（第一手资料）的收集就成为必需步骤。采用何种方式收集资料，这与所需资料的性质有关。它包括实验法、观察法和询问法。如所需资料是关于消费者态度，因此市场调查可采用询问法收集资料。对消费者的调查，采用个人访问方式比较适宜，便于相互之间深入交流。

4. 抽样设计

在调查设计阶段就应决定抽样对象是谁，这就提出抽样设计问题。其一，究竟是概率抽样还是非概率抽样，这具体要视该调查所要求的准确程度而定。概率抽样的估计准确性较高，且可估计抽样误差，从统计效率来说，自然以概率抽样为好。不过从经济观点来看，非概率抽样设计简单，可节省时间与费用。其二，一个必须决定的问题是样本数目，而这又需考虑到统计与经济效率问题。

5. 数据收集

数据收集必须通过调查员来完成，调查员的素质会影响调查结果的正确性。

调查员以大学的市场学、心理学或社会学专业的学生最为理想，因为他们已受过调查技术与理论的训练，可降低调查误差。

6. 整理分析调查资料

资料收集后，应检查所有答案，不完整的答案应考虑剔除，或者再询问该应答者，以求填补资料空缺。

资料分析应将分析结果编成统计表或统计图，方便读者了解分析结果，并可从统计资料中看出与第一步确定问题假设之间的关系。同时又应将结果以各类资料的百分比与平均数形式表示，使读者对分析结果形成清晰对比。不过各种资料的百分率与平均数之间的差异是否真正有统计意义，应使用适当的统计检验方法来鉴定。例如两种收入家庭对某种家庭用品的月消费支出，从表面上看有差异，但是否真有差异可用平均数检定法来分析。资料还可运用相关分析、回归分析等统计方法来分析。

7. 撰写调查报告

市场调查工作的最后一步是撰写和提交调查报告，调查报告反映了调查工作的最终成果。许多管理者并不一定参与市场调查过程，但是他们却能充分利用调查报告做出正确的业务决策。一份好的市场调查报告能集中体现调查研究工作的质量、反映市场调查人员的水平，也能对企业的市场决策活动提供有效的导向，为企业的决策提供客观依据，使企业的各部门管理者及时地了解情况、分析问题、制定策略，所以调查报告的撰写应实事求是、重点突出、解释充分、语言简洁。

一般而言，书面调查报告可分为两类：专门性报告和通俗性报告。专门性报告的读者是对整个调查设计、分析方法、研究结果以及各类统计表感兴趣者，他们对市场调查的技术已有所了解。而通俗性报告的读者主要兴趣在于听取市场调查专家的建议。例如一些企业的最高决策者。

市场调查报告的内容一般包括以下几点：

（1）标题

标题应准确反映调查报告的主题思想，简单明了、高度概括、题文相符。例如，《关于××服装市场调查报告》。

（2）导言

导言部分主要对市场调查的原因、目的、意义等予以简要说明，提出该报告所要探讨和解决的问题。

（3）调查概况

调查概况部分需要扼要地介绍本次调查的时间、地点、对象、范围、过程以及主要的调查方式、方法。

（4）主体部分

主体部分是调查报告的重要部分，也是调查报告的重点和难点所在，主要是对收集的资料进行分析，分为统计分析和理论分析。统计分析是把调查内容进行客观的描述，着重有序地列出经过整理的、有效的调查资料。理论分析是根据以上统计分析的资料数据，运用科学的方法，系统地展开分析。

（5）结尾部分

结尾部分主要是对调查工作的总结，即得出调查的基本结论，提出建议和对策等。

（6）附录部分

附录部分包括有关调查的问卷、统计报表、参考文献等资料。

4.5 市场调查的主要方法

市场营销调查的具体方法有文案调查法、询问法、观察法、实验法4大类。

收集各种市场信息资料所使用的技能和方法称为市场调查方法。不同的市场调查方法适用于不同的调查对象，对市场信息的有效性和市场调查的成本等有着不同的影响，对调查人员的素质也有着不同的要求。调查必须选用科学的方法，调查方法选择恰当与否，对调查结果影响甚大。各种调查方法都有利有弊，只有了解各种方法，才能正确选择和应用。只有掌握了各种调查方法，才能根据市场的具体情况进行灵活的运用，达到事半功倍的目的。

4.5.1 文案调查法

文案调查法又称资料查阅寻找法、间接调查法、资料分析法或室内研究法。它是围绕某种目的对公开发表的各种信息、情报进行收集、整理、分析研究的一种调查方法。

1. 文案调查法的特点

第一，文案调查是收集已经加工过的文案，而不是对原始资料的收集。

第二，文案调查以收集文献性信息为主，它具体表现为收集各种文献资料。在我国，目前仍主要以收集印刷型文献资料为主。当代印刷型文献资料又有许多新的特点，即数量急剧增加、分布十分广泛、内容重复交叉、质量良莠不齐等。

第三，文案调查所收集的资料包括动态和静态两个方面，尤其偏重于从动态角度，收集各种反映调查对象变化的历史与现实资料。

2. 文案调查法的功能

在调查中，文案调查有着特殊地位。它作为对信息收集的重要手段，一直得到世界各国的重视。文案调查的功能表现在以下4个方面：

（1）文案调查可以发现问题并提供重要参考

根据调查的实践经验，文案调查常被作为调查的首选方式。几乎所有的调查都可始于收集现有资料，只有当现有资料不能提供足够的证据时，才进行实地调查。因此，文案调查可以作为一种独立的调查方法加以采用。

（2）文案调查可以为实地调查创造条件

如有必要进行实地调查，文案调查可为实地调查提供经验和大量背景资料。具体表现在：

① 通过文案调查，可以初步了解调查对象的性质、范围、内容和重点等，并能提供实地调查无法或难以取得的各方面的宏观资料，便于进一步开展和组织实地调查，取得良好的效果。

② 文案调查所收集的资料可用来证实各种调查假设，即可通过对以往类似调查资料的研究来指导实地调查的设计，用文案调查资料与实地调查资料进行对比，鉴别和证明实地调查结果的准确性和可靠性。

③ 利用文案资料并经实地调查，可以推算所需掌握的数据。

④ 利用文案调查资料，可以帮助探讨现象发生的各种原因并进行说明。

（3）文案调查可用于经常性的调查

实地调查更费时费力，操作起来比较困难，而文案调查如果经调查人员精心策划，具有较强的机动灵活性，能随时根据需要，收集、整理和分析各种调查信息。

（4）文案调查不受时空限制

从时间上看，文案调查不仅可以掌握现实资料，还可获得实地调查所无法取得的历史资料。从空间上看，文案调查既能对内部资料进行收集，又可掌握大量的有关外部环境方面的资料。文案调查尤其适用于因地域遥远、条件各异、采用实地调查需要更多的时间和经费不便的调查。

3. 文案调查法的要求

文案调查的特点和功能，决定了调查人员在进行文案调查时，应该满足以下几个方面的要求：

第一，广泛性，文案调查对现有资料的收集必须周详，要通过各种信息渠道，利用各种机会，采取各种方式大量收集各方面有价值的资料。一般说来，既要有宏观资料，又要有微观资料；既要有历史资料，又要有现实资料；既要有综合资料，又要有典型资料。

第二，针对性，要着重收集与调查主题紧密相关的资料，善于对一般性资料进行摘录、整理、传递和选择，以得到有参考价值的信息。

第三，时效性，要考虑所收集资料的时间是否能保证调查的需要。随着知识更新速度加快，调查活动的节奏也越来越快，资料适用的时间在缩短，因此，只有反映最新情况的资料才是价值最高的资料。

第四，连续性，要注意所收集的资料在时间上是否连续。只有连续性的资料才便于动态比较，便于掌握事物发展变化的特点和规律。

4. 文案调查法的收集途径

文案调查应围绕调查目的，收集一切可以利用的现有资料。从一般线索到特殊线索，这是每个调查人员收集情报的必由之路。当着手正式调查时，调查人员寻找的第一类资料是向他提供总体概况的那类资料，包括基本特征、一般结构、发展趋势等，随着调研的深入，资料的选择性越来越大详细程度会越来越高，这个原则也适用于寻找具体事实的调研活动。

（1）内部资料的收集

内部资料的收集主要是收集调查对象活动的各种记录，主要包括以下4种：

① 业务资料，包括与调查对象活动有关的各种资料，如订货单、进货单、发货单、合同文本、发票、销售记录、业务员访问报告等。通过对这些资料的了解和分析，可以掌握本企业所生产和经营的商品的供应情况，分地区、分用户的需求变化情况。

② 统计资料，主要包括各类统计报表，企业生产、销售、库存等各种数据资料，各类统计分析资料等。企业统计资料是研究企业经营活动数量特征及规律的重要定量依据，也是企业进行预测和决策的基础。

③ 财务资料，是由企业财务部门提供的各种财务、会计核算和分析资料，包括生产成本、销售成本、各种商品价格及经营利润等。财务资料反映了企业活劳动和物化劳动占用和消耗情况及所取得的经济效益，通过对这些资料的研究，可以确定企业的发展背景，考核企业的经济效益。

④ 企业积累的其他资料，如平时剪报、各种调研报告、经验总结、顾客意见和建议、同业卷宗及有关照片和录像等。这些资料都对市场研究有着一定的参考作用。例如，根据顾客对企业经营、商品质量和售后服务的意见，就可以对如何改进加以研究。

（2）外部资料的收集

对于外部资料，可从以下几个主要渠道加以收集：

① 统计部门以及各级、各类政府主管部门公布的有关资料。国家统计局和各地方统计局都定期发布统计公报等信息，并定期出版各类统计年鉴，内容包括人口数量、国民收入、居民购买力水平等，这些均是很有权威和价值的信息。此外，计委、财政、工商、税务、银行等各主管部门和职能部门，也都设有各种调查机构，定期或不定期地公布有关政策、法规、价格和市场供求等信息。这些信息都具有综合性强、辐射面广的特点。

② 各种经济信息中心、专业信息咨询机构、各行业协会和联合会提供的信息和有关行业情报。这些机构的信息系统资料齐全、信息灵敏度高，为了满足各类用户的需要，它们通常还提供资料的代购、咨询、检索和定向服务，是获取资料的重要来源。

③ 国内外有关的书籍、报纸、杂志所提供的文献资料，包括各种统计资料、广告资料、市场行情和各种预测资料等。

④ 有关生产和经营机构提供的商品目录、广告说明书、专利资料及商品价目表等。各地电台、电视台提供的有关信息。近年来全国各地的电台和电视台为适应形势发展的需要，都相继开设了各种专题节目。

⑤ 各种国际组织、学会团体、外国使馆、商会所提供的国际信息。

⑥ 国内外各种博览会、展销会、交易会、订货会等促销会议以及专业性、学术性经验交流会议上所发放的文件和材料。

（3）互联网资料的收集

互联网，是将世界各地的计算机联系在一起的网络，它是获取信息的最新工具，对任何调查而言，互联网都是最重要的信息来源。互联网上的原始电子信息比其他任何形式存在的信息都更多，这些电子信息里面，有很多内容是调查所需要的情报。

互联网的特征是，容易进入，查询速度快、数据容量大，同其他资源连接方便。在互联网上，要查找的东西，只要网上有就能立即得到。某家银行经理急需一篇在国外某报纸当天发表的有关某公司的文章，请调查公司替其寻找。调查公司查该报社的网页，不但发现了文章而且可以免费下载，还通过该网址的超文本链接，将一个文档中的关键词同其他文档的关键词链接的功能，发现了更多有关该公司的信息。

互联网的发展使信息收集变得容易，从而大大推动了调查的发展。过去，要收集所需情报需要耗费大量的时间，奔走很多地方。今天，文案调查人员坐在计算机前便能轻松地获得大量信息，只要在正确的地方查寻就可能找到，许多宝贵的信息都是免费的。比如，及时了解政府规章的变化是调查的一项重要内容，从网上可以得到有关法律和规章的全文。从网上获取这些资料比上图书馆查找方便得多。如果想要了解某些信息的具体细节，在图书馆中查找效率很低。如果利用搜索引擎查找，打入需要查寻的关键字，电脑就能自动帮着找出来，可以获得包含该条文的原始文件的全文。

4.5.2 询问法

询问法是指调查者用被调查者愿意接受的方式向其提出问题，得到回答，获得所需要的资料。询问法是市场营销调查中最常用的一种方法，其中又可分为邮寄访问法、面谈访问法、留置问卷访问法、电话访问法。

1. 邮寄访问法

（1）指调查者将印制好的调查问卷或调查表格，通过邮政系统寄给选定的被调查者，由被调查者按要求填写后，按约定的时间寄回的一种调查方法。传统的邮寄调查是通过邮局发出和接收邮件的，最近几年也出现了通过电子邮件进行的邮寄调查。邮寄访问法的工作程序如图 4.5 所示。

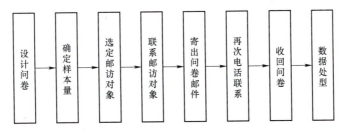

图 4.5 邮寄访问法的工作程序

邮寄调查的优点：调查不受所在地区的限制，只要通邮的地方，都可选为调查样本，因此调查的空间范围大；按随机原则选定的调查样本，样本的数目可以达到一定数量，发放和回收问卷同时进行，调查时间短，费用支出较少；问卷篇幅可以较长，便于被调查者深入思考或从他人那里寻求帮助，也有充裕的时间来考虑、回答问卷问题；可以避免被调查者可能受到调查人员倾向性意见的影响；邮寄调查对于一些人们不愿公开讨论而市场决策又很需要的敏感性问题，匿名性较好，便于得到较为真实可靠的情况。邮寄调查适用于从那些难以面对面访问的人处远距离获得信息，包括由于阻碍无法进行面对面访问的人和封闭式社区的居民。邮寄调查的缺点是回收率低、回收时间较迟缓，对被调查者要求较高。

邮寄调查可以通过书籍、报纸、杂志进行，出版单位比较普遍地采用征订单邮寄的方法了解市场信息、推销商品，汽车企业也开始通过向用户、消费者邮寄调查问卷、订单等方式了解人们对汽车及其相关产品的需求特点。

调查实践中，为提高问卷回收率，请受尊重的权威机构主办，或采用随问卷附上回邮寄信封和邮票的方法，还可以附加些物质奖励，比如给予一定的中奖机会、赠送一些购物优惠券、享受会员待遇等。此外，问卷发出后，发跟踪信、寄明信片、打跟踪电话等也是缩短回收时间、提高回收率的较为有效的方法。

邮寄调查与面谈访问、电话访问相比应用面较窄。对于时效性要求不高，受访者名单、地址、邮编都比较清楚，调查费用比较紧张的调查项目，可考虑使用这种方法。

如果企业有多次邮寄访问调查的先例，积累了邮访对象的样本群体，并建立了良好的合作关系，邮寄访问就能够取得优良的效果。

2. 面谈访问法

面谈访问是指入户访问、街头拦截式面访调查、计算机辅助个人面访调查。企业在进行营销调研时，往往想知道消费者的真实感受和想法，因此很想与他们进行面对面的交谈，以此来把握市场信息，面谈访问法将为企业成功地解决这一问题。所谓面谈访问调查，就是调查员按照抽样方案中的要求，到抽选中的家庭或单位，按事先规定的方法选取适当的被访者，再依照问卷或调查提纲进行面对面的直接访问。基本做法是：走出去或请进来，由调查人员直接与调查对象包括消费者个人或社会集团见面，当面询问，或举行座谈会，互相启发，从而了解历史与现状、收集信息、取得数据。

（1）入户访问

入户访问是指调查员到被调查者的家中或工作单位进行访问，直接与被调查者接触。然后或是利用访问式问卷逐个问题进行询问，并记录下对方的回答；或是将自填式问卷交给被调查者，讲明方法后，等对方填写完毕再回来收取问卷的调查方式。

在决定采用入户访问方式之前，企业首先要决定到哪些家庭户（单位）去访问。应该尽可能详细具体地规定抽取家庭户的办法。同时，要求调查员必须严格地按照规定进行抽样，绝对不可以随意地、主观地选取调查户。

入户以后要具体确定访问的对象。根据研究的目的不同，确定的访问对象也不同。如果调查的内容主要涉及整个家庭，则一般是访问户主；如果调查的内容主要涉及个人的行为，一般是访问家庭中某个年龄段的成员，或是按某种规定选取一位家庭成员进行访问。不管是哪一种情况，抽样方案中都要规定具体的方法，使调查员有据可依。对于只选一位家庭成员的情况，一般利用"入户随机抽样表"来确定。

（2）街头拦截式面访调查

拦截访问是指在某个场所拦截在场的一些人进行面访调查。这种方法常用在商业性的消费者意向调查中。拦截面访的好处在于效率高，但是，无论如何控制样本及调查的质量，收集的数据都无法证明对总体有很好的代表性。

街头拦截式面访调查主要有两种方式：

第一种方式是由经过培训的访问员在事先选定的若干个地点，如交通路口、户外广告牌前、商城或购物中心内（外）等，按照一定的程序和要求，选取访问对象，征得其同意后，在现场按照问卷进行简短的面访调查。

第二种方式也叫中心地调查或厅堂测试，是在事先选定的若干场所内，根据研究的要求，摆放若干供被访者观看或试用的物品。然后按照一定的程序，在事先选定的若干场所附近，拦截访问对象，征得其同意后，带到专用的房间或厅堂内进行面访调查。这种方式常用于需要进行实物显示的或特别要求有现场控制的探索性研究，或需要进行实验的因果关系研究。例如广告效果测试、某种新开发产品的试用实验等。

（3）计算机辅助个人面访调查

计算机辅助个人面访调查（CAPI）在一些发达国家使用比较广泛。既可以是入户的CAPI，也可以是街头拦截式的CAPI。主要也有两种形式：

第一种形式，是由经过培训的调查员手持笔记本电脑，向被访对象进行面访调查。调查问卷事先已经存放在计算机内，调查员按照屏幕上所显示的问答题的顺序和指导逐题提问，并及时地将答案输入计算机内。目前 CAPI 用的电脑也可以十分方便地处理开放式的问答题，可将被访者的回答输入电脑。

第二种方式是对被访者进行简单的培训或指导后，让被访者面对电脑屏幕上的问卷，逐题将自己的答案亲自输入计算机内。调查员不参与回答，也不知道被访者输入的答案，但是调查员可以待在旁边，以便随时提供必要的帮助。

面访访问容易建立访问员与受访者之间的信任和合作关系，有望得到较高质量的样本和获取较多内容、较深问题、较高质量的数据，此外它还具有激励的效果。但是，费用较高、时间较长、某些群体的访问成功率低、实施质量的控制较困难等缺陷也是不容忽视的。企业应该在选取调查方法时酌情处理，结合实际决定是否采用此法。

4.5.3 观察法

在市场调研中，观察法是指由调查员直接或通过仪器在现场观察调查对象的行为动态并加以记录而获取信息的一种方法。观察法分人工观察和非人工观察，在市场调研中用途很广。比如研究人员可以通过观察消费者的行为来测定品牌偏好和促销的效果。随着现代科学技术的发展，人们设计了一些专门的仪器来观察消费者的行为。观察法可以观察到消费者的真实行为特征，但是只能观察到外部现象，无法观察到调查对象的一些动机、意向及态度等内在因素。

观察法的主要优点是：
① 它能通过观察直接获得资料，不需要其他中间环节。因此，观察的资料比较真实。
② 在自然状态下的观察，能获得生动的资料。
③ 观察具有及时性的优点，它能捕捉到正在发生的现象。
④ 观察能收集到一些无法言表的材料。

观察法的主要缺点是：
① 受时间的限制，某些事件的发生是有一定时间限制的，过了这段时间就不会再发生。
② 受观察对象限制。如研究青少年犯罪问题，有些秘密团伙是不会让别人观察的。
③ 受观察者本身限制。一方面人的感官都有生理限制，超出这个限度就很难直接观察；另一方面，观察结果也会受到主观意识的影响。
④ 观察者只能观察外表现象和某些物质结构，不能直接观察到事物的本质和人们的思想意识。
⑤ 观察法不适应于大面积调查。

> ✉ **阅读材料**
>
> ### 奇怪的客人
>
> 一次，一个美国家庭住进了一位日本客人。奇怪的是，这位日本人每天都在做笔记，记录美国人居家生活的各种细节，包括吃什么食物、看什么电视节目等。一个月后，日本人走了。不久丰田公司推出了针对当今美国家庭需求而设计的物美价廉的旅行车。如美国男士喜欢喝玻璃瓶装饮料而非纸盒装的饮料，日本设计师就专门在车内设计了能冷藏并能防止玻璃瓶破碎的柜子。直到此时，丰田公司才在报纸上刊登了他们对美国家庭的研究报告，同时向收留日本人的家庭表示感谢。

4.5.4 实验法

实验法是把调查对象置于一定的条件下，进行小规模的实验，通过观察分析，了解其发展趋势的一种调查方法。

实验法是指在特定的环境条件下，了解某些营销因素的变化（如价格波动、促销手段等），并测定因此而引起的连锁反应（如销售量、消费者对产品的偏好等）的营销信息收集法。实验法以自然科学的实验求证法为基础，可以获得比较准确的资料，并能弄清楚行为的因果关系。实验法主要有以下3种：

① 试用。这种方法多用于新产品的销售实验。

② 试销。这种方法是将小批量产品有计划地投放到若干预定市场，进行小规模试验销售。

③ 展销。这种方法是将不同厂家的同类产品设置在同一市场进行销售的一种实验方法。

对于上述几种市场调查方法，究竟采用哪一种或结合使用，主要视调查的问题或所需要的资料而定。如果需要调查消费者的态度，采用访问法较好；如果需要介绍新产品或改变原有产品的包装、价格等，采用实验法较好；如果需要客观了解用户对产品的注意、消费者偏好，采用观察法较好。

4.6 问 卷 法

问卷法是通过设计调查问卷，以让被调查者填写调查表的方式获得所调查对象的信息。目前网络市场调查中问卷调查法运用得较为普遍。

✉ **阅读材料**

网络问路

澳大利亚一家出版公司计划向亚洲推出一本畅销书，但是不能确定用哪一种语言，在哪一个国家推出。后来决定在一家著名的网站做一下市场调研。方法是请人将这本书的精彩章节和片段翻译成亚洲多种语言，然后刊载在网上，看一看究竟用哪一种语言翻译的摘要内容最受欢迎。过了一段时间，他们发现，网络用户访问最多的网页是用中国大陆的简化汉字和朝鲜文字翻译的内容。于是他们跟踪一些留有电子邮件地址的网上读者，请他们谈谈对这部书摘要的反馈意见，结果大受称赞。于是该出版公司决定在中国和韩国推出这本书。书出版后果真受到了广大读者的普遍欢迎，并获得了可观的经济效益。

【案例学习】

虹彩艺术客服人员进行报名咨询的情景模拟，让小伙伴们感受到了虹彩团队的用心经营和客户至上。

报名咨询情景模拟

客户：你好，是虹彩艺术吗？/是教画画的吗？/你们是什么机构？做什么的？

顾问：我们是专业的儿童美术教育机构，请问您是为孩子了解有关儿童美术学习方面的问题吗？

客户：我想问问这方面的事情/我想了解一下。

顾问：请问咱们家孩子现在多大了呢？

客户：我们家孩子××岁了。

顾问：请问咱们孩子有接触过美术创作方面的学习吗？

客户：没有专业学习过/有在其他机构学习过。

顾问：您觉得孩子在画画方面的爱好是怎样的呢？

客户：还好吧！挺喜欢画的，就是自己瞎画。/倒看不出他怎么喜欢，但是也想培养培养他这方面的爱好。

顾问：通过简单的了解，我们大致了解到了孩子在美术方面的情况。虹彩艺术是一家专业的儿童美术教育机构，您可以带孩子一起到我们校区来进行参观，让孩子真正进入美术创作当中……（了解孩子的年龄，及时告知家长有什么时间段可以选择试听课程。）

客户：嗯，××时间比较合适。

顾问：好的，我给您登记报名，这边登记下小朋友的基本信息。

以建立客户服务的信息系统为例，小伙伴们深入了解虹彩团队创始人小贤在企业运营过程的市场调研资料，发现虽然虹彩艺术的用户群是小朋友，但是付费的客户却是家长人群，为了更精准地服务家长的需求，虹彩艺术在前期问卷调查和访谈基础上，并借鉴相关资料整理出了十类家长人群，并将其纳入客户服务信息系统发布给教师及客服人员，帮助他们在课程咨询及教学过程更好地服务小朋友及家长。

虹彩艺术家长满意度调查表

尊敬的家长：

　　您好！为了让孩子们更好地成长，激发孩子的学习兴趣，进一步推动虹彩艺术教学工作的开展，通过我们的共同努力能够使孩子成为我们共同期望的、充分适应未来社会的优秀人才，为了使我们的工作取得使您更加满意的成效，现需要家长配合将下列问卷调查表填写好，谢谢！

一、请在相应的情况旁边打"√"。

1. 家长和孩子对教师的满意程度如何？
   A. 非常满意（　　）　　B. 满意（　　）　　C. 一般（　　）　　D. 不满意（　　）
2. 家长对老师的职业精神满意程度如何？
   A. 非常满意（　　）　　B. 满意（　　）　　C. 一般（　　）　　D. 不满意（　　）
3. 家长对课程呈现的画面效果满意程度如何？
   A. 非常满意（　　）　　B. 满意（　　）　　C. 一般（　　）　　D. 不满意（　　）
4. 家长对课后让孩子上台自主分享作品环节的满意程度如何？
   A. 非常满意（　　）　　B. 满意（　　）　　C. 一般（　　）　　D. 不满意（　　）
5. 家长对教师课后线上线下反馈孩子学习情况的满意程度如何？
   A. 非常满意（　　）　　B. 满意（　　）　　C. 一般（　　）　　D. 不满意（　　）

二、请按实际情况和想法填写。

1. 您希望老师对孩子哪些方面给予更多的关注？
2. 您对虹彩艺术的寄语或建议。

根据相关资料，虹彩艺术创始团队将主要的消费者（学生家长）划分为以下几种类型：

1. 科学民主型

无论你在什么样的学校，在班上总能找出几位这样的家长：

父母二人文化素养较高，但从来不以家教专家自居，每次和老师见面时总是非常虚心地询问孩子最近有哪些不足，聆听老师给他们的建议。学校对家长提出的任务，家长总能高质量地完成。

和这类家长沟通基本上是没有障碍的。你大可提出心中真实的想法，说出孩子的不足之处，你甚至可以直截了当地提出对家庭教育的要求。

好的班主任会善于帮助此类家长发现学生新的发展空间，并提供有效建议。同时，聊天时也要多听听他们的家教方式，将其中有特色的内容拿到家长会上推广，树立典型，可以在班上起到良好的示范引领作用，带动更多的家庭。

这些家长应该成为班级里的正能量。

2. 溺爱放纵型

周五下午，又到了家长接学生回家的时间，老师正忙着和几个平时表现不算理想的学生对话。家长刚刚听完老师的一席话，试图当着老师的面教育孩子几句。谁知孩子突然放声大哭，冲着家长乱吼乱叫，甚至摔门而出。家长一脸无奈，似乎已经习惯了孩子的这种表现。孩子有这种表现并不是偶然的，家长一贯的溺爱放纵，是造成孩子有此种表现的根本原因。

这类家长容易偏听偏信孩子一方的言论。如果遇到必须要家庭协助的事情时，你需要褒奖和指导并行。首先要充分肯定孩子的长处，在充分列举事实的前提下，指出孩子需要改正的地方，耐心、热情地说服家长，告诉家长怎样做才是更科学的教育方式。直接指责是很难让他们心服口服的，摆事实讲道理是更稳妥的方法。

3. 放任自流型

放任自流型的家长一般对孩子的学业满意度比较高。他们常以"文化水平不高""工作非常忙"等为由，把孩子送到学校后就不管不问。如果你试图带动他们开展家庭教育，他们张嘴就是"老师，我只是小学毕业……"

这类家长最突出的弱点，就是他们从来没期望自己的孩子在学业上取得成功。班主任要通过在学生身上寻找亮点，让家长充分感受到惊喜、看到成功的希望，然后才能产生憧憬，配合学校，促进孩子的健康成长。反之，如果你直接指出孩子的缺点，不停地冲着他们唠叨，且没有提供非常具体的建议，那么说多少次都是白说。

4. 期望过高型

入学时，曾有位家长告诉我，她的孩子立志要到中科院当院士。过了几天，她又发现孩子在书法方面非常有天赋，语言表达能力也非常强，又希望孩子学习书法、表演。总之，家长觉得孩子未来一定能出人头地。但遗憾的是，孩子并没有表现出过人的天赋：20以内的加减法做起来慢极了，妈妈要求练习的钢琴曲目总是弹不熟练，主持也不能够潇洒流畅。这一切似乎和妈妈的期望相差很远。

这类家长总是对孩子充满期待，希望把孩子培养成杰出人才。这本来也无可厚非。但是如果不脚踏实地，做法与孩子的年龄特点和自身特点脱节，只顾盲目地按照自己的理想来要求孩子，就是错位的家庭教育。班主任与这样的家长交流的时候，很容易出现问题。老师觉得家长不切实际，家长觉得老师误人子弟，然后互相批评和指责。面对这样的家长，班主任可以在家长会上旁敲侧击，在面谈时曲径通幽，慢慢地引导他们朝着理想目标务实地走好每一步。

5. 经济杠杆型

"写完作业，奖五十"，"考完有进步，奖一百"，"周五得到老师一个表扬，周末奖励去游乐场玩一整天"……有的家长不停地向孩子发布各类金钱奖励政策，期待靠钱来调动孩子的积极性，却很少关注孩子的精神需求。

家长长期以金钱作为孩子学习的动力，会导致孩子离了钱就不动了。这时，孩子会觉得学校里的学业生活是一种负累。班主任不要急于让家长一下子彻底改变奖励方式。家校交流的时候，要慢慢帮助家长放弃金钱奖励，让他们认识到真正的动力应该来自学生的内心，来自对学业的爱和兴趣。同时，班主任还要向家长传授方法，让其了解还有哪些方式能调动孩子的积极性。

6. 全面移交型

"老师，我的孩子就全交给您了。"开学见面时，这类家长经常非常热情地和你交流，让人觉得他十分真诚，但一个学期下来你根本见不到他们的踪影。他们或长期在外地工作，或是单亲父母，或是生意缠身，无暇照顾孩子。

和这类家长交流的时候，班主任要多布置具体的任务，通过不同的形式把他们带回到孩子的身边。例如，学生背诵时签字、参加家长开放日等，为他们教育孩子提出具体的、切合实际的要求。家长用心不用心，全看班主任如何与家长交流了。

7. 机械管理型

这类家长非常愿意为孩子的教育付出努力，但是到头来似乎没有见到多少成效。问题的根源常常在于方法不当。家长常常一厢情愿，用自己觉得有效的办法来教孩子。例如，觉得孩子生字掌握得不好，就每个周末都让孩子从早到晚一行一行机械地抄写，反反复复地读，浪费了很多时间，却没有收到成效。

这类家长的责任心是令人敬佩的，他们和千千万万望子成龙的父母一样，愿意抽出时间陪伴和帮助孩子。班主任在和这类家长交流的时候，要充分肯定他们付出的努力，同时，要充分施展自身的专业能力，向他们推荐一些有效的方法，帮助他们寻找问题的根源。

8. 碎碎念型

如果有机会听听这类家长和孩子之间的交流，你就会发现好像在看相声表演，家长是逗哏，孩子是捧哏，在大部分的时间里，孩子都在随声附和，家长自己说尽兴了就放过孩子。至于说的管用不管用，有没有实际效果，家长却从来没有想过。

这类家长特别健谈，但他们却没有发现，之所以他们的话在孩子面前不管用，就是因为他们说得太多了。有的家长为了告诉你她教育孩子有多辛苦，可以从外婆从小带她的故事开始谈起，常常聊了一个小时，你都很难理清她想要表达的主要内容。他们的孩子常常在唠叨声中被磨成了"铁耳朵"，特别有忍耐力。

班主任在和这类家长交流的时候，要有时间观念，首先要告诉对方你一会儿还有事情，限时聊；然后要问清对方主要想表达的意思，问清他需要你协助的地方，给予简洁实用的答复就及时结束。

9. 粗暴严厉型

一脚把孩子踹倒在地，就是这类家长在听了班主任"告状"后的第一反应。班主任本来打算和家长交流孩子的状况，结果却变成了劝架会。老师忙着劝家长消消气，家长却忙着抱怨他有多辛苦和这个孩子有多不听话，见面交流没有起到任何效果。

面对这类家长，班主任不要气势汹汹地告黑状，这会给孩子造成皮肉之苦。表面上看这样做似乎是出了老师心头的气，但试想，明天又出现了同样的情况怎么办呢？

还是要慢慢地将家长劝回到科学家教的道路上来，让其逐步改变对孩子的惩戒方式。班主任可以靠家长的威严来震慑，但是不可以操之过急，否则会适得其反，出现极端事件。

10. 多元复合型

这类家长的特点就是没特点。心情好时讲科学民主，心情不好时唠唠叨叨，心情烦闷时就对孩子暴力相向。这种家长常令班主任捉摸不透。

和这类家长打交道时，班主任要保持稳定的语言状态，找准要点，坚守理念，灵活应对。

家长其实是最容易受到伤害的人群，我们无意中的指责或评价，那些以"为了你好"做幌子的泄私愤式的批评，常常会直接影响到对方短期的情绪，甚至造成长久影响。无论面对什么样的家长，我们都先要尊重他们，再加以引导。

所有的家长与老师都有一个共同点，那就是所做的一切都是为了孩子好。从这个角度出发，我们就能找到家校交流的共同话语。班主任要针对不同家长的特点，利用自身的教育能力为他们提供有效的家教方式，带动更多的家庭用科学的方法来养育孩子。班主任要主动，要因时、因事、因人而异，当好家长的参谋，调动家长的积极性，相信一定会实现最佳的教育效果。

根据总结出来的家长类型，结合实际招生与课程续报过程中常见的问题，虹彩艺术团队总结问题背后的用户心理，整理一套销售话术以供员工参考。

问题一：招收多大年龄的孩子？

心理分析：了解机构招生对象，是否可以长期学习。

答：家长您好，我们虹彩艺术这边招收3~12岁的小朋友，请问一下您的孩子多大了？之前有没有学过，您希望孩子学点什么知识呢？

问题二：你们的老师都是什么水平啊？

心理分析：了解机构的老师能力，是否可把孩子托付给该机构。

答：1. 我们的老师都是各大院校美术教育专业持有教师资格证的优秀毕业生。（分店）。

2. 我们老师是本院校美术教育专业持有教师资格证的优秀毕业生和学校老师派遣的优秀实习生。

问题三：你们这里的老师是固定的吗？不会更换老师吧？

心理分析：担心经常替换老师，造成老师对学生不了解，学生和老师的感情难于建立。

答：每一个孩子都由老师团队负责，不同时期有不同老师。

问题四：你们那个店离我家挺远的，能在××附近开办一家吗？

心理分析：不想走太远，担心路程遥远，孩子和家长吃不消。

答：您住哪里呀？我们可以先让孩子过来这边上上课。看看孩子的兴趣如何。

问题五：你们都什么时间段开课？一个班几个学生啊？一次课多长时间啊？

心理分析：了解机构课程，和自己有空的时间是否合适，做具体的安排。

答：具体开课时间要根据校区安排与您的空余时间相结合，最多8个孩子。

（根据校区情况而定）

问题六：你们有优惠或者折扣什么的吗？我们几个孩子一起报就不能给点优惠吗？

心理分析：精打细算，贪小便宜能优惠就优惠的心态。

答：1. 不好意思，价格都是统一的。

2. ××家长，您好，您都是我们的老熟人了（不是熟人，咨询是谁介绍的？就说××长家介绍过来的呀，家长的朋友就是我们的朋友），我也很想给您优惠，但这边还有其他的合伙人，我一个人说不算，要不这样吧，我送您两节课，在期末补课周的时候过来上课，这样算起来也是优惠您××元了，您看怎么样？

问题七：怎么收费？平均一次课多少钱？为什么学费这么高？

心理分析：有意报名，了解费用是否是家庭可以接受的范围。

答：（告知实际收费。）价格这个我们是全国统一的，而且价格是和我们教学质量相对的，我们不教孩子画画，而是通过引导，让孩子自己去观察、分析。在虹彩艺术是实行小班制教学的，每个班最多不超过 8 个孩子，2～3 名老师，这样老师能更好地关注到每一个孩子，这样相对于其他机构而言是不贵的，以后每次我们每节课都会认真仔细地对各位小朋友的作品进行整理，向家长反馈孩子本节课的学习情况。我们都会整理好孩子们的作品发给您，我们认为孩子作品需要受到尊重，理应做得很漂亮。最主要的是能够尊重孩子的艺术表达，让孩子像艺术家一样去创作。

问题八：怎么这么贵啊？

心理分析：想要优惠，不理解为什么比外面的贵，不理解产品。

答：其实价格是和我们教学质量相对的，一堂课这个价格是不贵的，我们上课是小班化教学，一个班是 2～3 位老师，一位专业美术老师负责教授孩子们美术知识。两位学前教育美术模块的老师负责孩子的心理活动，和通过画面揣摩孩子的内心世界，并及时和家长您沟通，这样保证我们的教学质量和老师能够更好地关注到每一个孩子。

问题九：路程太远了！

心理分析：怕路程遥远，自己照顾不来，孩子在途中受累。

答：我们选择这边而没有选择商场是为了给孩子一个安静的学习氛围，一星期就那么一次，孩子学画画也就短短的那么几年，这几年的美的知识引导对孩子以后是有很大帮助的。对于家长们培养孩子的辛苦，我们也能理解，但是我们都是为孩子好嘛，所以也只能辛苦一点了。

问题十：学期进行中，有家长咨询能否上体验课。

心理分析：看机构的环境，看师资的教学能力，看孩子是否喜欢上课。

解决方法：家长您好，现在学期班已经开始上课了，目前没有开设体验课。您可以看看小朋友喜欢上什么课程，您带小朋友过来看看，上课的话，我们按节课收费。这边机构处于高校里面，环境比较安静、安全，孩子们都喜欢这边的老师呢，家长也很肯定老师的专业性。

问题十一：有一家长由于在适合报名的时候没有选择报名，在事后班级基本满员的情况下，很想插班上课。

心理分析：该家长孩子和这个班的某个孩子是好朋友，想孩子玩得开心，上课满意。

解决办法：1. 告知家长我们很喜欢小朋友过来上课。2. 说为什么不能插班的原因（质量、公平）。3. 峰回路转，既然小朋友很想上课，那我们就去协调下家长，并告知下次报名要趁早（不要真的找家长）。最后再告知家长，其他家长表示小朋友也很想和该小朋友一起学习。

问题十二：我的孩子美术为什么没有提高？我不想续班了。

心理分析：看不到孩子的进步。

回答方式：可能您的孩子美术上没有明显的提高，但其实在我看来您的孩子还是有不少进步的（举一两个例子）。美术上不去，有很多因素，比如孩子学习兴趣不浓，学习自觉性不强，家长的监督没有到位，学习方法没有掌握好，还没有适应等，不管是什么原因我想作为家长和老师都不能轻易放弃，否则就是对孩子的不负责任。

问题十三：我的孩子刚来的时候觉得挺好玩，可一个学期学习下来，新鲜劲过了，对美术学习的兴趣提不起来，不想续班了。

心理分析：孩子不想学习，不想逼迫他。

回答方式1：我想家长送孩子来，肯定不是让他来玩的。刚开始他觉得好玩，那是被我们的趣味教学所吸引了，实际上趣味教学也一直贯穿我们教学的始终，但我们趣味教学的目的肯定不是为了游戏，而是要孩子能掌握好知识点，而想要真正掌握一门知识肯定是要花些时间、下一些苦功的，这样就会对孩子产生一定的压力，也正因为有这样的压力从而抑制了孩子学习的兴趣。

回答方式2：我们的家长肯定都希望自己的孩子是一个抗压能力强、有进取精神的人，而不是一个遇到压力就打退堂鼓的人。小孩子的自觉性毕竟有限，从兴趣到自觉的过程是离开不家长的引导的，家长都知道学习美术的重要性，所以家长也得时常给孩子引导学习美术的重要性，不要让孩子觉得美术学习是可有可无的，是可以和父母讨价还价的。

问题十四：孩子在学习过程中觉得压力比较大，我应该如何面对这样的问题？

心理分析：孩子压力大，家长心疼，寻找方法。

回答方式：孩子们在学习的过程中有一定的压力是理所当然的，没有压力，孩子又怎么成长？孩子们现在年龄虽小就已经处在一个竞争的环境中，所有的孩子们都在铆足了劲奋力地奔跑，在这个过程中，家长如果不能给孩子创造很好的条件，支持和协助孩子一起奔跑，不仅会让孩子落后于人，让孩子失去信心，还会让孩子从小养成不能面对压力和竞争的心态，对孩子的成长不利。因此在这样的情况下，家长不应该选择帮助孩子逃避压力，而应该和孩子一起面对并化解压力，孩子在这个过程中是非常敏锐和聪明的，往往在家长有目的并坚持不懈的培养下，他们也能养成很好的习惯。

问题十五：孩子的学习科目较多，不知道要如何协调？

心理分析：担心孩子的学习压力问题，家长迷茫。

回答方式1：科目的增多在引导不当的情况下必然会导致孩子压力增大，我们学校现在有很多孩子每天晚上都在学习不同的课程，但是因为家长引导得当，他们从不觉得辛苦或者压力大，反而觉得是一种乐趣，因为他们已经在学习的过程中有所收获，而学到的每门技能都是他们的荣耀。

回答方式2：孩子学习科目较多，时间比较难于取舍就需要家长帮助孩子一起解决了，首先可以肯定的是孩子学习的每门课程都是有用的，技多不压身，所以最好的方法是很好地调适孩子的时间，给他足够的鼓励。其次如果家长觉得有一定的难度，那就要学会为孩子取舍，取舍的标准应该是依据您对孩子未来规划来衡量。如果您打算让孩子成为一个艺术家，那么美术、音乐等的学习是孩子最重要的科目；如果您打算让孩子通过各类测试成为一个高知人才，那语言、逻辑思维是最重要的。

问题十六：孩子不愿意来学，我作为家长也不好强迫。

心理分析：家长因为孩子打退堂鼓便心软。

回答方式1：谁都不愿意孩子扭着性子去做一件事。我们希望他们每一天都能快快乐乐、开开心心的。其实孩子习惯的养成和兴趣的培养，是一个长期的过程。并不是我们今天看到他学习有兴趣，就会永远有兴趣，也不是我们今天看到他学习没有兴趣，就永远没有兴趣。请让我们一起携手来改变一些事情吧。

回答方式2：我每和他沟通完一次，他就会改变一点点。而我们要做的就是永不放弃地对孩子做思想工作。这和强迫是不同的概念，强迫是不讲方法的，用武力或者强硬的手段让孩子屈服。而沟通、鼓励、赏识、认可，才能让孩子更加自信地认识他自己，相信他的人生从此以后是美好和充满阳光的。家长，我们不要强迫孩子，我们要鼓励孩子。孩子能接受鼓励，而不能接受勉强。

问题十七：怎样令活动优惠价的学生续报？

处理方法：上到只有2节课时写课堂表现及情况总结，发给招生老师让家长续报。

问题十八：学期末时怎样令学生续报下一期的课？

处理方法：课堂发招生宣传单给学生，让他带回家给家长看；老师在课堂中可以与学生说部分下期课的内容。

【迁移训练】

1. 根据模拟公司经营的产品情况，以具体的某一项调研任务为中心，设计一份简单的调查问卷，问题以10~15个为宜。
2. 通过现场访问或网络访问（问卷星）等方式进行调查，每个模拟公司需要收集整理50份调查问卷，其中至少20份要采用现场访问的形式进行。
3. 根据实际调查做出分析，每个模拟公司完成一份分析报告，并为本模拟公司的决策提供依据。
4. 每个模拟公司需提交市场调查报告电子版一份、PPT电子版一份。

【效果评价】

1. 考核内容

完整的调查问卷、市场调查报告各一份

2. 评价标准

（1）问卷的结构要完整、内容要科学。（20分）

（2）问卷的提问紧扣调查主题。（20分）

（3）问卷的答案设置科学，用词准确。（20分）

（4）报告的分析内容完整，逻辑严密。（20分）

（5）能够提出下一步的具体行动建议。（20分）

【竞赛辅导】

根据2021年第七届中国国际"互联网+"大学生创新创业大赛评审要求，职教赛道创意组评审中强调"对行业、市场、技术等方面进行调研，并形成可靠的一手材料，强调实地调查和实践检验"；职教赛道创业组评审要求中强调"产品或服务成熟度及市场认可度",要求体现"成长性方面,重点考察项目目标市场容量大小及可扩展性,是否有合适的计划和可靠资源(人力资源、资金、技术等方面)支持其未来持续快速成长"。这就要求参赛团队特别是创意组参赛项目需要特别关注自身的市场调研,通过充分的市场调研来体现自身的实践性和可营利性。

请结合"互联网+"系列赛事评审标准要求对照模拟企业的市场调研内容,判断其是否能够达标?可以从哪些细节进行优化?

【知识链接】

1. 推荐书目

《特劳特营销十要》,[美]杰克特劳特著,机械工业出版社2011年版

2. 视频案例链接

学习本项目内容的学员可观看下列学习视频,进一步加深理解。

请登录:http://my.tv.sohu.com/us/156296827/55039011.shtml(浙江大学,市场调研)

请登录:http://my.tv.sohu.com/us/156377694/58158954.shtml(电子科技大学,市场调研)

学习模块三

制定营销战略

项目五

目标市场的选择

内容框架
建议学时：12学时，其中理论8学时，实训4学时
- 工作情境
- 创业案例
- 经典导入
- 知识要点
- 课堂讨论
- 阅读材料
- 思政小课堂
- 案例学习
- 营销小知识
- 迁移训练
- 效果评价
- 竞赛辅导
- 知识链接

知识目标
- 了解市场细分的概念与作用、了解评估细分市场、了解市场定位的步骤
- 掌握市场细分的标准、市场细分的具体方法
- 掌握目标市场模式、目标市场策略选择、市场定位策略

能力目标
- 能够识别市场细分的标准
- 能够根据细分方法和标准进行市场细分，能够对细分市场进行评估
- 能够选择目标市场，能够对市场进行定位

素质目标
- 增强团队合作精神
- 初步具备企业目标市场营销意识

【工作情境】

虽然前期的营销环境分析及消费者市场分析都让小伙伴们对公司所处的外部环境有了更加具体的认识,也对公司的定位及发展战略有了初步的提炼,然而在进行具体营销策划之前,团队仍然需要让每个人清楚公司未来可测量、可进入、可盈利的目标市场在哪里。小伙伴们又想起广州虹彩艺术教育咨询有限公司的前辈们,希望他们能够指点迷津。

【链接案例】

虹彩艺术创始人小贤带领团队在市场营销环境调查的基础上总结梳理出当前美术教育培训市场环境的整体特点。

教育机构往往首先立足于产品,通过产品来吸引并服务初始客户。随着客户的增多和规模的扩大,通过加强运营管理来提供更优质的服务。在产品和运营齐头并进形成对客户的内生吸力之后,需要合理的营销来形成外化推力,进而逐步建立自己的品牌,并构建起立体的三维格局。其中串联起机构内部的是人力资源体系,而在教育机构的立体三维格局之外,影响机构发展趋势的,是似乎看不见摸不着的宏观因素——政策、人口和经济态势,它们在无形中左右着教育机构的发展。同时,在外围推动教育机构发展的是资本的力量,以及在上方引导着整个产业走向的舆论导向。

美术教育培训行业为各个年龄段的用户提供美术启蒙、应试、就业、兴趣培养等方面的培训服务,其范畴远超过一般人认知中的"少儿绘画培训"。2019 年我国美术培训市场规模在 900 亿~1 050 亿元,其中青少儿美术培训是主体,其占整个美术培训市场的比重超过 80%。青少儿美术培训市场因用户基数大、参培率低、客单价低等因素在未来有很大的市场空间可供深挖,预计未来几年有望成长为千亿市场行业。少儿美术培训市场线下机构多以直营+加盟方式运营,其中代表性机构的校区数量普遍达数百个,正在全国性扩张;线上企业创新性强,更受资本青睐,代表性机构学员已达数万人。因此项目也接轨互联网,开展线上业务和知识付费服务,并形成系统化的私域流量管理,利用社群、抖音、小红书、视频号进行经营。

思考:1. 结合上一章内容进行对比思考,虹彩艺术当前市场细分主要的依据是什么?

2. 基于以上市场分析,虹彩艺术在创始人小贤带领下开始思考,结合当前的政策导向,原本 3~12 岁的用户市场定位是否准确?

✉ 经典导入

元气森林的精准市场定位

自 2016 年成立以来,元气森林便迅速成为新晋国潮品牌,火遍中国,成为炎热夏天中人们最爱的饮料之一。数据显示,去年天猫"6·18"购物节,元气森林总计卖出 226 万瓶饮料,一举夺下水饮品类的 TOP1。2020 年"双 11"购物节,元气森林于全网销售中获亚军。在天猫"618"购物节中的销售额更是超过可口可乐,成为水饮品类榜单第一名。

这一切都有赖于元气森林的精准市场定位。元气森林有着清晰的市场定位目标，即做"受年轻人喜爱的低糖、低卡气泡水饮品"。元气森林的目标可以拆分出三个定位的关键因素："以年轻人为目标客户""低糖低卡""气泡水"。那么，怎样做才符合"90 后""00 后"一批年轻群体的消费观念？首先要厘清目标用户有着怎样的消费理念：不仅仅追求口感，同时也注重饮料的糖分。因而，元气森林推出了低糖、低卡的理念，并且低糖、低卡等标签逐渐成为近几年饮品市场主流导向。元气森林的第二个定位元素是极其精准的，它很好地满足了新时代下消费者的新需求。元气森林的第三个定位元素是"气泡水"。为什么会选择"气泡水"打开市场？因为与茶饮相比，碳酸饮料确实更受消费者欢迎，但是碳酸饮料中的高磷酸等因素又会降低部分年轻人的购买欲望。由此，市场上逐渐出现了气泡水这一饮品类别——它既拥有碳酸饮料类似的口腔爽感，并且它与碳酸饮料相比更健康。元气森林选择受欢迎的气泡水作为产品定位，是极具远见的。

从元气森林的市场定位来看，它迎合了消费者的需求，在定位上极具差异化，满足了年轻人既想喝碳酸饮料又想低糖的需求，引领了饮料界的新潮流。这个只用了 5 年的时间就火爆整个饮品圈的产品，身上有许多值得其他品牌借鉴的地方。

> **知识要点**
>
> 目标市场营销（STP 营销），是指企业识别各个不同的购买者群体，选择其中一个或几个作为目标市场，运用适当的市场营销组合，集中力量为目标市场服务，满足目标市场的需要。

目标市场营销由 3 个步骤组成：第一，市场细分；第二，目标市场选择；第三，市场定位。如图 5.1 所示。

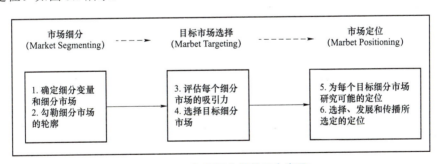

图 5.1 目标市场营销的三个步骤

5.1 市场细分

5.1.1 市场细分的概念与作用

市场细分（Market Segmenting）是指营销者通过市场调研，依据消费者的需要和欲望、购买热情和购买习惯等方面的差异，把某产品的市场整体划分为若干消费者群的市场分类过程。因此，分属于同一细分市场的消费者，他们的需要和欲望极为相似；分属于不同细分市场的消费者，对同一产品的需要和欲望存在明显的差别，比如化妆品市场通常可以按年龄细分为若干子市场。

市场细分不是根据产品的品种、产品系列来进行的。而是从消费者的角度进行划分的。消费者的需求、购买动机以及购买行为的差异性，是市场细分的客观依据。市场细分对企业营销具有以下作用：

1. 有利于发现市场机会，开拓新市场

通过市场细分，企业可以对每一个细分市场的购买潜力、需要满足程度、竞争情况等进行分析对比，发现尚未满足的消费需求，找到有利于本企业的市场机会。

2. 有利于选择目标市场

不进行市场细分，企业选择目标市场必定是盲目的；不认真地鉴别各个细分市场的需求特点，就不能有针对性地进行市场营销。

3. 有利于制定市场营销组合策略

市场营销组合是企业综合考虑产品、价格、促销形式和销售渠道等各种因素而制定的市场营销方案，就每一特定市场而言，只有一种最佳组合形式，这种最佳组合只能是市场细分的结果。例如，雕牌洗衣粉将目标市场定位为大众市场，以农村市场作为跳板，用低价作为进军日化市场的"冲锋炮"，用广告在农村市场奠定品牌形象，结果遍地开花。上市第一年，雕牌洗衣粉奇迹般地跃居市场占有率第二位，第二年便取得全国销量第一的良好业绩。

4. 有利于提高企业的竞争能力

市场细分以后，每一细分市场上竞争者的优势和劣势就明显地暴露出来，企业只要看准市场机会，利用竞争者的弱点，同时有效地开发本企业的资源优势，就能用较少的资源把竞争者的顾客和潜在顾客变为本企业的顾客，提高市场占有率，增强竞争能力。

5.1.2 市场有效细分的条件

从企业市场营销的角度看，无论是消费者市场还是产业市场，并非所有的细分市场都有意义，所选择的细分市场必须具备一定的条件。

1. 可衡量性

可衡量性是指用来细分市场的标准和变数及细分后的市场是可以识别和衡量的，即有明显的区别、有合理的范围。如果某些细分变数或购买者的需求和特点很难衡量，细分市场后无法界定，难以描述，那么市场细分就失去了意义。一般来说，一些带有客观性的变数，如年龄、性别、收入、地理位置、民族等，都易于确定，并且有关的信息和统计数据也比较容易获得；一些带有主观性的变数，如心理和性格方面的变数，就比较难以确定。

2. 可进入性

可进入性是指企业能够进入所选定的细分市场部分，能进行有效促销和分销，实际上就是考虑营销活动的可行性。一是企业能够通过一定的广告媒体把产品的信息传递到该细分市场众多的消费者中去；二是产品能通过一定的销售渠道抵达该细分市场。

3. 可营利性

可营利性是指细分市场的规模要大到能够使企业足够获利的程度，使企业值得为它设计一套营销规划方案，以便顺利地实现其营销目标，并且有可拓展的潜力，以保证按计划获得理想的经济效益和社会服务效益。

4. 差异性

差异性是指细分市场在观念上能被区别，并对不同的营销组合因素和方案有不同的反应。如女性化妆品市场可以根据年龄层次和肌肤的类型等变量加以不同的细分。

市场顾客对产品需求差异不大，行为上的同质性远大于异质性，这时企业就没有必要对市场进行细分。另外，对于细分出来的市场，企业应当分别制定独特的营销方案。如果无法制定这样的方案，或其中某几个细分市场对是否采用不同的营销方案不会有太大的差异反应，就不必进行市场细分。

5. 相对稳定性

相对稳定性是指细分后的市场在一定时间内保持相对稳定。相对稳定性直接关系到企业生产营销的稳定性，特别是对于大中型企业以及投资周期长、转产慢的企业而言，相对稳定性不足容易造成企业经营困难，严重影响企业的经营效益。

5.1.3 消费者市场的细分标准

引起消费者需求差异的变量很多，概括起来，细分消费者市场的变量主要有地理因素、人口因素、心理因素和行为因素四个方面，如图 5.2 所示。

图 5.2 消费者市场细分

1. 按地理因素细分

按地理因素细分就是指企业按消费者所在的地理位置、地理环境等变量来细分市场。

因为处在不同地理环境下的消费者，对于同类产品往往会有不同的需求与偏好，他们对企业的产品价格、销售渠道、广告宣传等营销措施的反应也常常存在差别。

① 地理位置。可以按照行政区划来进行细分，如在我国，可以划分为东北、华北、西北、西南、华东和华南几个地区；也可以按照地理区域来进行细分，如划分为省、自治区、市、县等，或内地、沿海、城市、农村等。在不同地区，消费者的需求显然存在较大差异。

② 城镇大小。可划分为大城市、中等城市、小城市和乡镇。处在不同规模城镇的消费者，在消费结构方面存在较大差异。

③ 地形和气候。按地形可分为平原、丘陵、山区、沙漠地带等；按气候可分为热带、亚热带、温带、寒带等。防暑降温、御寒保暖之类的消费品可按不同气候带来划分。如在我国北方，冬天气候寒冷干燥，加湿器很有市场；但在江南，由于空气中湿度大，基本上不存在对加湿器的需求。

2. 按人口因素细分

按人口因素细分就是指按年龄、性别、职业、收入、受教育程度、家庭生命周期、民族、宗教、国籍等变量，将市场划分为不同的群体。由于人口变量比其他变量更容易测量，且适用范围比较广，因而人口变量一直是细分消费者市场的重要依据。

① 年龄。不同年龄段的消费者，由于生理、性格、爱好、经济状况的不同，对消费品的需求往往存在很大的差异。因此，可按年龄将市场划分为许多各具特色的消费者群，如儿童市场、青年市场、中年市场、老年市场等。从事服装、食品、保健品、药品、健身器材、书刊等商品生产经营业务的企业，经常采用年龄变量来细分市场。

② 性别。按性别可将市场划分为男性市场和女性市场。不少商品在用途上有明显的性别特征。如男装和女装、男表与女表。在购买行为、购买动机等方面，男女之间也有很大的差异，如妇女是服装、化妆品、小包装食品等市场的主要购买者，男士则是香烟、饮料、体育用品等市场的主要购买者。美容美发、化妆品、珠宝首饰、服装等许多行业，长期以来按性别来细分市场。

③ 收入。收入的变化将直接影响消费者的需求欲望和支出模式。根据平均收入水平的高低，可将消费者划分为高收入、次高收入、中等收入、次低收入、低收入5个群体。

收入高的消费者一般喜欢到大百货公司或品牌专卖店购物，收入低的消费者则通常在住地附近的商店、仓储超市购物。汽车、旅游、房地产等行业一般按收入变量细分市场。

④ 民族。世界上大部分国家都拥有多种民族，我国更是一个多民族的大家庭，除汉族外，还有55个少数民族。这些民族都有自己的传统习俗、生活方式，从而呈现出不同的商品需求。

⑤ 职业。不同职业的消费者由于知识水平、工作条件和生活方式等的不同，其消费需求存在很大的差异，如教师比较注重书籍、报刊方面的需求，文艺工作者则比较注重美容、服装等方面的需求。

⑥ 受教育程度。受教育程度不同的消费者在兴趣、生活方式、文化素养、价值观念等方面都会有所不同，因而会影响他们的购买种类、购买行为、购买习惯。如受过高等教育的消费者可能更喜欢购买单反相机，仅受过初、中等教育的消费者喜欢购买操作简单的傻瓜相机。

3. 按心理因素细分

按上述地理因素和人口因素具有相同或相近特征的顾客，可能仍会表现出极大的需求差别，其原因主要在于消费者心理因素影响。按心理因素细分就是将消费者按其生活方式、性格、购买动机、态度等变量细分成不同的群体，见表5.1。

① 生活方式。越来越多的企业，如服装、化妆品、家具、娱乐等行业的企业重视按人们的生活方式来细分市场。生活方式是人们对工作、消费、娱乐的特定习惯和模式，不同的生活方式会产生不同的需求偏好，如"传统型""新潮型""节俭型""奢侈型"等。

美国服装公司把妇女划分为"朴素型妇女""时髦型妇女""男子气质型妇女"三种类型，分别为她们设计了传统服装、时尚服装、中性服装。

② 性格。消费者的性格与他们对产品的需求有很大的关系。性格可以用外向与内向、乐观与悲观、自信、顺从、保守、激进、热情、老成等词句来描述。性格外向、容易感情冲动的消费者往往好表现自己，因而他们喜欢购买能表现自己个性的产品；性格内向的消费者则喜欢大众化，往往购买比较普通的产品；富有创造性和冒险心理的消费者则对新奇、刺激性强的商品特别感兴趣。

③ 购买动机。消费者对所购产品追求的利益主要有求实、求廉、求新、求美、求名、求安等，这些都可作为细分的变量。如有人购买包是为了实用，盛放随身物品，而有人是追求名牌，展现自身的经济实力。

表5.1 消费者市场的细分依据

细分标准	可能的细分变量
地理细分	地区：华北、华中、华东、西北、西南、华南等； 城市规模：大城市、二三线市场、农村市场等； 气候：热、冷等

续表

细分标准	可能的细分变量
人口统计特征细分	收入：月收入低于 1 000 元、1 000～3 000 元、3 000～6 000 元、6 000 元以上； 年龄：小于 6 岁、6～12 岁、13～19 岁、20～34 岁、35～49 岁、50～64 岁、65 岁以上； 性别：男性、女性； 家庭生命周期：青年、单身、已婚等； 社会阶层：上上阶层、中上阶层等； 教育程度：中小学教育程度、高中毕业、大学毕业等； 职业状况：自由职业者、经理、职员、销售人员、学生、家庭主妇等； 民族背景：汉族、少数民族等
心理细分	个性：有雄心、自信、积极等； 生活方式：活动（篮球等）、兴趣、态度等； 价值观：生活方式等
行为细分	产品利益预期：视不同产品而有所不同； 使用频率：非使用者、低度使用者、高度使用者

4. 按行为因素细分

按行为因素细分主要指根据购买者对产品的了解程度、态度、使用情况及反应等将他们划分为不同的群体。主要的细分依据有消费者购买或使用某种商品的时间、购买数量、购买频率、购买习惯等。

① 购买时间。根据消费者提出需要、购买和使用产品的不同时间，将消费者划分为不同的群体。如某通信运营商在新生入学时，为刚入校的学生提供选号、定制套餐等服务。

② 购买数量。据此可分为大量用户、中量用户和少量用户。大量用户人数不一定多，但消费量大，许多企业以此为目标。如文化用品大量使用者是知识分子和学生、化妆品大量使用者是青年妇女等。

③ 购买频率。据此可分为经常购买、一般购买、不常购买（潜在购买者）。

④ 购买习惯（品牌忠诚度）。据此可将消费者划分为坚定品牌忠诚者、多品牌忠诚者、转移的忠诚者、无品牌忠诚者等。如有的消费者忠诚于某些产品，如海尔电器、中华牙膏等；有的消费者忠诚于某些服务，如东方航空公司、某某酒店或饭店等，或忠诚于某一个机构、某项事业等。为此，企业必须辨别其忠诚顾客及特征，以便更好地满足他们的需求，必要时给忠诚顾客以某种形式的回报或鼓励，如给予一定的折扣。

企业要综合考虑自身行业的特点和产品的特性，采用一种或几种变量，对消费者市场进行细分。

5.1.4　市场细分的具体方法

按照选择市场细分标准的多少，市场细分可以有以下 4 种方法。如图 5.3 所示。

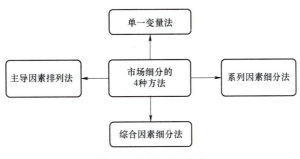

图 5.3　市场细分方法

1. 单一变量法

所谓单一变量法，是指根据市场营销调研结果，把选择影响消费者或用户需求最主要的因素作为细分变量，从而达到市场细分的目的。这种细分法以公司的经营实践、行业经验和对组织客户的了解为基础，在宏观变量或微观变量间，找到一种能有效区分客户并使公司的营销组合产生有效对应的变量而进行的细分。例如：玩具市场需求量的主要影响因素是年龄，可以针对不同年龄段的儿童设计适合不同需要的玩具，这早就为玩具商所重视。除此之外，性别也常作为市场细分变量而被企业所使用，妇女用品商店、女人街等的出现正反映出性别标准为大家所重视。

2. 主导因素排列法

主导因素排列法即用一个因素对市场进行细分，如按性别细分化妆品市场、按年龄细分服装市场等。这种方法简便易行，但难以反映复杂多变的顾客需求。

3. 综合因素细分法

综合因素细分法是选择 2 个或 3 个细分依据进行市场细分的方法，这时可以借助二维或三维坐标图，直观地显示细分市场的状况。如以收入、年龄来细分某一市场，则可得到如下一些细分市场，即每一格可代表一个子市场，共有 3×4＝12 个，如图 5.4 所示。

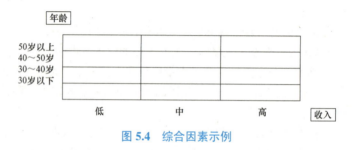

图 5.4　综合因素示例

4. 系列因素细分法

当细分市场所涉及的因素是多项的，并且各因素是按一定的顺序逐步进行的，可由粗到细、由浅入深，逐步进行细分，这种方法称为系列因素细分法。如图 5.5 所示。目标市场将会变得越来越具体，例如某地的皮鞋市场就可以用系列因素细分法做如下细分：

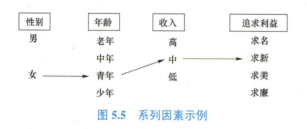

图 5.5　系列因素示例

📧 阅读材料

叮咚买菜"小而美"的市场细分

艾瑞咨询在《2016 年中国生鲜电商行业研究报告》中表示，生鲜市场"大而全"和"小而美"形成差异化竞争态势，各具优势。面对中国庞大的消费群体和万亿级的生鲜市场规模，任何一个具有特色的细分市场企业足以抢占部分市场。"大而全"领域主要由综合电商平台掌控，例如阿里的喵生鲜、京东的京东到家、苏宁的苏鲜生。"小而美"领域即为叮咚买菜所处垂直领域，其主要竞争对手有我厨、U掌柜、每日优鲜、天天果园等。

叮咚买菜正式成立于2017年4月，创始人为原丫丫网、妈妈帮、叮咚小区的创始人梁昌霖，总部位于上海，是一款主要解决用户买菜难和买菜麻烦的生鲜新零售App，前身为叮咚小区。

目前我国生鲜市场细分领域各玩家的主推产品大部分都为水果，主推家庭吃菜细分领域的玩家明显少于水果领域。例如每日优鲜、天天果园都是以水果为其早期定位的主推产品，消费者也更倾向于用这些App购买水果，而不是蔬菜、肉蛋禽、水产。叮咚买菜的主推品类为"家庭吃菜"，从叮咚"买菜"名字可以明显看出其主攻方向，定位清晰明确。叮咚买菜的创始人梁昌霖表示："买菜是刚需、高频的事情，我们要解决的事情就是用户'买菜难'的问题。小区门口有很多水果店，但菜市场却非常少，有的小区甚至没有，用户下午去也很难买到新鲜的蔬菜。我们做的事情就是用最快的速度给用户送到家新鲜的蔬菜、水产、肉蛋禽，0配送费，一根葱都免费送到家。"

通过手机购买蔬菜的用户主要是中产阶级有孩子的家庭，虽然买菜是刚需、高频的事情，但是大面积的用户习惯养成还需要一定的时间。优势在于，叮咚买菜较早切入买菜这一细分领域，这相较于水果竞争更低，抢占了早期市场。并且，其到家服务发展较早，团队较为专业，建立了小成本买菜领域的行业壁垒。

（摘录自亿欧网《生鲜新零售：叮咚买菜案例分析》）

思考： 叮咚买菜采用了哪种细分方法抢占买菜市场？

提示： 人口统计特征和行为细分。

5.1.5 市场细分的步骤

1. 选定产品市场范围

在明确任务和战略目标的前提下，在对市场环境进行充分调查分析之后，企业首先从市场需求出发选定一个可能的产品市场范围，确定企业要进入什么行业，生产什么产品。产品市场范围应以顾客的需求，而不是产品本身特性来确定。例如，某房地产公司建造一幢简朴的住宅，打算出租给收入低的顾客，若只考虑产品特征，则认为住宅的出租对象应该是低收入的家庭，但是从市场需求角度来看，高收入家庭为了追求乡间的清净，也可能是这幢住宅的租赁者。

选择目标市场范围对企业而言十分关键，因为任何市场营销计划的成功，都取决于企业是否善于鉴别顾客需求，并选择那些为这些需求服务的、特定的、极其有利的产品种类。同时它又是一项复杂的任务，因为市场存在于变化的环境中，影响市场重要特征的因素十分复杂而且往往不易判断。可能现在看来十分有利的产品市场范围，几年之后就变成了微利行业甚至夕阳行业。

2. 估计潜在购买者的基本需求

即由企业决策者从地理因素、心理因素和购买行为因素等不同方面估计一下潜在购买者对产品的基本需求，为市场细分提供可靠依据。这里有大量定性研究的方法可供借鉴使用，比如小组访谈法、个人访谈法、头脑风暴法、观察法、投射法等，从企业内部人员、顾客、经销商、中介、专家等渠道，都可以清楚地了解到潜在顾客对某个产品的基本需求。

比如,"清洁、舒适、实惠、方便和安全"是经济型酒店吸引顾客的最显著特征。潜在消费者对住宅的基本需求可能包括:遮阳避雨、安全、方便、设计合理、陈设完备、工程质量高等。

3. 分析潜在购买者的不同需求

对于列举出来的基本需求,不同顾客强调的侧重点可能会存在差异。如不同的顾客对住宅追求的利益、价格、室内陈设、房屋质量等要求的差别是非常大的。

有多种数据分析方法可以用于市场细分研究,如简单列表和交叉列表,以及考虑多个变量的复杂统计工具,如因子分析法和集群分析法。

在大规模的调查问卷中,经常会形成多个不同规模的细分市场,这些细分市场不仅在统计数据上差距明显,而且在常识判断上也存在很大差别。

企业根据人口因素做抽样调查,向不同的潜在购买者了解上述哪些需求对他们更重要,初步形成几个消费需求相近的细分市场。

4. 剔除潜在购买者的共同需求

对初步形成的几个细分市场之间的共同需求加以剔除,以它们之间需求的差异性作为细分市场的基础,筛选出最能发挥企业优势的细分市场。如购房的共同需求虽然很重要,如安全、遮阳避雨等,但它们不能作为市场细分的基础。

如果在大量采集消费者信息的基础上应用列表或统计分析,还可以分析不同利益需求之间是否存在人口特征、生活方式和使用行为等方面的显著差异。

5. 确定细分市场的名称

根据潜在顾客基本需求上的差异方面,将其划分为不同的群体或子市场,并赋予每一子市场一定的名称。为细分市场命名要富于创造性和个性,要能抓住潜在购买者的心理。如房地产公司常常把顾客分为好动者、老成者、新婚者、度假者等多个子市场,并据此采取不同的营销策略。

一旦形成了细分市场,就应该尽可能完整地描述每个细分市场,对细分市场的描述可以利用以下变量和资料:细分市场的基本变量、人口统计特征变量、产品使用量或使用模式、交易记录、顾客对产品的期望、其他对市场细分有指导意义的调查结果。

当使用一个细分变量,将目标市场分为两个细分市场时,通常是在选择目标细分市场后,再对细分市场进行描述;但目前对市场的细分往往涉及多个细分变量,在评估和选择细分市场前,对所有的细分市场进行描述,可以帮助定义每个细分市场,从而选择更适合企业的目标细分市场。最常使用的对所有细分市场进行描述的方法就是简单交叉列表,列表头为细分市场的变量,横向表头为调查问卷中所有其他内容。

6. 进一步认识各细分市场的特点,做进一步细分或合并

企业必须避免创造过多各种不同的产品或没有足够顾客需要的、过分的、毫无意义的产品特色。对于某个特定的市场,到底应该划分为多少个细分市场?对于这个问题一直都没有统一的答案。经验、直觉、统计结果和常识判断,所有这些都可以用来决定细分市场的个数。

7. 测量各细分市场的规模,从而估算可能的获利水平

市场细分使企业与市场更加协调一致,它还促使企业更加有效地利用企业资源,带来较高的销售额和较高的利润。因此,市场细分的最后一步就是估算预期的获利水平。在完成这一步后,市场细分的工作就已经基本完成,企业接下来可以把重心放在市场选择及进入上了。

市场细分的步骤如图5.6所示。

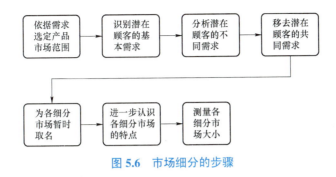

图 5.6 市场细分的步骤

5.2 目标市场选择

目标市场选择（Market Targeting）是指估计每个细分市场的吸引力程度，并选择进入一个或多个细分市场。企业选择的目标市场应是那些企业能在其中创造最大顾客价值并能保持一段时间的细分市场。资源有限的企业或许决定只服务于一个或几个特殊的细分市场。包括评估每个子市场的发展潜力；然后选择其中的一个或多个进入。公司应选择那些可以产生最大价值并可持续一段时间的子市场。

市场细分、目标市场选择及市场定位是三个既有区别又密切联系的概念，如图 5.7 所示。

图 5.7 市场细分、目标市场和市场定位

5.2.1 目标市场的概念

目标市场是企业在细分市场的基础上，根据自身资源优势所选择的主要为之服务的那部分特定的顾客群体。

5.2.2 目标市场模式

目标市场的选择策略，通常有 5 种模式供参考，如图 5.8 所示。

1. 市场集中化

市场集中化策略就是在细分后的市场上，选择两个或少数几个细分市场作为目标市场，实行专业化生产和销售。在个别少数市场上发挥优势，提高市场占有率。采用这种策略的企业对目标市场有较深的了解，这是大部分中小型企业应当采用的策略。

2. 产品专门化

企业集中生产一种产品，并向所有顾客销售这种产品。例如显微镜生产商向大学实验室、政府实验室和工商企业实验室销售显微镜。公司准备向不同的顾客群体销售不同种类的显微镜，而不去生产实验室可能需要的其他仪器。公司通过这种战略，在某个产品方面树立起很高的声誉。但如果产品（显微镜）被一种全新的显微技术代替，就会发生危机。

3. 市场专门化

企业专门服务于某一特定顾客群，尽力满足他们的各种需求。例如企业专门为老年消费者提供各种档次的服装。企业专门为这个顾客群服务，能建立良好的声誉。但一旦这个顾客群的需求潜量和特点发生突然变化，企业要承担较大风险。

4. 有选择的专门化

企业有选择地专门服务于几个不同的子市场的顾客群体，提供各种性能的同类产品，尽力满足不同消费群体的各种需求。选择性专业化不同细分市场配有不同的营销组合，选择这种模式有利于分散企业经营风险。

5. 完全市场覆盖

企业力图用各种产品满足各种顾客群体的需求，即以所有的细分市场作为目标市场，例如上例中的服装厂商为不同年龄层次的顾客提供各种档次的服装。一般只有实力强大的大企业才能采用这种策略。例如 IBM 公司在计算机市场、可口可乐公司在饮料市场开发众多的产品，满足各种消费需求。

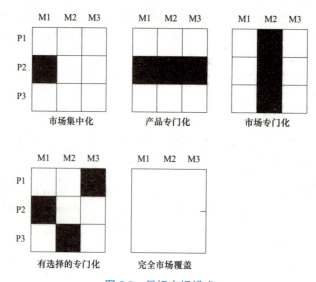

图 5.8 目标市场模式

5.2.3 目标市场策略选择

根据各个细分市场的独特性和企业自身的目标，可供企业选择的目标市场策略主要有 3 种，分别是无差异性市场营销策略、差异性市场营销策略、集中性市场营销策略。

1. 无差异性市场营销策略

采用此种策略时，企业对构成市场的各个部分一视同仁，只针对人们需求中的共同点，而不管差异点。它试图仅推出一种产品，以单一的营销策略来满足购买群体中绝大多数人的需求。如某汽车厂生产 4 吨载重汽车，以一种车型、一种颜色、一个价格行销全国，无论企业或机关、城市或农村，都无例外。在无差异性市场策略下，企业视市场为一个整体，认为所有消费者对这一产品都有共同的需要，因而希望凭借大众化的分销渠道、大量的广告媒体以及相同的主题，在大多数消费者心目中建立产品形象。例如，在相当长的时间内，可口可乐公司因拥有世界性的专利，仅生产一种口味、一样大小和同一形状瓶装的可口可乐，连广告字句也只有一种。

无差异性市场策略的理论基础是成本的经济性，认为营销就像制造中的大量生产与标准化一样，缩减产品线可降低生产成本，无差异市场策略能因广告类型和市场研究的简单化而节省费用。然而，无差异性市场营销完全忽略了市场需求的差异性，将顾客视为完全相同的群体，致使越来越多的人认为，这一策略不一定算得上最佳策略，因为一种产品长期被所有消费者接受，毕竟罕见。并且，采用这一策略的企业，一般都针对最大的细分市场发展单一的产品与营销计划，易引起在此领域内的竞争过度，而较小的细分市场又被忽视，致使企业丧失机会。剧烈的竞争将使最大细分市场的盈利率低于其他较小细分市场的盈利率。认识到这一点，将促使企业充分重视较小细分市场的潜力。

2. 差异性市场策略

差异性市场策略又叫差异性市场营销，采用此种策略时，企业承认不同细分市场的差异性，并针对各个细分市场的特点，分别设计不同的产品与市场营销计划，利用产品与市场营销的差别，占领每一个细分市场，从而获得大的销量。由于差异性市场营销能分别满足各个顾客群的需要，因而能提高顾客对产品的信赖程度和购买频率。

在差异性市场策略下，企业试图以多产品、多渠道和多种推广方式，去满足不同细分市场消费者的需求，力求增强企业在这些细分市场中的地位和顾客对该类产品的认同。近年来，由于大市场的竞争者增多，国外一些稍具规模的企业，都越来越多地实行差异性市场策略，例如可口可乐公司现已采用差异性市场策略。

阅读材料

钟薛高瞄准高端市场，赋予品牌网红特质

高端市场的品牌受到众多消费者的青睐以及资本的追捧。尤其是瞄准新一代消费者喜好的钟薛高，凭借着"高端""国潮"与品牌进行深度绑定，在三年时间便强势崛起，成为雪糕界的网红品牌，让雪糕市场的品牌梯队面临重新洗牌。

风头强劲的钟薛高为何能在短短几年时间里脱颖而出，并在高端市场站稳脚跟？即使价格如此高昂，也没能阻挡它登上全网同类销量营收第一的宝座呢？

一、打造"中式雪糕"概念，进行差异化定位

长久以来，国内高端市场被哈根达斯、八喜、DQ 等外资品牌占领，中低端市场则是蒙牛、伊利和众多地方品牌占据份额，而高端国货雪糕品牌存在明显的空缺。钟薛高敏锐地捕捉了这一空白市场，洞察到消费升级大趋势，成立之初就将品牌定位为"中式高端雪糕"，还宣称"要做一个中国人自己的品质雪糕"。

正是由于差异化定位，在消费者心中树立了清晰的标签，让人一提到中式高端雪糕就联想到钟薛高。差异化定位也给予了钟薛高更大的生存空间，在一定程度上规避了与其他品牌的直面竞争，同时更加利于钟薛高在高端市场进行品牌扩张。

二、多元化发展，提升产品竞争力

在市场同质化产品越来越多的情况下，消费者很难被相似产品打动。品牌要想提高竞争力，就必须放大产品力与品牌力，进一步强化产品的稀缺性，让品牌销量实现可持续增长。

在产品设计上，钟薛高以国潮风尚为灵感，将传统文化中的"瓦片"元素转移到产品外观上，形成独一无二的"中式雪糕"，打造出极具辨识度和独有特色的产品，逐渐形成品牌的独特符号。钟薛高还获得了瓦片设计的专利认证，避免了同行进行跟风模仿，有效保障了产品的独特性，赋予品牌价值与内涵，为品牌带来了高溢价。

在产品创新上，钟薛高在保证口味纯正的基础上，通过精细化的营销策略打造基本款、季节款、爆款3种品类，并设置不同价位去满足消费者的需求。如根据季节特点推出"记忆中秋冬的味道""专为9月定制的雪糕""温暖系列雪糕"等口味，不仅给消费者制造了口味上的新鲜感，还弱化了雪糕的季节属性，使钟薛高成为消费者日常休闲的必备单品。通过独特的产品设计与不断的产品创新，钟薛高迅速占领消费者的心智，建立起消费者对品牌的认知度和记忆度。在同质化产品竞争中成功脱颖而出，拉开了与同行之间的品牌距离，实现了与对手的品牌区隔。

三、年轻化创新营销，不断为品牌赋能

钟薛高之所以能在3年时间一跃成为网红品牌，离不开精准的年轻化营销。为了打开与年轻消费者的沟通阀门，钟薛高乐此不疲地与各界品牌展开跨界联名合作，为品牌制造了源源不断的社交话题。去年"双11"，钟薛高一口气撩拨了泸州老窖、三只松鼠、荣威、小仙炖、奈雪的茶、飞亚达6个品牌，用刷屏式传播达到流量暴增效果之余，还帮助品牌实现精准获客与销量转化的目的。此外，钟薛高还与娃哈哈、五芳斋、Swisse等品牌进行联名，助力品牌扩大圈层影响力。

不仅如此，钟薛高还运用社交生态去触达更多目标群体。借助明星和网红影响力，在小红书、微博、抖音等社交媒体大量投放广告内容抢占消费者注意力。据了解，仅小红书平台关于钟薛高的种草和测评就达到了1万+篇笔记，明星和网红的背书，让钟薛高在短时间内就获得了较高的认知度，并成功将粉丝群体转化为钟薛高的用户，有效撬动了品牌销量增长。

钟薛高通过差异化定位、多元化产品以及一套营销组合拳实现了品效双收，成为雪糕界自带流量的网红品牌。而这样的网红特质，也让钟薛高拥有走高价路线的底气。而如今因为一场乌龙事件造成品牌口碑下滑，如何扭转品牌面临的负面影响，让品牌健康长远地发展下去，将是钟薛高亟须解决的难题。

（摘录自微信公众号"品牌营销官"《一支雪糕66元，钟薛高凭什么卖这么贵？》）

3. 密集性市场策略

密集性市场策略，又叫集中性市场营销。企业面对若干细分市场，无不希望尽量网罗市场的大部分及全部。但如果企业资源有限，过高的希望将成为不切实际的空想。明智的企业家宁可集中全力于争取一个或少数几个细分市场，而不再将有限的人力、财力、物力分散于所有的市场。在部分市场若能拥有较高的占有率，远胜于在所有市场都获得微不足道的份额。在一个或几个细分市场占据优势地位，不但可以节省市场营销费用，增加盈利，而且可以提高企业与产品的知名度，并可迅速扩大市场。

无差异性市场策略或差异性市场策略是以整个市场为目标。而密集性市场策略则是选择一个或少数子目标市场。

无差异性市场策略或差异性市场策略是以整个市场为目标。而密集性市场策略则是选择一个或少数子市场为目标，这使得企业可集中采用一种营销手段，服务于该市场。所以采用密集性市场策略对目标市场的需求容易做较深入的调查研究，获得较透彻的了解；加之可能提供较佳的服务，企业常常可在目标市场获得较有利的地位和特殊的信誉；再加上生产及营销过程中作业专业化的结果，产品设计、工艺、包装、商标等都精益求精，营销效益大为提高。密集性市场策略也有较大的风险性，因为把企业的前途和命运全系于一个细分市场，若该特定的目标市场遭遇不景气时，则企业将受到大的影响，甚至大伤元气。即使在市场景气时，有时也会招徕有力的竞争者进入同一目标市场而引起营销状况的较大变化，致使在总需求增长不变或不快的情况下，使原企业的盈利大幅度降低。因此，多数企业在采取密集性市场策略的同时，仍然愿意局部采用差异性市场策略，将目标分散于几个细分市场中，以便获得回旋的余地。

> **阅读材料**
>
> ### 密集性市场策略
>
> 中山有一家家具厂专门生产各种各样的原木家具。后来，负责生产的厂长发现市场上对某种原木桌子需求很大。于是决定放弃其他品种的生产，集中所有的生产力量专门生产这种原木家具。但是，当他的产品推出市场的时候，市场上对这种原木家具的需求已经饱和了，销售很不理想，几乎使家具厂濒临破产的边缘。请问：
> （1）中山这个家具厂使用的是什么目标市场营销策略？你为什么这样认为？
> （2）使用这种营销策略的优缺点是什么？
> （3）一般在什么情况下企业会使用这种目标市场营销策略呢？
> 提示：
> （1）密集性市场策略。
> （2）优点：有利于企业准确地把握顾客的需求，有针对性地开展营销活动；也有利于降低生产成本和营销费用，提高投资收益率。缺点：经营风险大；难以选择其他细分市场为目标市场。
> （3）实力较弱的中小企业或初次进入新市场的大企业。

5.2.4 影响目标市场策略选择的因素

1. 企业规模和原材料供应

如果企业规模较大，技术力量和设备能力较强，资金雄厚，原材料供应条件好，则可采用差别营销策略或无差别营销策略。我国许多大型企业，基本上均采用这两种策略。反之，规模小、实力差、资源缺乏的一般企业宜采用集中市场营销策略。

2. 产品特性

对于具有不同特性的产品，应采取不同的策略。

对于同质性商品，虽然由于原材料和加工不同而使产品质量存在差别，但这些差别并不明显，只要价格适宜，消费者一般无特别的选择，无过分的要求，因而可以采用无差别营销策略。

而异质性商品，如药品的剂型、晶型、复方等对其疗效影响很大，特别是滋补类药品，其成分、配方、含量差别很大，价格也有显著差别，消费者对产品的质量、价格、包装等，常常要反复评价比较，然后决定购买，这类产品就必须采用差别营销策略。

3. 市场特性

当消费者对产品的需求欲望、偏爱等较为接近，购买数量和使用频率大致相同，销售渠道或促销方式也没有大的差异，就显示出市场的类似性，可以采用无差别营销策略。

如果各消费者群体的需求、偏好相差甚远，则必须采用差别营销策略或集中营销策略，使不同消费者群体的需求得到更好的满足。

4. 产品所处的市场生命周期

产品所处的市场生命周期不同，采用的营销策略也是不同的。

若产品处于介绍期和成长期，通常采用无差别营销策略，去探测市场需求和潜在顾客；

当产品进入成熟期或衰退期，无差别营销策略就完全无效，必须采用差别营销策略，才能延长成熟期、开拓市场、维持和扩大销售量，或者采用集中营销策略来实现上述目的。

5. 竞争企业的营销策略

企业生存于竞争的市场环境中，对营销策略的选用也要受到竞争者的制约。

竞争者采用了差别营销策略，如本企业采用无差别营销策略，就往往无法有效地参与竞争，很难占有有利的地位，除非企业本身有极强的实力和较大的市场占有率。

如果竞争者采用的是无差别营销策略，则无论企业本身的实力大于或小于对方，采用差别营销策略，特别是采用集中营销策略，都是有利可图、有优势可占的。

总之，选择适合于本企业的目标市场营销策略，是一项复杂的、随时间变化的、有高度艺术性的工作。

企业本身的内部环境，如研究开发能力、技术力量、设备能力、产品的组合、资金是在逐步变化的，影响企业的外部环境因素也是千变万化的。

企业要不断通过市场调查和预测，掌握和分析这些变化的趋势，与竞争者各项条件对比、扬长避短、把握时机，采用恰当的、灵活的策略，去争取较大的利益。

5.3 市场定位

企业进行市场细分，确定目标市场之后，就要在目标市场上进行市场定位。市场定位是20世纪70年代由美国学者里斯和特劳特提出的一个重要的营销学概念。市场定位也称作"营销定位"，是市场营销工作者用以在目标市场（此处目标市场指该市场上的客户和潜在客户）的心目中塑造产品、品牌或组织的形象或个性的营销技术。所谓市场定位，是指企业在所选定的目标市场上塑造出本企业产品与众不同的鲜明个性或形象，使之在该细分市场上占有相应的竞争位置的营销策略。市场定位是市场营销战略体系中的重要组成部分，它对于树立企业及产品或品牌的鲜明特色、满足顾客的需求偏好，从而提高企业竞争实力具有重要的意义。简而言之，市场定位就是企业在目标客户心目中树立产品独特的形象。

> ◆ **课堂讨论：为什么要进行市场定位？**
>
> **提示**：客户心智资源有限；客户心智备受骚扰；越来越多的同质化产品的出现已经让客户迷失了方向，他们没有时间而且也不愿意搞清楚产品间的差距。

5.3.1 市场定位的步骤

市场定位的关键是企业要设法在自己的产品上找出比竞争者更具有竞争优势的特性。竞争优势一般有两种基本类型：一是价格竞争优势，就是在同样的条件下比竞争者定出更低的价格。这就要求企业采取一切努力来降低单位成本。二是偏好竞争优势，即能提供确定的特色来满足顾客的特定偏好。这就要求企业采取一切努力在产品特色上下功夫。因此，企业市场定位的全过程可以通过以下3大步骤来完成。

1. 识别潜在竞争优势

这一步骤的中心任务是要回答以下3个问题：一是竞争对手产品定位如何？二是目标市场上顾客欲望满足程度如何以及确实还需要什么？三是针对竞争者的市场定位和潜在顾客真正需要的利益要求企业应该及能够做什么？

要回答这3个问题，企业市场营销人员必须通过一切调研手段，系统地设计、搜索、分析并报告有关上述问题的资料和研究结果。

通过回答上述 3 个问题，企业就可以从中把握和确定自己的潜在竞争优势在哪里。

2. 核心竞争优势定位

竞争优势表明企业具有能够胜过竞争对手的能力。这种能力既可以是现有的，也可以是潜在的。选择竞争优势实际上就是一个企业与竞争者各方面实力相比较的过程。比较的指标应是一个完整的体系，只有这样，才能准确地选择相对竞争优势。通常的方法是分析、比较企业与竞争者在经营管理、技术开发、采购、生产、市场营销、财务和产品 7 个方面究竟哪些是强项，哪些是弱项。借此选出最适合此企业的优势项目，以初步确定企业在目标市场上所处的位置。

3. 战略制定

这一步骤的主要任务是企业要通过一系列的宣传促销活动，将其独特的竞争优势准确传播给潜在顾客，并在顾客心目中留下深刻印象。

首先应使目标顾客了解、知道、熟悉、认同、喜欢和偏爱此企业的市场定位，在顾客心目中建立与该定位相一致的形象。

其次，企业通过各种努力强化目标顾客形象，保持对目标顾客的了解，稳定目标顾客的态度和加深目标顾客的感情来巩固与市场相一致的形象。

最后，企业应注意目标顾客对其市场定位理解出现的偏差或由于企业市场定位宣传上的失误而造成的目标顾客模糊、混乱和误会，及时纠正与市场定位不一致的形象。企业的产品在市场上定位即使很恰当，但在下列情况下，还应考虑重新定位：

（1）竞争者推出的新产品定位于此企业产品附近，侵占了此企业产品的部分市场，使此企业产品的市场占有率下降。

（2）消费者的需求或偏好发生了变化，使此企业产品销售量骤减。

如咖啡饮料定位步骤：

第一，作定位图；第二，将现有的产品标注在图上；第三，选择有利的定位位置；第四，分析某处定位的可能性；第五，确定顾客和企业利益。

咖啡饮料定位示例如图 5.9 所示。

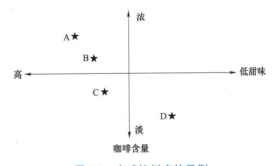

图 5.9　咖啡饮料定位示例

5.3.2　市场定位的定位策略

1. 市场定位的方法

（1）根据属性定位

产品与属性、特色或顾客利益相联系。如汽车市场上，日本的丰田汽车侧重于"经济可靠"，瑞典的沃尔沃汽车则具有"耐用"的特点。产品的外形（形状、颜色、大小等）是产品给顾客的第一印象，独特的外形往往能吸引顾客的注意力。

（2）根据价格与质量定位

价格是产品最明显、最能反映其质量、档次特征的信息。如劳斯莱斯汽车的高价定位，对于消费者而言，劳斯莱斯汽车是富豪生活的象征，其最昂贵的车价近 40 万美元，该品牌汽车的许多部件都是手工制作，精益求精，出厂前要经过上万千米的无故障测试。

价格与质量的定位方法有两种：第一种，高质高价定位。高价格是一种高贵质量的象征。只要企业或产品属于"高质"的类别，且高质量、高水平服务、高档次能使顾客实实在在地感受到，就可以用这种定位。第二种，高质低价定位。这些企业将高质低价作为一种竞争手段，目的在于渗透市场，提高市场占有率。

（3）根据功能和利益定位

产品能帮助顾客解决问题，带来方便。使顾客获得心理上的满足，这就是其功能，顾客一般很注重产品的功能，企业可以通过强调自己产品各种功能的突破、强调给顾客带来比竞争对手更多的利益和满足，进行功能和利益定位。根据产品的功能和利益定位的方法有以下三种：第一种，多功能定位。提供多种功能，期望顾客买一件产品，可获得多种用途，达到多方面的满足，建立起"功能齐全"的市场形象。第二种，重点功能定位。将产品关键的、重要的功能作为突破点，使顾客在产品主要功能方面获得最大的满足，形成产品独特的形象。第三种，单一功能定位。将产品的某一功能设计得特别突出，使一件产品能够完全满足一种功能需要，从而突出产品差异。

（4）根据使用者定位

依靠使用者的定位，实际上就是选定一个独特的目标市场，并使产品在此目标市场上获得难于取代的优势地位。如西安杨森的"采乐去头屑特效药"的定位和可口可乐公司果汁品牌"酷儿"的定位。

2. 品牌定位策略

品牌是商业化的现实生活中最常见的东西。如今，要用什么东西都得买，买的时候就要认牌子，因为同类的产品太多了。品牌定位策略主要包括以下几种：

（1）档次定位

档次定位即依据品牌在消费者心目中的价值高低区分出不同的档次。如酒店、宾馆按星级划分为 1～5 个等级，是档次定位的一个例子。广州五星级宾馆白天鹅宾馆的高档品牌形象不仅涵盖了幽雅的环境、优质的服务、完善的设施，还包括进出其中的都是商界名流及有一定社会地位的人士。定位于中低档次的品牌，则针对其他的细分市场，如满足追求实惠和廉价的低收入者的需要等。

（2）类别定位

类别定位即依据产品的类别建立起品牌联想。类别定位力图在顾客心目中造成该品牌等同于某类产品的印象，以成为某类产品的代名词或领导品牌，在消费者有了某类特定需求时，就会联想到该品牌。如脑白金广告中强调功效"年轻态，健康品"，希望父母年轻、健康，想要给他们买礼物时，就会想起脑白金。企业也可以通过与竞争对手的客观对比来确定自己的定位。企业设法改变竞争者在消费者心目中的现有形象，找出其缺点或弱点，并用自己的品牌进行对比，从而确立自己的地位。这以泰诺的"为了千千万万不宜使用阿司匹林的人们，请大家选用泰诺"为代表。

（3）比附定位

比附定位就是攀附名牌、比拟名牌来给自己的产品定位，希望借助知名品牌来提升本品牌的形象。比附定位通常采用以下 3 种方式来实施：一是"第二主义"，就是明确承认市场的第一品牌，自己只是第二。这种策略会使人们对公司产生一种谦虚诚恳的印象，相信公司所说的是真实可靠的,这样较容易使消费者记住这个通常难以进入人们视野的序位。第二主义最著名的例子就是美国阿维斯出租汽车公司"我们是第二,我们要进一步努力"的定位。二是攀龙附凤。这种策略首先承认市场中已卓有成就的品牌,本品牌虽自愧不如,但在某地区或在某方面还可与这些最受消费者欢迎和信赖的品牌并驾齐驱、平分秋色。这以内蒙古宁城老窖的"宁城老窖,塞外茅台"定位为代表。三是俱乐部策略,即企业如果不能取得本市场第一地位又无法攀附第二名,便退而采用此策略,希望借助群体的声望和模糊数学的手法,强调自己是某一高级群体中的一员,从而借助俱乐部其他市场领先品牌的光辉形象来抬高自己。这以美国克莱斯勒汽车公司为代表,它的定位为"美国三大汽车之一"。这种定位使消费者感到克莱斯勒和第一、第二的 GE、福特一样,都是很好的汽车生产商。

> ✉ **阅读材料**
>
> ## 高露洁的比附定位
>
> 比附定位有两种实施方法,一种是"甘当老二",还有另外一种是"攀龙附凤"。高露洁采取的是第二种做法。高露洁广告和宝洁的一样,最常用"专家法"与"比较法"。"专家法"是这样的:首先他们会指出你面临的一个问题来吸引你的注意,接着,便有一个权威的专家来告诉你,有个解决的方案,那就是用高露洁或宝洁的产品。最后,你听从专家的建议后,你的问题就得到了解决。"比较法"是:高露洁与宝洁将自己的产品与竞争者的产品相比,通过电视画面的"效果图",你能很清楚地看出高露洁与宝洁产品的优越性。
>
> 高露洁模仿宝洁看起来是很自然的。因为它们都来自美国这样一个"实证主义"盛行的国度。将涂上牙膏的硬壳和没有涂上牙膏的硬壳放进酸性溶液中,然后用硬物去敲打,没有涂牙膏的被打破了,而涂上牙膏的就完好无损。这就是西方文化的精髓之一,试验方法和实证主义的具体体现。
>
> 比宝洁的循循善诱略胜一筹的是,高露洁在广告后面附上了一个美国牙科协会声明:"在日常口腔卫生中,经常使用高露洁可以有效防止龋齿。高露洁防垢牙膏可以减少牙龈上牙垢的形成,但对牙周病并无疗效。"貌似公允,给人以科学可信之感,实际上对推销牙膏暗中助力。
>
> 模仿宝洁,在近乎"乱真"的意义上对受众进行传播,这种"超级捆绑"所带来的,是使行业蛋糕做大,是高露洁以逸待劳的杰作,给它带来的效益是空前的。

(4)情景定位

情景定位是将品牌与一定环境、场合下产品的使用情况联系起来,以唤起顾客在特定情景下对该品牌的联想,从而产生购买欲望和购买行动。来自泰国的红牛(Red Bull)是最典型的代表,其定位是"累了困了喝红牛",强调其功能是迅速补充能量、消除疲劳,再如雀巢咖啡的广告,不断提示在工作场合喝咖啡,会让上班族口渴、疲倦时想到雀巢。

5.3.3 市场定位的方式

1. 创新定位

寻找新的尚未被占领但有潜在市场需求的位置,填补市场上的空缺,生产市场上没有的、具备某种特色的产品。如日本索尼公司的索尼随身听等一批新产品正是填补了市场上迷你电子产品的空缺,并进行不断的创新,使得索尼公司即使在第二次世界大战时期也能迅速发展,一跃而成为世界级的跨国公司。采用这种定位方式时,公司应明确创新定位所需的产品在技术上、经济上是否可行,有无足够的市场容量,能否为公司带来合理而持续的盈利。

2. 避强定位

这种策略是企业避免与强有力的竞争对手发生直接竞争,而将自己的产品定位于另一市场的区域内,使自己的产品在某些特征或属性方面与强势对手有明显的区别。这种策略可使自己迅速在市场上站稳脚跟,并在消费者心中树立起一定形象。由于这种做法风险较小,成功率较高,常为多数企业所采用。

3. 迎头定位

这种策略是企业根据自身的实力,为占据较佳的市场位置,不惜与市场上占支配地位、实力最强或较强的竞争对手发生正面竞争,从而使自己的产品进入与对手相同的市场位置。由于竞争对手强大,这一竞争过程往往相当引人注目,企业及其产品能较快地为消费者所了解,达到树立市场形象的目的。这种策略可能引发激烈的市场竞争,具有较大的风险。因此,企业必须知己知彼,了解市场容量,正确判定凭自己的资源和能力是不是能比竞争者做得更好,或者能不能平分秋色。

4. 重新定位

重新定位是指企业为已在某市场销售的产品重新确定某种形象,以改变消费者原有的认识,争取有利的市场地位的活动。这种策略是企业对销路少、市场反应差的产品进行二次定位。初次定位后,如果由于顾客的需求偏好发生转移,市场对此企业产品的需求减少,或者由于新的竞争者进入市场,选择与此企业相近的市场位置,这时,企业就需要对其产品进行重新定位。一般来说,重新定位是企业摆脱经营困境、寻求新的活力的有效途径。此外,企业如果发现新的产品市场范围,也可以进行重新定位。如某日化厂生产婴儿洗发剂,以强调该洗发剂不刺激眼睛来吸引有婴儿的家庭。但随着出生率的下降,销售量减少。为了增加销售,该企业将产品重新定位,强调使用该洗发剂能使头发松软有光泽,以吸引更多、更广泛的购买者。重新定位对于企业适应市场环境、调整市场营销战略是必不可少的,可以视为企业的战略转移。重新定位可能导致产品的名称、价格、包装和品牌的更改,也可能导致产品用途和功能上的变动,企业必须考虑定位转移的成本和新定位的收益问题。

【思政小课堂】

找准人生定位,做好未来规划

《易经》中有这样两句话:"天行健,君子以自强不息",是说人要像天的运行那样不懈不息、不屈不挠,生命不息、奋斗不止,以这样的态度来要求自己;"地势坤,君子以厚德载物",是说人要像大地那样,以宽厚包容的态度来对待别人,以勇于担当的态度来承载事物,以这样的态度来为人、做事。这是我们中华民族优秀传统文化的精髓,应该成为当代大学生自立自强的座右铭。确立目标是成功的起点。大学生如果能对自己的未来及时做好规划,有所设计,现实的学习和生活就会指向这一目标,每一天就会过得很有意义,就会成为对未来已经有所准备的人。目标的设计应科学合理。目标应具体,是可以衡量的;目标应适当,既不好高骛远、不切实际,又不因循保守、影响发挥,应该是蹦一蹦能够得着的;目标应体现阶段性,既有短期目标和中期目标，又有长期目标。有了奋斗的目标，还要为自己制订科学可行的规划，这个规划是针对自己的大目标，包括大学生活规划、职业生涯规划甚至人生规划。为了实现这样的大目标，就要制订一系列的行动计划，明确一系列的小目标，并且从今天做起，通过学习获得知识，通过实践锻炼能力，通过学校教育和自我修养提高素质，认真对待每一个学期的每一个学习环节和每一项活动，努力做好每一件事，争取每一天都做最好的自己，由今天一个又一个小的成功奔向明天大的成功。

【营销小知识】

利基市场

利基市场，英文是 niche market，中文就是那些高度专门化的需求市场。Niche 来源于法语。法国人信奉天主教，在建造房屋时，常常在外墙上凿出一个不大的神龛，以供放圣母玛利亚。它虽然小，但边界清晰，洞里自有乾坤，因而后来被引来形容大市场中的缝隙市场。在英语里，它还有一个意思，是悬崖上的石缝，人们在登山时，常常要借助这些微小的缝隙作为支点，一点点向上攀登。20 世纪 80 年代，美国商学院的学者们开始将这一词引入市场营销领域。市场利基指市场利基者通过专业化经营而获取更多的利润。

【案例学习】

在市场调查基础上，小贤带领团队思考如何应对市场环境条件变化和自身的资源优势，在前期市场细分的基础上如何一步步明确自身的目标市场选择和定位。企业进行市场定位工作一般应该包含以下 3 个步骤：第一，调查研究影响定位的因素；第二，选择竞争优势和定位战略（例如差异化战略）；第三，准确地传播企业的定位观念。

一、宏观政策：百年树人，国家历来重视素质教育发展，关注中小学美术教育

在我国素质教育细分领域中，过去更偏向竞赛培训的小众赛道，而美术教育在我国受历史文化底蕴影响，被重视的情况由来已久，早在中华人民共和国成立初期对于中小学生的美术课便有了一定的章程，后在 1979 年 6 月，我国教育部颁发了中华人民共和国成立后的第二个美术教学大纲，其内容包括：教学内容、各类课业教学时数分配、各年级教学内容和要求等；从 1985 年 11 月开始，国家教委颁发的《义务教育全日制小学、中学美术教学大纲（初审稿）》，更是直接规定了小学与中学的美术课每周课时。回顾我国在素质教育方面的宏观政策，经历了大概 3 个阶段。

第一阶段，艺术教育萌芽期：素质教育概念萌芽阶段对艺术教育提出发展目标及规划，提出"国民素质教育"概念。老牌艺考画室等培训机构多在这个阶段成立。1989 年颁布了第一个全国学校艺术教育纲领性文件《全国学校艺术教育总体规划（1989—2000 年）》，文件指出："我国学校艺术教育在这一阶段的发展目标是：到 20 世纪末，在幼儿园进行多种艺术活动，入园儿童普遍受到良好的早期艺术教育；在小学、初级中学按教学计划的要求开设艺术课，基本上能实施九年制义务教育阶段所要求的艺术教育；在各级师范院校和较多的高级中等学校、中等专业学校、普通高等学校中普

遍增设艺术选修课，进行高中和大学阶段的艺术教育。"1993年《中国教育改革和发展纲要》提出由应试教育转向全面提升国民素质教育。1999年中共中央、国务院颁布了《关于深化教育改革，全面推进素质教育的决定》，素质教育被确定为我国教育改革和发展的长远方针，并成为我国各级各类教育追求的共同理想。并于同年发布《关于贯彻落实全面推进素质教育决定进一步加快中初等学校校办产业发展的若干意见》。

第二阶段，艺术市场增长期：素质教育普及阶段全面推广素质教育进入中小学校，并对试行科目、工作规程等进行了标准制定。该阶段涌现出大量青少儿美术教育培训机构。2001年6月，教育部关于印发《基础教育课程改革纲要（试行）》的通知，要求在义务教育阶段的语文、艺术、美术课中要加强写字教学。同年7月颁布《全日制义务教育美术课程标准（实验稿）》。2002年5月，教育部发布关于印发《全国学校艺术教育发展规划（2001—2010年）的通知》。同年7月，教育部发布了《学校艺术教育工作规程》，规定了学校艺术课程，课外、校外艺术教育活动，学校艺术教育的保障、奖励与处罚等内容。

第三阶段，艺术教育市场爆发期：在2008年9月，《教育部关于进一步加强中小学艺术教育的意见》，为全面贯彻教育方针，全面实施素质教育，促进中小学生健康成长。2010年7月，《国家中长期教育改革和发展规划纲要（2010—2020年）》"坚持以人为本、全面实施素质教育是教育改革发展的战略主题"。2011年4月，《教育部办公厅关于在义务教育阶段中小学实施"体育、艺术2＋1项目"的通知》，提出"坚持全面发展，全面加强和改进德育、智育、体育、美育"的要求，全面实施素质教育。2013年10月，教育部决定开展全国农村学校艺术教育实验县工作，发布《教育部关于开展农村学校艺术教育实验县工作的通知》。素质教育规范发展阶段对素质教育教学及相关招生要求更加细化、规范化。该阶段在线美术教育蓬勃发展。2014年1月，《教育部关于推进学校艺术教育发展的若干意见》印发，指出"实施素质教育，改进美育教学，提高学生审美和人文素养，促进学生健康成长，教育部就推进学校艺术教育发展提出意见"。2015年5月，教育部关于印发《中小学生艺术素质测评办法》等3个文件的通知，制定了《中小学生艺术素质测评办法》《中小学校艺术教育工作自评办法》《中小学校艺术教育发展年度报告办法》。同年9月，《国务院办公厅关于全面加强和改进学校美育工作的意见》，要求"……把培育和践行社会主义核心价值观融入学校美育全过程"。2016年《中华人民共和国民办教育促进法》（简称"民促法"）修订，2018年民促法修订草案送审，"教育行业的产业化、金融化的趋势进一步得以深化"。2017年10月，教育部关于印发《学校体育美育兼职教师管理办法》的通知，"整合各方资源充实体育美育教学力量"。2018年12月，教育部发布了《关于做好2019年普通高等学校部分特殊类型招生工作的通知》，规定"除经教育部批准的部分独立设置的本科艺术院校（含部分艺术类本科专业参照执行的少数高校）外，2019年高校美术学类和设计学类专业一般不组织校考；2020年起使用省级统考成绩，不再组织校考"。2019年4月，教育部发布《关于切实加强新时代高等学校美育工作的意见》，"普通高校要强化面向全体学生的普及艺术教育"。2020年10月，中共中央、国务院印发了《深化新时代教育评价改革总体方案》，其中提到"要探索将艺术类科目纳入中考改革试点"。10月15日发布的中共中央办公厅、国务院办公厅《关于全面加强和改进新时代学校美育工作的意见》中也提出"要推进美育评价改革"。

二、市场前景广阔：市场潜在规模逐渐增长，扩大青少儿美术培训是主体美术中考与高考培训需求长期存在

美术教育发展离不开政策的支持，更离不开客观存在的市场需求：相较于普通中高考对考生文化课水平要求较高，千军万马过独木桥的情况，美术中高考的要求低于普通中高考，因此被学生家长视为一条重要的升学通道，而近年来，美术考生的增加，竞争压力的加大，进一步推动了艺考培训的发展。

近3年，我国每年18岁适龄人口数量为1700万~1800万，50%~60%会报名参加中高考，其中约5%即50多万人参加美术省考，外加每年仅参加美术校考的人数，保守估计全国美术高考生至少达60万人次，而参加美术中考的学生在40万人左右。与此同时，全国九大美院的本科招生名额没有明显增长，2019年平均录取率仅2.3%，头部美院入学竞争激烈，美术高考培训需求长期存在。

为了保证升学成功率，美术中高考生80%~90%都会在考前参加培训机构。培训内容以专业课为主、文化课为辅。培训平均客单价在4万~6万元，包括课程费、画材费等项目，部分高端协议班、校长班的价位甚至可以达到10万~20万，是普通K12课外辅导很难达到的水平。2019年我国美术培训市场规模在900亿~1050亿元，其中青少儿美术培训是主体，其占整个美术培训市场的比重超过80%。青少儿美术培训市场因用户基数大、参培率低、客单价低等因素在未来有很大的市场空间可供深挖。同时，我国美术艺考培训市场规模也从2015年的162.30亿元提升至2019年的259.90亿元，复合年增长率为12.49%。预计2022年其市场规模将达351.70亿元。加上中考新政策作为背景，升学和美育教育培养成为新时代艺术教育的主流指日可待。总的来说，对于整体行业及机构们而言，"新中考"政策可以带来以下方面的变化：

① 增加就业：为未来公立校美育类教师营造需求缺口，提供更多就业通道。

② 增加合作机会：为教学课程有品质、品牌美誉度高的美育类课外辅导机构提供了与公立校合作的契机。

③ 强化市场需求：提升课外培训美育科目的必要性，加速催化素质教育市场的发展，未来市场体量十分可观。

④ 加快客群细分：推动美育类机构进行市场细分，以满足不同层次，不同阶段的消费者需求。

三、资本市场青睐：美术培训机构发展迅速，未来市场体量可破千亿

美术培训机构最早是以艺考为主的辅导班，随着政策开放，国人对美育教育重视度增强，涌现出一批以青少儿为主的培训机构，引进国外素质教育理念进行教学；近几年在线教育风生水起，结合新冠肺炎疫情的特殊性，推动在线美术发展，并逐步向其他细分赛道进行拓展。

资本投资竞品与市场分析：

【资本青睐】某虹艺少儿美术获千万级A轮融资。2019年11月，少儿美术培训连锁品牌某虹艺少儿美术（苏州某虹艺教育科技有限公司）日前宣布完成千万元级别A轮融资，由沃赋资本独家投资，获投后估值近亿元人民币。

【资本青睐】某加儿艺术完成千万级B轮投资。2020年2月，少儿美育机构某加儿宣布完成千万级B轮投资，投资方为汇竑资本。未来某加儿艺术将持续在美术教育OMO模式上发力。

【资本青睐】杭州某鹰教育拟在创业板上市。2020年8月，杭州某鹰教育科技股份有限公司（简称"某鹰教育"）首次公开发行股票并在创业板上市，创业板IPO获得深交所受理并正式审核，2019年营收2.87亿元人民币。

总结分析：2020年的新冠肺炎疫情加速了在线艺术教育的发展，同时，10月份中共中央、国务院印发《深化新时代教育评价改革总体方案》，"要探索将艺术类科目纳入中考改革试点"；中共中央办公厅、国务院办公厅发布《关于全面加强和改进新时代学校美育工作的意见》，提出"要推进美育评价改革"，给素质教育艺术类培训机构带来了重大利好消息。"目前全国已经有4个省市推进艺术进中考，其中河南省已经做了部署，现在还只是在部分地市实行；江苏、湖南、云南三省都已经开始实行。另外，山东、四川、山西、内蒙古和吉林5省区已有12个地市开始实行美育中考这项改革，分值在10到40分之间。"

新中考这一政策改革，从宏观微观环境直接影响了业态的发展，当素质教育成为中考必考的科目时，其实就从素质赛道进入了应试辅导的一部分，即K12课外辅导的赛道分支之中。

虹彩艺术针对这一市场现状，开展中考美术课堂，将艺术课和文化课（历史、地理、政治）结合起来，既帮助了学生学习艺术，又不耽误文化课学习，一举两得，并且能巩固文化课知识，满足市场刚需，深受家长青睐。

【迁移训练】

在市场调研与营销环境分析的基础上，确定并描绘你的客户。分析研究"谁是你的客户"，找准你的目标市场，实施市场定位策略。

1. 在市场调研与营销环境分析的基础上，确定并描绘你的客户。

（1）描述你的当前客户：年龄段、性别、收入、文化水平、职业、家庭大小、民族、社会阶层、生活方式

（2）他们来自何处？本地、国内、国外、其他地方

（3）他们买什么？产品、服务、附加利益

（4）他们每隔多长时间购买一次？每天、每周、每月、随时、其他

（5）他们买多少？按数量、按金额

（6）他们怎样买？赊购、现金、签合同

（7）他们通过什么渠道了解你的企业？网络、广告、报纸、广播、电视、口头……其他（要注明）

（8）他们对你的公司、产品、服务怎么看？（客户的感受）

（9）他们想要你提供什么？（他们期待你能够或应该提供的好处是什么？）

（10）你的市场有多大？按地区、按人口、潜在客户

（11）在各个市场上，你的市场份额是多少？

（12）你想让市场对你的公司产生怎样的感受？这样的市场定位，会对企业产生哪些竞争力？

2. 根据以上资料，确定这一产品的市场定位，并拟出市场定位建议书。

【效果评价】

1. 考核内容

市场定位建议书

2. 评价标准

（1）内容完整、重点突出，正确运用所学知识进行分析。（40分）

（2）图文结合，言之有物，合理运用量化分析。（30分）

（3）有理有据，查找资料来源具有权威性。（30分）

【竞赛辅导】

根据 2021 年第七届中国国际"互联网+"大学生创新创业大赛评审要求，职教赛道创意组评审中强调"项目目标市场容量及市场前景，项目与市场需求匹配情况、项目的市场、资本、社会价值等情况，项目落地执行情况"；职教赛道创业组评审要求中强调"商业维度的成长性方面"，要求"重点考察项目目标市场容量大小及可扩展性，是否有合适的计划和可靠资源（人力资源、资金、技术等方面）支持其未来持续快速成长"。这就要求参赛团队特别是创意组参赛项目需要特别关注自身的市场定位分析，在前期市场分析和竞争对手分析的基础上能够形成对目标市场的有效把握，在这个过程切忌纸上谈兵，需要进行充分的市场论证和调查。

【知识链接】

1. 推荐书目

《销售巨人》（修订版 大订单销售训练手册理论篇+实践篇），[美]尼尔 雷克汉姆著，企业管理出版社 2006 年版

《定位》，[美]里斯·特劳特著，王恩冕等译，中国财政经济出版社 2002 年版

2. 视频案例链接

学习本项目内容的学员可观看下列学习视频，进一步加深理解。

请登录：http://v.163.com/movie/2011/7/V/T/M852BE5U0_M857DPKVT.html（东田纳西州立大学公开课：市场细分）

学习模块四

制定营销策略

项目六

产品组合设计

内容框架

建议学时：8学时，其中理论6学时，实训2学时
- 工作情境
- 创业案例
- 经典导入
- 知识要点
- 课堂讨论
- 阅读材料
- 思政小课堂
- 案例学习
- 营销小知识
- 迁移训练
- 效果评价
- 竞赛辅导
- 知识链接

知识目标
- 掌握整体产品和产品组合概念
- 熟悉产品市场生命周期理论及相应的营销策略
- 掌握新产品的概念及策略
- 掌握品牌的内涵及包装策略

能力目标
- 能够运用整体产品概念解决具体的营销问题
- 能够根据企业所处的产品市场生命周期的不同阶段制定营销组合方案
- 能够判断出各种宏观环境因素对企业的影响
- 能够运用新产品策略使企业充满活力
- 能够为企业制定品牌策略、合理运用包装策略

素质目标
- 提升学生的整体思维能力、组织和语言表达能力
- 能够在实践能力训练中锻炼团队协作能力

【工作情境】

现在小伙伴们新成立的公司已经进入了营销组合设计的环节。在前期学习 4P/4C/4R 理论基础上,公司的所有员工都清楚产品、价格、渠道和促销的组合是任何企业的营销活动无法回避的。近期公司将启动产品策略的设计,除了广泛开展同类产品设计的案例学习以外,大家也继续向广州虹彩艺术教育咨询有限公司取经。这次能有什么新收获呢?

【创业案例】

虹彩全科美术教育项目致力于打造一个专业的全科艺术课程体系的团队,进行美术师资培训输出与美术课程输出的产品服务(见表 6.1)。产品客户对象是各大公(私)立非美术教育专业综合性机构以及缺乏美育教师的幼儿园及中小学。

表 6.1 虹彩全科美术教育项目的产品/服务

产品或服务	主要特征
产品 A:少儿美术培训管理	开设少儿美术培训班,形成系统规范管理
产品 B:全科教育"三感"美术师资培训输出	四种专业合一(美术、学前、中文、英语)的技能创新培养结合院校师范类特色行业经济发展,促进单一教师转型"美育全科"教师
产品 C:全科教育"三感"美术原创课程教材输出	线上设立网上美术教材资源共享收费平台,线下作为产品销售给合作方作为教学使用

"全科教育"意指教育理念设计是基于现代小学所有学科课本重点难点知识与衍生出来的艺术课程融合为一体的教育体系,艺术课程包括美术绘画、音乐歌唱、乐器演奏、语言艺术、舞蹈表演、国学教育;"三感"意指情感、美感、灵感,其中情感体验内容包括提高学生对所学知识内容含义的理解,进而表达感情、抒发情愫的学习训练内容。美感体验内容包括通过课程设计内容环节提高学生对美学的认知和感受,从而学会欣赏美、创造美。灵感体验内容包括通过前面两种感知体验学习,学生能进行自由创作和发挥想象力。

阅读案例资料,问题讨论:
1. 虹彩艺术是如何定义自身的产品概念的?虹彩艺术的产品设计受哪些因素影响?
2. 产品组合的宽度、长度、深度和关联度如何体现?

经典导入

什么是产品?

1. 2015 年 9 月底,中国移动、联通、电信三大运营商宣布,从 2015 年 10 月 1 日起,手机月套餐内剩余流量当月不清零,并延期结转至次月底优先使用,次次月则失效清零。该服务面向所有手机月套餐用户,无须申请,系统默认开通。然而,10

月开始，陆续有移动用户发现自己的流量套餐消耗突然异常增多，广州的移动用户王先生发现自己三天时间就消耗了流量套餐的 90%，而这原本是他之前 20 多天的使用量，查询移动客服后，客服也没有给出明确原因，仅含糊表明属于系统异常，并在查询后的几分钟内将他的流量套餐恢复到了正常水平。

我们每个月的话费、流量费都买什么东西了？这属于产品吗？

2."双十一"购物节期间，刘小姐从网上买了一双鞋子，结果到货试穿之后发现尺寸不合适，经过与卖家的沟通，刘小姐决定将该鞋子退回卖家，并联系了快递人员上门取货，办好退货手续后，刘小姐向快递员支付了 10 元钱作为快递费。刘小姐的 10 元钱购买产品了吗？

✉ **知识要点**

6.1 整体产品与产品组合决策

6.1.1 整体产品

1. 产品的基本概念

指凡是能够在市场上得到的，用以满足人们某种欲望或需要的一切东西。包括实物、服务、场所、设计意识等各种形式。

2. 产品分类

在现代市场营销观念下，每一个产品类型都有与之相适应的市场营销组合策略。所以，要制定科学的市场营销策略就必须对产品进行科学的分类。根据不同特征可以将产品划分为不同类别，如图 6.1 所示。

（1）按产品的耐用性和有形性划分

按产品的耐用性和有形性可将产品划分为：耐用品，是指在正常情况下能够多次使用的物品，如住房、汽车；非耐用品，是指在正常情况下一次或几次使用即被消费掉的有形物品，如食品、化妆品；服务，是非物质实体产品，是为出售而提供的活动或利益，如修理、理发、教育等。

（2）按产品的用途划分

按产品的用途可将产品分为消费品和工业品两大类。而对消费品，按消费者的购买习惯又可分为下列 4 种：

① 便利品。是指消费者通常频繁购买或有需要随时购买，并且只花最少精力和最少时间去比较品牌、价格的消费品。例如，肥皂、报纸等。便利品可进一步分成常用品、冲动品以及救急品。常用品是顾客经常购买的产品，如牙膏；冲动品是顾客未经过计划或搜寻而顺便购买的产品；救急品是顾客的需求十分紧迫时买的产品。

② 选购品。是指消费者为了物色适当的物品，在购买前往往要去许多家零售商店了解和比较商品的花色、式样、质量、价格等的消费品。例如，儿童衣料、女装、家具等都是选购品。选购品挑选性强，消费者不知道哪家的最合适，且因其耐用程度较高不需经常购买，所以消费者有必要和可能花较多的时间和精力去许多家商店物色合适的物品。选购品可划分为同质品和异质品。同质选购品质量相似，但价格却明显不同，要选购。而对于服装、家具等异质选购品，产品特色比价格更重要。

③ 特殊品。是指消费者能识别的独特产品或名牌产品，而且习惯上愿意多花时间和精

力去购买的消费品。例如，特殊品牌和造型的奢侈品、名牌男服、供收藏的特殊邮票和钱币等。消费者在购买前对要物色的特殊品的特点、品牌等均有充分认识，这一点同便利品相似；但是，消费者只愿购买特定品牌的某种商品，而不愿购买其他品牌的某种特殊品，这又与便利品不同。

④ 非渴求物品。是指顾客不知道的物品，或者虽然知道却没有兴趣购买的物品。例如，刚上市的新产品、墓地、人寿保险等。非渴求商品的性质，决定了企业必须加强广告、推销工作，同时切实做好售后服务和维修工作。

图 6.1　产品的形式

对工业品，可以根据它们如何进入生产过程和相对昂贵这两点来进行分类。我们可以把工业品分成 3 类：材料和部件、资本项目以及供应品与服务。

① 材料和部件。是指完全要转化为制造商所生产的成品的那类产品。它们可分成两类：原材料、半成品和部件。原材料本身又可以分成两个主类：农产品和天然产品。半成品和部件可以用构成材料（如铁、棉纱）与构成部件（如马达、车胎）来加以说明。构成材料和构成部件通常具有标准化的性质，意味着价格与服务是影响购买的最重要因素。

② 资本项目。是指部分进入产成品中的商品。包括两个部分：装备和附属设备。装备包括建筑物（如厂房）与固定设备（如电梯）。附属设备包括轻型制造设备和工具（如手用工具），以及办公设备（如打字机、办公桌）。这种产品不会成为最终产品的组成部分，但在生产过程中起辅助作用。

③ 供应品和服务。是指根本不会形成最终产品的那类物品。供应品可以分为两类：操作用品（如润滑油、打字纸）和维修用品（如油漆、钉子）。供应品相当于工业领域内的方便品。商业服务包括维修或修理服务（如清洗窗户、修理打字机）和商业咨询服务（如法律咨询、广告设计）。

3. 整体产品概念

3.1 产品整体概念

狭义的产品是指生产者通过劳动生产出来，用于满足消费者需要的有形实体。现代营销意义上的产品，即广义的产品概念，又被称为产品的整体概念，指人们通过购买而获得的能够满足某种需求和欲望的物品的总和，它既包括具有物质形态的产品实体，又包括非物质形态的利益。在设计和销售产品时，市场营销者必须从产品的整体概念出发考虑产品，即市场营销产品的整合。产品整体概念包含核心产品、形式产品、期望产品、附加产品和潜在产品5个层次，如图6.2所示。

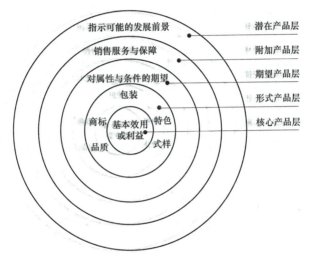

图6.2　整体产品概念的5个层次

① 核心产品层。核心产品又称为实质产品，是指产品能向顾客提供的基本利益和效用。这是产品最基本的层次，是满足顾客需要的核心内容。顾客购买某种产品，不是为了获得它的所有权，而是由于它能满足自己某一方面的需求或欲望。人们购买化妆品，并不是为了获得它的某些化学成分，而是要获得"美"。同样，人们买空调是为了"凉爽"。

② 形式产品层。形式产品是指核心产品借以实现的形式或目标市场对某一需求的特定满足形式。形式产品包含5个要素：包装、品牌、质量、式样、特征。这5个要素，物质产品都具备，而服务也具有相类似的要素，可能具备其中的部分或全部特点。形式产品是呈现在市场上可以为顾客所识别的，因此它是顾客选购商品的直观依据。

③ 期望产品层。期望产品是指顾客购买某产品时通常希望和默认的一组属性和条件。例如，旅客在寻找一旅馆时期望干净的床、洗漱用品、衣橱等。对没有特别偏好的顾客来讲，由于大多数企业的营销者都准备了一个期望产品，而且能够满足该类顾客的最低期望，所以获得该类产品的便利性成为选择这一产品的首选考虑因素。

④ 附加产品层。附加产品指顾客购买产品时所获得的全部附加利益与服务，包括安装、送货、保证、提供信贷、售后服务等。如今的竞争主要发生在附加产品的层次，这正如美国学者西奥多·莱维特指出的："现代竞争的关键，并不在于各家公司在其工厂中生产什么，而在于它们能为其产品增加些什么内容——诸如包装、服务、广告、用户咨询、融资信贷、

及时送货、仓储以及人们所重视的其他价值。每一公司应寻求有效的途径,为其产品提供附加价值。"能正确发展附加产品的公司必将在竞争中获得优势。

⑤ 潜在产品层。潜在产品是指最终可能实现的全部附加部分和新转换部分,或者说是指与现有产品相关的未来可发展的潜在产品。潜在产品指出了产品可能的演变趋势和前景。如彩色电视机可发展为录放影机、电脑终端机等。

产品的整体概念体现了以顾客需求为中心的营销观念。没有产品整体概念的充分认识,就不能真正贯彻现代市场营销观念。

✉ 阅读材料

洗衣机的营销产品整体

李太太准备把家里用了十几年的某名牌半自动洗衣机换掉,换成更加省力的全自动洗衣机。经过一番考察,李太太决定在某知名家电大卖场购买同品牌最近新出的一款全自动洗衣机。该家电卖场销售人员表示会在第二天为李太太送货上门,结果第二天李太太白等一天后打电话询问,对方却表示由于近期业务繁忙,没来得及送货。经过反复催促,最终洗衣机在一个星期之后送到李太太家里。经过试用,李太太发现新洗衣机比旧洗衣机洗衣服更加干净,外形时尚、大方,并且质量也非常不错。但是该家电卖场的送货服务让她十分不满。

李太太购买洗衣机的真正目的是什么?洗衣机的形式产品是什么?李太太对形式产品评价如何?李太太在购买洗衣机时享受到的附加服务是什么?她满意吗?

> ◆ **课堂讨论:产品整体概念对指导企业营销管理有何启示?**
> 提示:
> (1)使企业明确顾客所追求的核心利益的重要性。
> (2)企业必须特别重视产品的无形方面。
> (3)企业在产品上的竞争可以在多个不同层次上分别展开。

6.1.2 产品组合策略

一般情况下,企业不可能只经营单一产品,更不能经营所有的产品。产品组合策略是企业为面向市场,对所生产经营的多种产品进行最佳组合的谋略。其目的是:使产品组合的广度、深度及关联性处于最佳结构,以提高企业竞争能力和取得最好经济效益。

1. 产品组合的基本概念

① 产品组合(Product Mix),也称产品搭配(Product Assortment),指一个企业所生产经营的全部产品的总和,是企业提供给目标市场的全部产品线和产品项目的组合或搭配。即企业的经营范围和产品结构。

② 产品线(Product Line),又称为产品大类,是指密切相关的一组产品。产品线的划分可依据产品功能上的相似性、消费上的连带性、相同的顾客群与分销渠道或属于同一价格范围。

③ 产品项目(Product Item),指产品大类中各种不同品种、档次、质量、价格、技术结构和其他特征的具体产品,即产品线中不同品牌和细类的特定产品。

④ 产品组合的宽度（Width），是指该公司有多少产品线或产品大类，即产品线的数目。

⑤ 产品组合的长度（Length），产品组合的长度是指它的产品组合中所包含的产品品目总数。如果用总长度除以产品线数目就是公司产品组合的平均长度。

⑥ 产品组合的深度（Depth），产品组合的深度是指产品线中每种产品有多少花色、品种、规格。如"如佳洁士牙膏有3种规格和2种配方，其深度就是 $2 \times 3 = 6$"。

⑦ 产品组合的关联度（Consistency），产品组合的关联度是指各条产品线在最终用途、生产条件、分销渠道或者其他方面相互关联的程度。

✉ 阅读材料

茅台集团的产品组合

茅台集团产品组合的宽度是3条产品线，即白酒、啤酒、红酒；产品品目的总数是6个；茅台王子酒若有型号38度、43度和53度3种，茅台王子酒的深度是3；就从白酒、啤酒、果酒等几个方面来讲，其产品线具有很强的相容度。

2. 产品组合策略

企业在调整产品组合时，可以针对具体情况选用以下产品组合策略。

（1）扩大产品组合策略

扩大产品组合策略是开拓产品组合的广度和加强产品组合的深度。开拓产品组合广度是指增添一条或几条产品线，扩展产品经营范围；加强产品组合深度是指在原有的产品线内增加新的产品项目。具体方式有：在维持原产品品质和价格的前提下，增加同一产品的规格、型号和款式；增加不同品质和不同价格的同一种产品；增加与原产品相类似的产品；增加与原产品毫不相关的产品。

扩大产品组合的优点是：满足不同偏好消费者的多方面需求，提高产品的市场占有率；充分利用企业信誉和商标知名度，完善产品系列，扩大经营规模；充分利用企业资源和剩余生产能力，提高经济效益；减小市场需求变动性的影响，分散市场风险，降低损失程度。

> ❖ **课堂讨论**：海尔集团由单一的冰箱，发展到有空调、洗衣机、微波炉、电冰柜、展示柜、小家电等7大系列、65个系列、2 000多个品种，实现了名牌战略的发展，确立了在中国家电中的首要地位。海尔的产品组合是以何种策略为指导的？
>
> **提示**：扩大产品组合策略。

（2）缩减产品组合策略

缩减产品组合策略是削减产品线或产品项目，特别是要取消那些获利小的产品，以便集中力量经营获利大的产品线和产品项目。缩减产品组合的方式有：减少产品线数量，实现专业化生产经营。保留原产品线削减产品项目，停止生产某类产品，外购同类产品继续销售；缩减产品组合的优点有：集中资源和技术力量改进保留产品的品质，提高产品商标的知名度；生产经营专业化，提高生产效率，降低生产成本；有利于企业向市场的纵深发展，寻求合适的目标市场；减少资金占用，加速资金周转。

> ❖ **课堂讨论**：世界最大的日用消费品供应商宝洁公司于2014年8月1日突然宣布，将把旗下的品牌缩减一半以上。据悉，被裁撤的品牌均属于年度销售额在1亿美元以下的品牌。在此之前，宝洁已将旗下品牌"激爽""蜜丝佛陀""润妍"等撤出中国。此外，宝洁借飘柔品牌所推的高端价位的洗发品牌——倍瑞丝的业绩并未达到预期，或将在此次裁撤中退出中国市场。宝洁此番"瘦身"，是以何种策略为指导的？
> 提示：缩减产品组合策略。

（3）产品延伸策略

产品延伸策略是指全部或部分地改变企业原有产品的市场定位，将企业现有产品大类延长的一种行动。

当企业发展到一定规模和较成熟的阶段，想继续做强做大，攫取更多的市场份额，或是为了阻止、反击竞争对手时，往往会采用产品延伸策略，利用消费者对现有品牌的认知度和认可度，推出副品牌或新产品，以期通过较短的时间、较低的风险来快速盈利，迅速占领市场。产品延伸策略的种类包括：

1）向上延伸策略。

企业以中低档产品的品牌向高档产品延伸，进入高档产品市场。一般来讲，向上延伸可以有效地提升品牌资产价值，改善品牌形象，一些国际著名品牌，特别是一些原来定位于中档的大众名牌，为了达到上述目的，不惜花费巨资，以向上延伸策略拓展市场。

向上延伸是指企业原来生产低档产品，后来决定增加高档产品。其主要理由是：高档产品畅销，销售增长较快，利润高；企业估计高档产品市场上的竞争者较弱，易于被击败；企业想使自己成为生产种类齐全的企业。

采取向上延伸策略也要承担一定的风险。如可能引起生产高档产品的竞争者进入低档产品市场，进行反攻；未来的顾客可能不相信企业能生产高档产品；企业的销售代理商和经销商可能没有能力经营高档产品。

2）向下延伸策略。

即企业以高档品牌推出中低档产品，通过品牌向下延伸策略扩大市场占有率。

一般来讲，采用向下延伸策略的企业可能是因为中低档产品市场存在空隙，销售和利润空间较为可观；也可能是在高档产品市场受到打击，企图通过拓展低档产品市场来反击竞争对手；或者是为了填补自身产品线的空档，防止竞争对手的攻击性行为。

3）双向延伸策略。

双向延伸是指原定位于中档产品市场的企业掌握了市场优势以后，决定向产品大类的上下两个方向延伸，一方面增加高档产品，另一方面增加低档产品，扩大市场阵地。

无论是向上延伸策略、向下延伸策略还是双向延伸策略，这些策略的实行能够迅速为企业寻求新的市场机会，同时也会带来一定的风险。如果处理不当，可能会影响企业原有产品的市场声誉和名牌产品的市场形象，所以要谨慎采用。

3. 波士顿矩阵优化产品组合

这是一种根据产品市场占有率和销售增长率来对产品进行评价的方法，是由美国波士顿咨询公司提出的一种评价方法，又称四象限评价法。其内容如下：由市场占有率和销售额增长率这两个指标，以及它们的组合，应该有4种组合方式，如图6.2所示。

（1）明星产品（Stars）：明星类。这一类业务的市场增长率和相对市场占有率都高。对于此类产品应采取扶植策略——提供大量资金给市场占有率高、增长率高，因而获利大、有发展前途的产品，以满足其本身发展的需要，同时也有利于企业在市场竞争中地位的巩固。

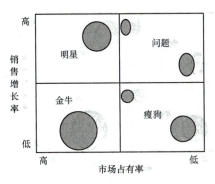

图 6.3 波士顿矩阵

（2）金牛产品（Cash Cow）：金牛类。该类业务的市场成长率低，相对市场份额高。这一类业务的销售量大，产品利润率高、负债比率低，可以为企业提供资金，而且由于增长率低，也无需增大投资，可以为其他业务提供大量现金。对于此类产品应采取收获策略——市场占有率已经相当高而增长率较低的产品。因而能为企业提供大量的稳定收入，故需要维持已有的市场地位，同时，由于其市场占有率的下跌已成为不可阻挡之势，可采用收获战略，所投入的资源以达到短期收益最大化为限。

（3）问题产品（Question Marks）：问题类。该类业务的市场增长率高和相对市场占有率低，大多数业务最初都处于这一类，问题类的业务如果经营成功，就会变成明星类业务。对于此类产品应采取选择性投资策略——即将那些经过改进可能会成为明星的产品进行重点投资，提高市场占有率，使之转变为明星产品；对其他将来有希望成为明星的产品则在一段时期内采取扶持政策。

（4）瘦狗产品（Dogs）：瘦狗类。该类业务的市场增长率低，相对市场份额也低，利润率低，处于保本或亏损状态，难以为企业带来收益。对于此类产品应采取淘汰策略——针对市场占有率低，增长缓慢甚至迅速下降的产品，实行减少或终止投资，清理和结束此种产品的生产和销售，以便把有限的资源投入更有利的产品市场中去。

✉ 阅读材料

糖果企业的产品组合

华东某糖果企业（以下简称"A 企业"）产品组合，产品主要有鲜奶糖、喜糖、喉糖、咖啡糖、水果糖、软糖，产品的年销售情况如表 6.2 所示。

表 6.2 A 企业产品的年销售情况

产品	销售额/万元	相对市场份额/%	同比增长率/%
鲜奶糖	1 500	1.3	20
喜糖	800	0.3	1
喉糖	500	0.5	15
咖啡糖	1 000	1.2	8
水果糖	2 500	1.5	5
软糖	4 000	2	12

A企业的管理层在分析其产品后决定对公司产品的未来发展战略进行调整。

（1）根据A公司对自身产品的分析，运用波士顿矩阵法对其产品进行划分。

明星类：鲜奶糖、软糖。这两种产品处于高速增长期，需要企业投入较大的资源去扶持和提升。这类产品通常会有两种情况：一种是产品随行业性普遍的增长而增长，俗语说是"搭了顺风船"；第二种是行业性没有增长，而本企业产品在高速成长。两种不同的增长必定是采用不同的营销策略的，所以必须要分清楚。对于A企业来说奶糖这个品类的增长是行业性的增长，那么奶糖的竞争相对来说较弱，资源投入也可以相对较小些，做些普通的促销推广工作就可以了，而软糖这个品类是企业产品的增长，而非行业性增长，那么这个增长意味着A企业需要从竞争对手处抢夺市场份额，则资源投入相对来说要大得多，而能否保持持续增长也并不只是取决于A企业自身的市场资源投入，同时要考虑的因素还有竞争对手对于市场的投入情况，所以A企业的鲜奶糖可以为企业提供一定的现金流，而软糖则是需要投入大量的资源，为企业贡献的现金流和利润相对来说就小很多了。所以对于这两个产品来说，鲜奶糖是一个可以重点培养的产品，而软糖则应该是费用控制型产品。金牛类：水果糖、咖啡糖。这两种产品市场增长率不高，但是市场相对占有率较高，可以为企业提供较好的利润来源，这类产品通常并不需要进行过多的市场维护和资源投入，其产品销量主要来自消费者的习惯性消费，产品的自然流动性较好，但是这类产品要随时注意竞争者的动态，以竞争为营销策略的导向。问题类：喉糖。这个产品有较高的市场增长率，但是市场占有率很低，通常这种增长更多的是行业性的增长，所以对于A企业来说，喉糖是一个机会，但是这个机会大小取决于竞争对手实力的强弱、资源投入的大小。A企业在喉糖的营销策略方面应该是在企业资源条件具备的前提下重点投入、有效投入。瘦狗类：喜糖。对于A企业来说，喜糖是一个相对市场占有率很低，市场增长率也很低的产品，对于这个产品，A企业进行资源投入的成效也不大，所以喜糖这个产品对于A企业来说应该放弃。

（2）假如你是A公司的管理者，请根据对产品的划分提出经营上的战略和建议。

结合产品的生命周期来看，企业最理想的状态是没有瘦狗类产品，金牛类产品、明星类产品占绝大多数，同时还应该有相当的问题类产品预备，那么，对于A企业来说，现在的产品结构是否合理，产品的中长期规划应该如何去进行，这同样在波士顿矩阵中可以分析出来。对于A企业来说，产品规划应该做好这么几件事情：A. 对于喜糖，进行详细的财务分析，在亏损的前提下将其淘汰；B. 如何提高喉糖的市场占有率，将其从问题产品转变为明星产品；C. 对于软糖和鲜奶糖，应该在稳定竞争的前提下降低费用率，使其能为A企业提供较好的盈利能力；D. A企业问题产品太少，无法支撑企业的长期发展，必须尽快研发新产品上市，使产品的更新换代可以更加及时。

6.2 产品市场生命周期与营销策略

6.2.1 产品市场生命周期概述

1. 产品市场生命周期概念

产品生命周期（Product Life Cycle，PLC）是指产品的经济寿命，即一种新产品从开发、上市,在市场上由弱到强又从盛转衰直至被市场淘汰的全过程。

2. 产品市场生命周期阶段的划分

从理论上分析,完整的产品市场生命周期可分为投入期、成长期、成熟期和衰退期 4 个阶段。销售额和利润额随产品进入市场的时间不同而发生变化,通常表现为近似正态分布的曲线,该曲线被称为产品市场生命周期曲线,如图 6.4 所示。

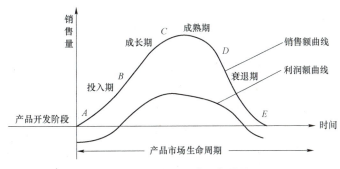

图 6.4　产品市场生命周期曲线

图 6.3 中,AB 段为投入期,是新产品刚刚进入市场的阶段,销售额缓慢增长;BC 段为成长期,销售额和利润额迅速增长;CD 段为成熟期,销售额和利润额缓慢增长并到达高峰后开始下滑;DE 段为衰退期,销售额和利润额急剧下降,产品即将退出市场。图中所示的产品市场生命周期曲线只是理论上的表现形态,在实际操作中,会呈现出形态各异的产品市场生命周期曲线,如有的产品在进入成熟期后,并未进入衰退期,而是又进入第二个成长期;而一些时尚产品或季节性产品一投入市场便掀起了销售高潮,很快进入成熟期,并很快退出市场。

> ❖ 课堂讨论:产品生命周期的含义是什么?
> 提示:
> (1)产品生命周期是指产品的"经济寿命"或"市场寿命",而不是产品的"自然寿命"或"使用寿命"。
> (2)不同产品的生命周期长短各不相同。
> (3)产品种类、产品形式和产品品牌生命周期的差别。

6.2.2　产品市场生命周期各阶段的特点及营销策略

1. 投入期的特点及营销策略

投入期是新产品进入市场的最初阶段,这一阶段的主要特点是:

① 生产批量小,制造成本高。新产品刚开始生产时,产品技术、性能不够完善,企业生产批量小、试制费用大、产品成本高。

② 营销费用高。新产品刚刚进入市场,消费者对其性能、质量、款式、价格等特征尚不了解,为了吸引消费者注意并引导消费,企业需做大量广告宣传,推销费用大。

③ 销售数量少,利润低。新产品刚投入市场,不为消费者所了解,消费者对新产品尚未接受,销售渠道也难以立即打开,因此销售量增长缓慢,再加上这一时期的成本和费用较高,因此企业利润较少甚至出现经营亏损,但这个阶段市场竞争者较少。企业一旦建立有效的营销系统,即可以将新产品快速推进导入阶段,进入市场发展阶段。

④ 产品的价格常常偏高。由于新产品刚进入市场，竞争者少，通常要制定较高的价格，以尽快收回成本。

⑤ 只有少数企业生产，市场上竞争者较少，尚未建立理想的营销渠道和高效率的分配模式。

在投入期，企业的主要经营目标是迅速将新产品打入市场，尽快形成批量生产能力，并尽可能缩短这一时期，促使产品尽早进入快速成长期。针对这一时期，企业可采取的策略有4种：

第一，快速撇脂策略。快速撇脂策略是指以高价格和高促销水平推出新产品的策略。实施这一策略必须具备一定的市场条件，即市场上有较大的需求潜力；目标消费者具有求新心理，急于购买此种商品，并愿意支付较高的价格；企业面临潜在竞争者的威胁，需要及早树立品牌形象。

第二，缓慢掠取策略。这是以高价格和低促销水平推出新产品的策略，其目标在于获取尽可能多的盈利。实施该策略的市场条件是：市场规模相对较小，竞争威胁不大；市场上大多数用户对该产品没有过多疑虑；适当的高价格能为消费者所接受。

第三，快速渗透策略。快速渗透策略是指用低价格和高水平促销费用推出新产品的策略。该策略的目的是迅速打入市场，提高市场占有率。实施这一策略的市场条件是：市场容量足够大；潜在消费者对产品缺乏了解，并且对价格十分敏感；潜在竞争比较激烈；产品单位制造成本可随生产规模的扩大而大幅降低。

第四，缓慢渗透策略。缓慢渗透策略是指以低价格和低促销水平推出新产品的策略。低价格是为了促使消费者能尽快地接受新产品，低促销则可以实现更多的利润。采用这一策略的市场条件是：市场容量大；潜在消费者易于了解此项新产品，且对价格十分敏感；低价格可以阻止一部分竞争者进入该市场。

2. 成长期的特点及营销策略

产品经过投入期后，开始进入快速成长期。这一时期的主要特征是：

① 产品基本定型且大批量生产，成本大幅下降。

② 消费者对产品已相当熟悉，销售量急剧上升，利润也随之增长较快。

③ 大批竞争者纷纷介入，竞争显得激烈等。

在成长期，企业营销策略的重点是：

① 进一步提高产品质量，增加其花色品种、式样、改进包装，增强企业的品牌意识。

② 在大量生产的基础上适当降价，以吸引更多的消费者，并抑制竞争。

③ 增加分销渠道，扩大商业网点。

④ 加强促销环节，树立产品形象，重心应从建立产品知名度转移到树立产品形象。

⑤ 开拓新市场，在原有市场的基础上开拓新的市场。

3. 成熟期的特点及营销策略

产品经过成长期销售量迅速增长的一段时间以后，销售量的增长开始缓慢下降，从而进入成熟期，这一时期的主要特征有：

① 产品结构基本定型，工艺成熟，生产批量大，生产成本降至最低程度，价格开始下降。

② 销售量虽有增长，但已接近和达到饱和状态，增长率呈下降趋势。

③ 许多同类产品和替代品进入市场，竞争十分激烈。

④ 利润达到最高点，并开始下降。

企业在成熟期可采取的具体营销策略有：

① 产品改进策略，也称产品再推出策略，是指通过对产品本身的改变来满足不同消费

者的需求，以扩大产品的销售量。产品改良的具体方法有质量改良、特性改良和形态改良等。如苹果手机型号从 iPhone4 更新换代到 iPhone12。

② 市场改进策略，也称市场多元化策略。它不是要改变产品本身，而是通过发现产品的新用途，创造新的消费方式，从而开发出新市场，或寻求新用户，使产品销售量扩大的策略。

③ 营销组合改良策略。市场营销组合改良策略是指改变某些市场营销组合的因素，以延长产品成熟期，增加销售量。如运用降低价格、改进包装、扩大分销渠道、采用新广告、加强销售服务等手段刺激现有顾客增加使用率。

④ 开发新产品，淘汰老产品。在这个阶段，由于许多同类产品和替代品进入市场，企业要不断地开发新产品，淘汰老产品。

4. 衰退期的特点及营销策略

在成熟期的后期，产品的销售开始急剧下降，利润水平也不断下降，产品开始进入衰退期，这一时期呈现以下特点：

① 产品销售量由缓慢下降变成迅速下降，消费者的兴趣已经完全转移，价格下降到最低水平。

② 利润明显下降，多数企业无利可图，被迫退出市场。

③ 留在市场上的企业逐渐减少产品的附带服务，削减促销预算以维持最低水平的经营。

企业在衰退期应采取的具体营销策略有：

① 继续经营策略，也称自然淘汰策略，是指企业继续沿用过去的营销策略，直到产品完全退出市场为止。当企业在该市场上有绝对支配地位，且产品竞争者退出市场后，该市场仍有一定潜力时，可以采取这一策略。

② 集中策略。集中策略是指企业把全部能力和资源都集中在对企业最有利的细分市场和销售渠道上，放弃那些没有盈利机会的市场，也就是集中优势力量，以保住最有利的市场，赢得尽可能多的利润。

③ 收缩策略。抛弃无希望的顾客群体，大幅度降低促销水平，尽量减少促销费用，以增加目前的利润。这样可能导致产品在市场上的衰退加速，但也能从忠实于这种产品的顾客中得到利润。

④ 立即放弃策略。立即放弃策略是指企业停止生产处于衰退期的产品，推出新产品或转产其他产品。当企业现有产品无潜在市场机会，或新一代产品已经上市且前景看好时，应果断放弃老产品，把企业生产技术、经营渠道、广告宣传等转移到新产品上。

综上所述，产品市场生命周期各个阶段有不同的特点，企业应根据每一阶段的具体情况制定相应的营销策略。

> **❖ 课堂讨论：请您对 PLC 理论的观点发表自身的评价意见。**
> 提示：
> （1）产品的生命是有限的。
> （2）产品销售经历不同的阶段，每一阶段都对销售者提出了不同的挑战。
> （3）在产品生命周期不同的阶段，产品利润有高有低。
> （4）在产品生命周期不同的阶段，产品需要不同的营销、财务、制造、购买和人力资源战略。

6.2.3 延长产品市场生命周期的方法

产品市场生命周期总的趋势是不断缩短的,这主要是由技术进步、市场竞争、政府干预和消费者需求等多种因素决定的。企业不能改变外部环境,但可以通过调整营销策略来延长产品市场生命周期。所谓延长产品市场生命周期,并不是延长它的每一个阶段,而只是延长能给企业带来较大销量和利润的成长期和成熟期,主要方法有以下几种:

1. 加大促销力度,促使消费者增加使用频率,扩大购买

即使产品处于稳定发展时期,企业仍要重视提高产品质量和服务质量,运用人员促销、广告宣传、公共关系、营业推广等促销组合,树立产品信誉、培养消费者的品牌偏好、促成购买习惯,以增加产品使用频率、扩大销售。

2. 对产品进行改进

企业要根据市场反馈的信息,不断改进产品的特性,开发产品新的功能,革新产品款式、包装等,以留住老顾客,吸引新顾客。产品改进的方式主要有质量改良、形态改良和特征改良等。

3. 开拓新市场,拓展顾客群

由于不同地区的市场消费存在明显的差异性,企业可以利用这种差异性开拓新的市场,如有的产品在城市市场已经萎缩之后,可以向农村市场发展。对消费者也是如此,化妆品市场以前是以女性消费者为主导,现在要积极争取男性消费者,还要满足儿童市场和老年市场的需求等。

4. 开拓产品新的使用领域

有些产品用途随着生产力发展、科技进步和消费水平提高而不断扩展,产品的市场生命周期也必然得以相应延长。如纸的用途过去主要是书写和印刷,现在扩展到餐巾纸、装饰纸、卫生纸、纸桌布等。

6.3 新产品开发策略

6.3.1 新产品的含义和种类

1. 新产品的含义

市场营销学上的新产品与科技开发意义上的新产品并不完全相同。市场营销学所讲的新产品内容更广泛,并不一定是新发明的产品,对新产品的定义可以从企业、市场和技术三个角度进行。对企业而言,第一次生产销售的产品都叫新产品;对市场来讲则不然,只有第一次出现的产品才叫新产品;从技术方面看,在产品的原理、结构、功能和形式上发生了改变的产品叫新产品。营销学的新产品包括了前面三者的成分,但更注重消费者的感受与认同,它是从产品整体性概念的角度来定义的。凡是产品整体性概念中任何一部分的创新、改进,能给消费者带来某种新的感受、满足和利益的相对新的或绝对新的产品,都叫新产品。

2. 新产品的种类

根据产品的新程度,新产品一般可分为以下 4 种:

① 全新型新产品。全新型新产品是指应用新原理、新技术、新结构、新材料研制开发的前所未有的新产品。如电视机、微波炉、手机、计算机等最初上市时都是全新的产品。这类产品往往是伴随着科学技术的重大发现而诞生的。一个全新产品的出现,要耗费大量的人力、物力和财力,并不是轻易能够得到的。该新产品在全世界首先开发,能开创全新

的市场。它占新产品的比例为10%左右。

② 换代型新产品。换代型新产品是指在原有产品的基础上，部分采用新技术、新材料和新结构研制的，在性能上有显著提高的产品。如从黑白电视机到彩色电视机，再到平面、液晶、等离子电视机等。相对于全新产品来说，换代型新产品更容易获得，也是企业产品创新所追求的主要形式。随着科学技术的迅猛发展，产品更新换代的速度越来越快。

③ 改进型新产品。改进型新产品是指对原有产品在质量、结构、功能、材料、花色品种等方面做出改进的产品。如山地自行车、多功能电风扇等。一般来说，改进后的产品性能更优良、结构更合理、使用更方便、功能更齐全。它是依靠企业自身力量较容易开发的新产品，因此成为企业产品创新的最主要形式。

④ 仿制型新产品。仿制型新产品是指市场上已经存在的，而本国、本地区或本企业初次仿制并投放市场的产品。这种产品对较大范围的市场来说已不是新产品，只是相对于企业来说，是用新工艺、新设备生产出来的与原有产品不同的产品，仍然可称为企业的新产品。如我国企业生产的电视机、冰箱等都属于仿制型新产品。企业在仿制时，要注意产品是否侵权等问题。

6.3.2 新产品开发的意义

随着科学技术的迅猛发展，市场竞争日益激烈，企业也更加意识到新产品开发的重要意义。

① 新产品开发是提高企业核心竞争力、促进企业可持续发展的需要。随着市场经济的发展，市场竞争的日益加剧，企业只有不断提高技术水平、研制开发新产品，才能保持竞争优势。

② 新产品开发是适应消费者需求变化的需要。企业的市场营销活动就是要不断地发现并设法满足消费者的需求。由于社会生产力的发展和科学技术的不断进步，消费者需求不断向多样化和高品质发展，这就要求企业不断地开发新产品以适应需求的变化。

③ 新产品开发是产品市场生命周期理论的要求，在新知识经济时代，新技术转化为新产品的速度越来越快，产品的市场生命周期越来越短，40年前平均周期是8年，20年前为5年，10年前为3年。产品市场生命周期理论揭示了产品更新换代是市场发展变化的一种必然结果。作为企业，只有不断开发出顾客所需要的新产品，才能赢得竞争优势。

④ 新产品开发是提高企业经济效益和社会效益的重要途径。一个成功的企业要密切关注产品所处的市场生命周期阶段，及时淘汰那些不适应市场需要、销售额和利润额在不可逆转地下降的产品。在原有产品进入衰退期之前适时地推出新产品，新产品会刺激新的消费需求，实现企业的经济效益。同时，新产品使高新技术被广泛应用到生产、生活的各个方面，方便了生产，提高了生活质量，有利于提高企业的社会效益。

6.3.3 几种具体的新产品开发策略

新产品开发策略很多，企业如何选择是个很关键的问题，要根据企业的实际情况、产品情况、市场情况和竞争情况来确定。下面介绍一些常见的新产品开发策略。

1. 抢占市场策略

在高速发展的市场经济条件下，高新技术发展的速度与商业利润的增长已成正比，谁先获得新技术，并将其转化为产品，谁就能在市场上捷足先登，取得丰厚的利润。企业要创立一套科学完善的信息管理系统，收集包括科技环境在内的各种信息，及时捕捉环境中蕴藏的机会，并加以利用，开发出新产品，把握市场先机。

2. 改进现有产品策略

改进现有产品策略是指针对现有产品，开发出更多能满足消费者需求的新用途、新功能的产品开发策略。如手机在保持原有的通信功能外，又新开发出收音机、可视通话、卫星定位导航等功能；在普通雨伞上加防紫外线的材料，就变成了晴雨两用伞等。这种策略开发费用比较低，成功的可能性比较大。

3. 挖掘顾客潜在需求策略

挖掘顾客潜在需求策略是指通过挖掘市场潜在需求，创造出新的市场的策略。潜在需求是指顾客对市场还没出现的产品的需求，企业通过开发新产品，引导新的消费需求，创造一个新的市场。

4. 仿制产品策略

仿制产品策略是指对市场上已经畅销的产品或优质产品进行分析研究，在此基础上加以模仿、改进，开发出自己的新产品的策略。这种仿制的新产品要在性能上有所改进或价格更低一些，有新的特色。同时，还要注意不要侵权。如娃哈哈的"非常可乐"就是在可口可乐同类产品基础上的仿制。这种策略可以缩短与先进技术水平之间的差距，更快地推出被市场认可的产品。

6.3.3 新产品开发的步骤

1. 寻求创意阶段

构思形成阶段主要是寻找产品的构思，以满足某种新需求。新产品的构思可来源于顾客、竞争者、企业销售人员、技术人员、中间商、市场信息部门、技术研究部门等。

2. 甄别创意阶段

征求到创意构想之后，还要进行抉择和取舍。筛选工作可从以下几方面入手，进行创意评估：新产品的需求潜量是否充足；新产品与企业现有能力是否适应；新产品的竞争力与盈利能力如何。

3. 产品概念的形成和筛选阶段

产品概念是企业从消费者的角度对构思的详尽描述，是把构思想法具体化的过程。在产品概念的形成和筛选阶段，企业必须考虑谁将使用新产品、新产品能满足用户什么需要与欲望以及在什么场合使用等问题；企业还要从销量、盈利与企业研制产品的关系等方面，确定所需的产品概念。

4. 制订营销计划阶段

确定产品概念后，需要制定粗略的市场营销战略，以便进一步从销售、成本和利润方面进行盈亏分析。营销战略由 3 部分组成：第一部分要确定目标市场、产品定位，以及最初几年内的销售额、市场份额和利润目标。第二部分要确定产品的预期价格、分销渠道和营销预算。第三部分要说明新产品预期的长期销售额和利润目标。

5. 商业分析、效益分析阶段

商业分析是指分析新产品的预计销售量、成本和利润估计情况，以了解其是否符合企业的目标。

6. 进行产品开发阶段

若产品概念通过了以上各阶段，便可进入试制实体产品阶段。新产品必须具备产品概念描述的各种特点和属性，还要经过严格的技术测试和消费者测试，取得各方面对新产品的考核意见后，以预算的生产成本进入正式投产阶段。

7. 市场试销阶段

试制品经过测试合格后，就可以采用品牌名称、设计包装使产品连同市场营销方案投入更加逼真的环境中试销。当产品的成本很低、对新产品非常有信心、由比较简单的产品线扩展而来或模仿竞争者的产品时，企业可以不进行或只进行很少量的试销。但是，当产品投资很大或企业对产品或营销方案信心并非很足时，就必须进行时间较长的试销。

8. 批量生产阶段

即正式向市场推出试销成功的新产品。企业需要决定投放时间、投放地区、目标市场和营销策略。

其过程如图 6.5 所示。

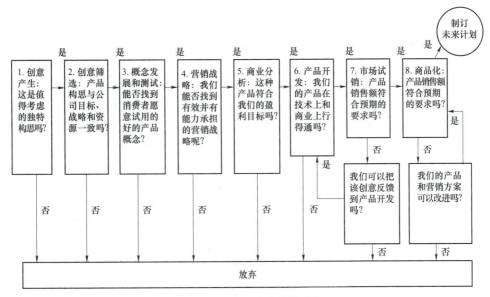

图 6.5　新产品开发决策过程

可口可乐总裁曾经骄傲地说即使全世界的可口可乐工厂在一夜间被烧毁，他也可以在第二天让所有工厂得到重建。这不是自夸，而是他很明白"可口可乐"这个名字的价值。

6.4　品牌策略

6.4.1　品牌概述

1. 品牌的定义

品牌是企业整体产品的一个重要组成部分。品牌不仅有利于产品的销售，而且可以增加产品的价值。品牌主要由品牌名称、品牌标志以及商标因素构成。品牌俗称牌子，一种名称、术语、标记、符号或图案，或是以上几种形式的相互组合，用来识别不同产品或服务，并使之与竞争对手的产品或服务区别开来。

① 品牌名称。品牌名称是指品牌中可以用语言称呼的部分。如海尔、娃哈哈、蒙牛等都是我国著名品牌的名称。

② 品牌标志。品牌标志是指品牌中可以被识别但不能用语言称呼的部分，通常由图案、符号或特殊颜色等构成。

③ 商标。商标实质上是一个法律名词，是指经过注册登记已获得专用权并受法律保护的一个品牌或一个品牌的一部分。在我国，习惯上把所有品牌称为商标，而且另有"注册商标"和"非注册商标"之分。注册商标有"®"标识，其所代表的产品一般来说质量高、特色鲜明、包装比较规范；非注册商标则不受法律保护，所代表的产品一般来说质量不稳定，特征不明显，包装、广告等费用较低。这里所说的商标指注册商标。

> ❖ **课堂讨论：品牌与商标的关系。**
> 提示：
> 　　品牌是一种名称、术语、标记、符号或设计，或是它们的组合运用，其目的是借以辨识某个销售者或销售者集团的产品或服务，并使之同竞争对手的产品和服务区别开来。把品牌或者品牌的一部分到工商局登记注册后就形成了商标。商标法规定：商标使用的文字、图形或者其组合，应当有显著特征，以便识别。同时规定商标注册人享有商标专用权，受法律保护。
> 　　虽然品牌与商标都是用来标识商品，起识别商品的作用，但是也存在许多区别：商标更偏重于是一个法律概念，如注册商标；品牌更偏重于是一个管理概念，用来传播企业或产品形象。商标管理的重点在于组成商标的文字、图案、颜色或者其组合的设计和保护；而品牌管理的重点在于赋予品牌以形象意义和建立品牌资产。一般来说，商标管理是品牌管理的一个内容。
> 　　可以说，所有的商标都是品牌，但是并非所有的品牌都是商标，只有注了册的品牌才是商标。

2. 品牌的内容

品牌是一个复杂的符号，是企业的无形资产，蕴含着丰富的市场信息。一个品牌能表达出6层意思，下面以奔驰汽车为例进行说明。

① 属性。品牌代表着某种特定的商品属性，这是品牌最基本的含义。奔驰牌轿车意味着工艺精湛、制造优良、昂贵、耐用、信誉好及行驶速度快等。这些属性是奔驰生产经营者广为宣传的重要内容。多年来奔驰的广告一直强调"全世界无可比拟的工艺精良的汽车"。

② 利益。品牌体现着某种特定的利益，顾客购买商品实际上是购买某种利益。品牌是产品效用和利益的具体体现。就奔驰品牌而言，"工艺精湛、制造优良"的属性可以转化为"安全"这种功能性利益。消费者看重的不是品牌本身，而是品牌所代表的产品效用和给消费者带来的利益。

③ 价值观。品牌体现了生产者的某些价值观。奔驰代表着高效、安全、声望等。

④ 文化。品牌代表着独特的文化。奔驰品牌蕴含着"严谨、有组织、高效率和高品质"的德国文化精神。

⑤ 个性。品牌反映一定的个性。不同的品牌会让人产生不同的品牌个性联想。奔驰会让人想到一位严谨的老板、一只飞奔的猎豹。

⑥ 使用者。品牌暗示了购买或使用该产品的消费者类型。事实上，产品所表示的价值、文化和个性，均可反映到使用者身上。

3. 品牌的作用

正是品牌所包含的丰富的内容，决定了品牌所具有的重要的作用。

(1) 品牌对于消费者的作用

① 有利于消费者辨认、识别及选购商品。品牌有助于消费者识别和购买商品。品牌所表示的独特的个性特征，促使消费者产生消费偏好，形成对品牌的忠诚度，从而使企业建立稳定的顾客群，增加重复购买，扩大销售。

② 有利于维护消费者利益。消费者选择品牌也是选择权益，良好的品牌往往有着比较完善的售后服务。选择品牌商品，也能够最大限度避免上当受骗，使得消费者能够降低精神风险和经济风险。

③ 有利于促进产品改良，满足消费需求。品牌也是为消费者提供优质产品和服务的保障，消费者如果信任一个品牌，也会对该品牌的产品长期购买，这样二者就会形成一种长期的契约关系。

(2) 品牌对营销者的作用

① 有利于促进产品销售，树立企业形象。品牌有助于树立组织形象，促进产品销售，是企业的无形资产和财富。品牌以其简洁、明快、独特、易读易记的特征，在消费者心目中树立良好的组织形象，使消费者在对品牌信任的驱使下产生购买欲望。

② 有利于保护品牌所有者的合法权益。品牌有助于保护企业的合法权益。品牌经过注册后获得商标专利权，其他企业和个人未经允许不得仿冒侵权，从而保护品牌所有者的合法权益。同时，品牌也对使用者的市场行为起到约束的作用，促使企业重视产品质量、规范市场行为。

③ 有利于扩大产品组合，促进产品改良，满足消费需求。为适应市场竞争的需要，企业需要同时生产多种产品。因此，依据市场变化，不断开发新产品、淘汰市场不能继续接受的老产品是企业产品策略的重要组成部分，而品牌则是支持其新产品组合（特别是扩大的产品组合）的无形力量。一个新产品进入市场，面临着巨大的风险，而且投入成本也相当大，但是企业可以成功地进行品牌延伸，借助于已经成功或知名的品牌，扩大企业的产品组合或延伸产品线，采用现有的知名品牌，利用其一定的知名度和美誉度，推出新产品，能够大大减少推广成本。

④ 有利于约束企业的不良行为。品牌有助于企业保持良好的产品品质，也便于消费者对产品进行评价和监督，有利于提高企业竞争力，维护企业和消费者的合法权益。

⑤ 有利于企业实施市场细分战略。品牌反映了不同企业产品质量、特点、等级，有利于营销人员按品牌质量实行区别价格，名优品牌的商品还会使消费者显示其生活档次和品位，获得心理满足。

(3) 品牌对整个社会的作用

优良的品牌不仅是企业的无形资产，能给品牌带来直接和长远的经济效益，而且是社会的宝贵精神文化财富，对大众的思想意识和生活观念产生重要的影响。

✉ **阅读材料**

隆江猪脚饭的品牌困境

沙县小吃开遍了全国，开始集团化运营；兰州牛肉面，也闯出了名头，成为风投青睐的对象；甚至连柳州螺蛳粉也以"臭"出圈，成为大网红。同样作为地方特色美食的隆江猪脚饭，能否借鉴沙县小吃、兰州牛肉面和柳州螺蛳粉的成功之道呢？可是现实中，隆江猪脚饭仍然处于有品类无品牌的阶段。

隆江猪脚饭好吃又有群众基础，但是为什么出不来大品牌？红餐网认为，隆江猪脚饭要品牌化发展，还有很长的路要走，而在这之前，还需要克服以下问题：

1. 低端廉价的形象至今尚未打破

在某平台上搜索"隆江猪脚饭",发现大部分餐厅的综合评分都在3.5分左右,消费者的具体点评也是褒贬不一。其中好评的关键词大多是方便、快捷、便宜,而差评主要集中在口味和环境上,分数大都在2.5~3分。大部分猪脚饭成了"低端""廉价"的代名词。在广州、深圳的打工人圈子里,也一直流传着这么一句话,"在广东混得差,你就有吃不完的猪脚饭"。很明显,在大多数人的印象里,隆江猪脚饭依然是挂着红底黄字或者是绿底黄字的艳俗招牌,门口摆着一个玻璃柜的街边苍蝇馆子形象。而创业者要想将隆江猪脚饭品牌化,要想打破消费者的固有印象,必定要耗费大量的精力。

2. 统一的制作流程或标准难制定

曾经,一位餐饮连锁品牌战略顾问如此点评沙县小吃:"目前市面中绝大部分沙县小吃餐厅,还是延续了曾经那种夫妻店的草台班模式。沙县品牌旗下的资产,规模体量确实很大,但是很难形成统一的效应,因为大家没有统一的利益,也没有统一的价值观,刚开始的发展是放任自流,到后面就很难再聚拢到一起。"这些话放在隆江猪脚饭上也很合适。目前,市面上的隆江猪脚饭,几乎99.9%都是夫妻店:老板为卤制厨师及斩料师傅,老板娘则负责收银打包。而因为卤汁的配方各家各有不同,加上卤制的手法也有差异,不同门店的隆江猪脚饭其实在口味上是有差别的。这也导致出现了不少食客认准某一家猪脚饭的味道,认为那才正宗的现象。如果隆江猪脚饭要品牌化发展,如何统一规范?绝对是一个大难题。即使隆江政府把隆江猪脚饭打造成一条产业链,形成统一的采购、配方、加工、配送、供应等管理模式,也很难将市场上成千上万的隆江猪脚饭小店统一规范化。

3. 市场鱼龙混杂,产品质量参差不齐

红餐网在网上搜索隆江猪脚饭,最先出现的是一堆加盟信息和各种关于隆江猪脚饭的培训网,淘宝上也有大把这样的教程,里面都清晰写着正宗隆江猪脚饭商用技术、经典老卤配方、视频教程、一对一辅导包学会……

4. 口味单一,消费场景受限

另外,隆江猪脚饭要发展还受到味型的限制。隆江猪脚饭的做法以卤为主,这就导致其味型比较单一。加上卤制品多为猪脚、鸡腿等肉类,咸香的口感使得猪脚必须配饭和酸菜等食用,不然吃多易腻。这就将隆江猪脚饭限制在午餐、晚餐两个消费场景中。

目前来看,隆江猪脚饭市场空间虽有,但问题和痛点也不少。未来,如何将隆江猪脚饭品牌化、连锁化发展,这个就涉及整个产业链升级的问题。而这仍然还有很长的一条路要走。

(摘录自36氪网《在广东遍地开花的隆江猪脚饭,为什么跑不出品牌?》)

思考:隆江猪脚饭的有品类而无品牌,对社会产生了什么损失?

提示:无品牌不利于消费者辨认、识别及选购商品。不利于产品改良、满足消费需求。

6.4.2 品牌的制作

1. 品牌的设计

品牌设计是一种艺术和技巧在经营中的展现,在品牌设计中要遵循以下原则:

① 所设计的品牌要简洁醒目，易读易记。品牌的重要作用是有助于识别商品，为此，要使消费者见到后留下深刻印象，起到广告宣传的作用，必须简洁明了、一目了然。同时，在语言、文字上要易于拼读、辨认、记忆；图案要清晰、线条流畅、和谐悦目。

② 所设计的品牌要新颖别致，突出个性。品牌设计要力求构思新颖、造型美观，既要有鲜明的特点，又要突出企业或产品的特征，暗示产品的属性。如宝洁公司生产的去头屑洗发水采用海飞丝的品牌名称联想丰富、寓意深刻，其中文名称"海飞丝"让人联想到平滑而飞扬的秀发，代表海洋的蓝色又给人以清凉舒爽的感觉，突出了产品特有的属性。

③ 所设计的品牌要易于发音，利于传播。心理学研究表明，人们的注意力很难同时容纳 5 个以上的要素。根据这一特点，品牌的设计要力求简短，容易发音，并有利于广泛传播。如可口可乐、百事可乐均易发音又易于记忆传播，成为世界上最畅销的饮料标记。我国的海尔、娃哈哈等品牌名称也因其易发音、易记忆，深受人们喜爱，成为著名品牌。

④ 所设计的品牌要寓意深刻，富有韵味。品牌或商标的设计应通过形象或含蓄的文字、图案等恰如其分地表现、隐喻商品的特征或风格，使人产生美好的想象与回味。如上海生产的永久牌自行车，产品名称和标志均给人以美好的回忆，既表示产品质量的可靠与稳定，也喻示企业发展的悠久历史。同时，品牌名称与品牌标志要协调一致，恰当地反映产品属性。

⑤ 所设计的品牌要严肃。品牌的文字、名称、图案、符号要符合《中华人民共和国商标法》的规定，不得同中国或外国的国家名称、国旗、国徽、军旗、勋章等相同或相似，不得同国际组织的旗帜、徽记、名称相同或相似，不得同"红十字""红新月"的标志、名称相同或相似，不得带有民族歧视性或带有欺骗性，不得有损社会主义道德风尚。

2. 品牌的命名

品牌设计的关键在于品牌的名称。企业品牌命名的方法很多，可供选择的命名方法有以下几个：

① 以产地或生产厂家命名。以产地命名多用于有名气的土特产品的命名，如"西湖龙井茶"就是以产地杭州西湖而命名；有的产品生产厂家有名望、历史悠久、有专利技术等，可以用生产厂家来命名，以树立企业形象。如"海尔冰箱""全聚德烤鸭"等。

② 以人物命名。该方法以历史人物、传奇人物、产品的设计者以及对产品有特别偏好的名人姓名命名，可以衬托和说明产品品质，引起消费者敬仰，借物思人，因人忆物借以提高产品身价。如"劳斯莱斯"汽车品牌就是以人物命名的。查理·劳斯和亨利·莱斯是劳斯莱斯公司的创始人，两人的出身、爱好、性格完全不同，但对汽车事业的执着和向往，使他们成为一对出色的搭档。

③ 以制作工艺命名。该方法是为了突出产品的特殊制作工艺，便于消费者了解产品制造技术。如北京白酒"二锅头"，就是用蒸酒的方法命名的，其产品具有两次换水的特点，能使白酒香气浓郁。这种方法既能满足消费者求知的需要，又能使消费者对产品质量产生信任感。

④ 以外形命名。以商品的外形来命名，可突出产品优美或奇异的造型与特点，引发消费者的兴趣和注意，如棒棒糖、手指饼等。

⑤ 以译音命名。该方法用于进口产品、合资产品、化工产品、西药、纺织品和食品等的命名。如"可口可乐"是英文"Cocacola"的译音，"阿莫西林"是英文"Amoxicilin"的译音。

⑥ 以寓意或夸张手法命名。该方法是以能给人带来美好想象和祝福的词语命名，如"幸福"牌床罩，"好利来"蛋糕等；或者使用艺术、夸张的词语命名，以显示商品的独特功效，如"永固"牌弹子锁等。

⑦ 以字母或数字来命名。采用该方法命名有利于记忆和传播,也可利用谐音促销如"TCL""LG""IBM""NEC""999""555""502"等。

⑧ 以动植物或自然存在物命名。有些动植物比较珍贵、稀缺或受人青睐,用其命名可突出产品的优良品质,如"熊猫"彩电、"迎客松"香烟等;也可以借助自然存在物的永恒来隐喻产品的美好与持久,便于记忆,如"红塔"香烟等。

⑨ 以革命圣地、名胜古迹命名。该方法利用人们对名胜的敬仰心情,以引起人们对产品的青睐,并使产品有一定的文化意义,如"石林"香烟、"长城"润滑油等。

【思政小课堂】

中国品牌在抗疫中熠熠生辉

面对突如其来的新冠肺炎疫情,中国品牌企业责无旁贷汇入抗疫大潮中,在这场疫情防控阻击战中冲锋在前,各显身手、贡献力量。

组织人力驰援一线,传递"中国力量"。华为第一时间派出200多人的业务团队,与四大运营商一起,为火神山医院、雷神山医院的通信建设保驾护航,3天内支撑当地运营商开通5G基站,火神山医院首个"远程会诊平台"顺利投入使用,缓解了一线医务人员调配紧张的局面。超过1亿元抗疫捐款,给一线抗疫工作者提供免费餐食超6万份……一连串中信集团火线驰援的"成绩单"汇聚成品牌背后的责任担当。

加班加点全力保供,彰显"中国效率"。2020年2月21日上午,得知武汉抗疫前线急需一批ECMO"救命神器"后,保利集团迅速对接需求,前后只用5天,寄托危重病患生存希望的16台急需设备抵达武汉。国际同行直呼这是"不可思议的中国速度"。

慷慨解囊履行责任,诠释"中国精神"。恒大集团向武汉市捐赠2亿元,向中国红十字会捐赠1亿元,向中国医学科学院捐赠1亿元用于加快抗疫药物研发。作为全球民用无人机领域的龙头企业,大疆无人机已在西班牙、意大利、法国、马来西亚等国家的多个城市投入使用。

中国广告主协会最新发布的《2020中国企业抗疫社会公益与责任研究报告》指出,疫情防控中,国有企业带头,以大额资金捐赠为主,民营企业跟进,出钱出力积少成多,既让中国品牌成为抗疫的重要力量,也充分展示了中国企业的品牌形象。

中国品牌在中国乃至全球的抗疫表现,为更多中国企业阔步走向世界提供了"通行证"。

物资输出打响了企业品牌。稳健医疗集团有限公司目前已获得多国订单,拓展了企业的国际发展空间。据了解,公司口罩日产量达到600万只,已向德国、法国、意大利等出口2000多万只口罩,到2020年4月底出口近1亿只。

技术输出擦亮了科技品牌。腾讯会议的日活跃账户数已超1000万,成为疫情防控期间国人使用最多的视频会议产品,帮助数十家海外驻华机构进行远程协作。百度健康开通免费咨询渠道,疫情防控中,累计为国内网友提供在线医疗咨询服务3200万人次,与此同时推出"海外抗疫公益计划",助推品牌国际化加速跃进。

在加速推进复工复产进程中,创新成为中国品牌企业发力的关键。

4月28日,广东顺德。格兰仕集团工业4.0示范基地一期投产仪式举行。新基地上马后,将新增年产1100万台微波炉的能力,这意味着每6.7秒就有一台产品下线。格兰仕集团董事长梁昭贤说,依托这一项目,企业将按下迈向高质量发展的"快进键"。

创新，激活传统企业新生机，也助力新兴品牌发掘蓝海。前不久，科大讯飞升级推出讯飞听见智能会议系统。"基于人工智能技术的在线产品服务加速拓展，3月份签订合同数同比增长91%。"科大讯飞党委书记吴德海说。

"目前国内产能已基本恢复，销售回暖形势明显，3月份销量比2月多1倍。"OPPO副总裁吴强信心满满，近年来积淀的品牌基础稳住了发展基本盘，开拓高端市场和品牌走出去的策略不会变。

世界知识产权组织有关报告及数据显示，中国在2019年全球创新指数中的排名提升至第十四位，较2018年上升3位。2019年，中国通过《专利合作条约》（简称PCT）途径提交专利申请5.9万件，跃居世界第一。

"品牌重塑将成为企业赢得市场竞争力的关键命题。"南开大学商学院院长白长虹说，企业要积极通过技术工艺创新，提升品牌的科技含量和附加值。更要树立"质量第一、以质取胜"的理念，以优质品质赢得消费者青睐。

5月10日，京东宣布推出"新国品计划"，助力品牌商家快速回归增长快车道。京东集团副总裁韩瑞表示："中国品牌是国民经济快速发展的一大基石，越是在困难时期，越要同舟共济，让更多中国品牌在风雨后茁壮成长。"

迈向世界一流，须在责任上敢于担当。疫情防控期间，口罩告急。上汽通用五菱汽车的一句口号标语"人民需要什么，我们就造什么"迅速刷屏网络，以整车制造为主业的上汽通用五菱迅速转型，成为第一家转产口罩的整车企业，赢得市场广泛好评。

复工复产以来，滞销泛起。碧桂园携手广东省扶贫基金会推进"保供给，防滞销"采购专项行动，先后分四批采购因疫情滞销的湖北优质农副产品，在支援抗疫事业的同时，扛起了企业品牌的扶贫责任。

迈向一流品牌，中国企业蹄疾步稳。稳得住质量、抓得住创新、担得起责任，中国品牌必将走得更长远、更富生命力！

（摘自《人民日报》，2020年5月10日）

6.4.3 几种具体的品牌策略

品牌策略是企业经营决策的重要组成部分，是指企业依据自身状况和市场情况，最合理、有效地运用品牌、商标的策略。品牌策略通常有以下几种：

1. 统一品牌策略

统一品牌策略是指企业将经营的所有系列产品统一使用一个品牌的策略。如娃哈哈集团公司所有产品都统一使用"娃哈哈"统一品牌；佳能公司生产的照相机、传真机、复印机等所有产品都统一使用"Canon"品牌。采用此策略有利于建立企业形象识别系统，可以使推广新产品的成本降低，节省大量广告费用。如果企业声誉甚佳，新产品销售必将强劲，利用统一品牌策略是推出新产品最简便的方法。采用这种策略的企业必须对所有产品的质量严格控制，以维护品牌声誉。

2. 个别品牌策略

个别品牌策略是指企业对各种不同的产品分别采用不同的品牌。如宝洁公司生产的洗发产品采用了"海飞丝""飘柔""潘婷"等品牌。这种策略的优点是，可以把个别产品的成败同企业的声誉分开，不会因个别产品信誉不佳而影响其他产品，不会对企业整体形象造成不良后果。但实行这种策略，企业的广告费用开支很大，而且有时品牌过多，顾客不容易记住，管理难度大。最好的做法是先做好企业品牌，以企业品牌带动产品品牌。

3. 扩展品牌策略

扩展品牌策略是指企业利用市场上已有一定声誉的品牌，推出改进型产品或改良新产品。如娃哈哈集团以生产儿童营养口服液起家，后又利用这个品牌成功地推出娃哈哈饮料、娃哈哈童装等新产品。采用这种策略既能节省推广费用又能迅速打开产品销路。不过，实施这种策略有一个前提，即扩展的品牌在市场上已有较高的声誉，扩展的产品也必须是与之相适应的优良产品。否则，会影响产品的销售或降低已有品牌的声誉。

4. 品牌重新定位策略

品牌重新定位策略是指企业全部或部分改变原有品定位的做法。尽管品牌没有市场生命周期，但并不意味着品牌设计出来之后就一定能持续到永远。因为随着时间的推移，顾客的偏好可能会发生变化，竞争对手也可能会推出后继品牌，使企业产品的需求减少、竞争力下降。此时，企业要考虑品牌的重新定位问题。如《家庭》杂志原名为《广东妇女》，最初的目标读者仅限于广东省内部分妇女，因缺乏知名度、投稿的人少以及稿件覆盖内容狭窄而发行量很低。杂志更名为《家庭》后，面向更广的目标市场，迅速成为贴近百姓生活的大众化通俗刊物。

5. 中间商品牌策略

中间商品牌策略也称经销商品牌策略，即企业把产品销售给中间商，由中间商使用自己的品牌将产品转卖出去。如美国著名的零售商西尔斯（SEARS）百货公司，90%以上的商品都是用自己的品牌。采用这种策略可以利用中间商良好的品牌声誉以及庞大、完善的分销体系，为企业推销新的产品和服务。但采用这种策略，要求中间商对生产者的产品质量要严格控制，否则，不但会影响产品销售，而且会砸掉中间商的牌子。

6. 无品牌策略

无品牌策略，即产品不使用品牌。一般来说，绝大部分企业或产品都使用品牌或注册商标，但在某些特殊情况下，可以不使用品牌或注册商标，只注明产地或生产厂家名称，也可使用未经注册的临时商标。企业采用无品牌策略可以节省包装、广告宣传等费用，降低产品成本和价格，达到扩大销售的目的。一般来说，粮食、牲畜、矿砂等无须使用品牌。包装技术较低、品种繁多的日用小商品也可以不使用品牌名称。

> ✉ **阅读材料**
>
> ### 打造网红重庆
>
> 为了吃到网红火锅，等桌100多号；为了拍到洪崖洞，步行三四公里；为坐两江游轮，排了将近三个小时的队……在网红城市重庆，这些情况都是常态。换作十年前，要策划一场旅行，大家要么往厦门、三亚这种海滨城市跑，要么就走桂林、云南这种传统山水路线，很少有人会把重庆列为首选。但是现在，在小红书搜索"重庆"，有超过149万条笔记，远超115万篇笔记的厦门和60万篇笔记的云南。光是一个五一假期，重庆的A级旅游景区就接待了1 019.8万人次的游客，几乎占了重庆常住人口的1/3。
>
> 菲利普·科特勒在《国家营销》中说，一个国家可以像一个企业那样用心经营，很多国家对外输出的形象，背后是一连串持续不停的营销策略和动作。举个例子，当说到德国时，它固定对外输出的性格标签就是"严谨"，也是因为这个国家标签，"德国制造"因此非常受信赖，在第二次世界大战后坐拥非常巨大的海外市场，也为战败国的经济复苏续了一口气。在科特勒的理论中，要营销一个国家，政府部门应该善用营销工具，锁定目标客群、运用正面有效的推销手段、提供令公众满意的服务。这么

一看,在小红书、短视频平台上进行的刷屏和揽客对得上前两项,而后两招,重庆也没落下。

为什么,重庆可以在2020年力压成都,成为旅客总人数全国第一?为什么重庆话能力压东北话,成为各大视频平台最让人上头的方言?简单举个例子,如果在网上翻找100个重庆旅游攻略,100%都会提到鹅岭二厂,关键词全是"文艺"和"必去打卡地"。鹅岭二厂的前身是"中央银行印钞厂",而这个充斥着钢铁结构和高大厂房的文创园最初能够走红,很大一部分原因是因为电影《从你的全世界路过》在这里取景。如果没有这部电影的加持,鹅岭二厂其实跟其他旅游城市的文创园没有太大区别。《江湖儿女》《少年的你》《刺杀小说家》《坚如磐石》……这几年,越来越多的电影选择在重庆拍摄实景。横店、象山铆足了劲,又是搭皇宫、又是造民国街,才能够吸引剧组入驻,重庆一切都是现成的。就算在这些电影的剧情设定中,故事是架空的,观众们也能敏感地在第一时间反应过来——"勒是雾都"。

除了这座城市的特色非常吸引各路导演,重庆本身也主动伸出橄榄枝,招徕八方宾客。这些年,为了推销这座城市,猛刷存在感,重庆市政府也没少在文艺圈使劲。2019年,重庆市政府打出了"带上剧本来重庆,其他事情交我办"的口号,简单来说就是,到重庆拍摄的剧组,只要发出请求协助拍摄的函件,重庆市相关管理部门批复同意后,就会有专门的部门为剧组协调在拍摄过程中的一切相关工作,而且,所有协拍服务都是免费的。重庆政府不仅不要钱,还贴心"倒贴钱"。影片上映后,根据质量,每部影片院线上映后的扶持金额最高200万元。虽然这对动辄投资几千万的电影来说不是什么大钱,但重庆展现出的诚意确实足够了。这些爆款电影中的大场面,精准触达上亿人,给重庆做足了广告。

重庆的做法是,先用电影、电视剧让你满脑子都是火锅和解放碑,让游客在想起旅游的时候脑子里首先浮现重庆这俩字。等你来了,重庆又会好吃的、好玩的加上同款拍摄地打卡,一条龙服务招待上。你吃过晓彭肥肠鸡、珮姐老火锅,再去逛逛城市就会发现,重庆在有意识地满足游客拍照打卡的需求。

李子坝穿楼轻轨是必拍景点?那就在下面搭个观景台,让你用最好的角度拍照打卡。喜欢在千厮门大桥上拍洪崖洞?那小长假的夜间直接交通管制,把千厮门大桥沿线全部封闭,24.8亿造的桥,全让给你拍照。喜欢在重庆游车河?那就把城市景观灯延长到夜里十一点,让你多晚都能欣赏美景。其他城市不是没有打卡点,但是做到重庆这么360度无死角有求必应的,还是比较少见。毕竟,全城灯火通明、霓虹闪烁,直到夜里十一点,在这么赛博朋克的地方常年忍受光污染,为了打造网红重庆而做出这么大牺牲的市民也不得不让人佩服。

还有个比较个人化的体验,有个朋友在去坐两江游轮时,因为在大热天里排队排了将近三个小时,筋疲力尽地给市长热线打了个投诉电话。那之后,他至少接到了包括市长热线回访、当地旅游局核实、涉及景点负责人询问情况、相关企业道歉等至少十个电话,还拿到了景点赔偿的一张船票钱。《国家营销》里提到的"提供令公众满意的服务"这一点,重庆着实是在"用力贯彻"。

(摘录自36氪网《网红第一城的逆袭史,重庆是怎么成为"魔幻雾都"的?》)

思考: 重庆政府是如何营造重庆城市形象的?

提示: 政府采用品牌重新定位策略,通过一系列优惠政策,使得更多的电影制造公司进入重庆拍摄电影,同时采用新媒体营销的手段,打造具有自身特色的城市文化,与其他同类型的城市区分开来。

6.5 包装策略

俗话说"佛要金装，人要衣装"。有统计数据显示，产品竞争力的30%来自包装。随着人们生活水平的提高，精神享受的要求也越来越高，在产品竞争中，包装对销售的影响越来越明显。包装除了保护产品之外，还能够美化、宣传产品，诱发消费者的购买欲望，增强产品在市场上的竞争力。

6.5.1 包装的概念与作用

1. 包装的概念

包装是指设计并制作产品的容器和外部包扎的一系列活动。包装有两方面的含义：一方面是静态的含义，一般把那些用来盛放或包裹产品的容器或包扎物称为包装，如箱罐、瓶等；另一方面是动态的含义，是指企业设计并生产容器或包扎物，并将产品盛放或包裹起来的一系列操作过程，又可称为包装化或包装设计，在实际工作中，以上两层含义紧密联系在一起，不可分离，故统称为包装。

2. 包装的作用

包装作为商品的重要组成部分，在市场营销中发挥着重要的作用。

① 保护商品，这是包装最主要的目的和最基本的功能，保护商品的作用主要表现在两个方面：一方面是保护商品本身。在商品的流通和使用过程中，通过包装可以起到防止各种损坏的作用，如防止破损、变质、挥发、虫蛀、散失等，从而保证商品的使用价值。另一方面，包装还起到保护环境的作用。有些商品属于易燃、易爆、放射、污染或有毒物品，必须进行包装，以防泄漏造成危害。

② 便于运输、携带和储存。商品的物质形态有气、液、固等不同形态，它们可能是有毒的、有腐蚀性的或具有易挥发、易燃、易爆等特性，外形上可能有棱角、刀口等危及人身安全的形状，若不对产品进行包装，则无法运输和储存。

③ 便于使用。一方面，包装可起到指导消费者和方便使用的作用。包装上的使用说明、注意事项、生产日期等对于产品的正常使用和合理保存具有重要意义。另一方面，企业可根据不同用户的使用量设计不同的包装。如豆奶粉有独立小包装和家庭装大包装等，这里包装的大小起到方便使用的作用。同时，适当的包装结构也起到便于使用的作用，如拉环式易开罐头。

④ 促进销售，增加利润。消费者购买商品时首先注意到的往往是商品的包装而不是商品本身，美观新颖的包装能吸引消费者的注意力。同时，包装上说明产品的特色，能给消费者以信心，形成一个有利的总体印象。消费者愿意为良好的包装带来的方便、可靠性和声望多付些钱。

⑤ 提供创新的机会。产品包装的改进是产品创新的一个重要方面。包装的创新能够给消费者带来好处，同时也能够给生产者带来利润。

> ✉ 阅读材料
>
> #### 农夫山泉的包装有多惊艳？
>
> 在这个社会化媒体时代，可以说是万物皆媒介，而产品包装除了保持着外包装功能外，还承载着制造互动、营造新鲜感、实现营销传播、传递品牌价值等多重属性。包装不仅是包装，更是品牌与用户维系情感与增加联系的重要利器。

农夫山泉一直致力于包装的设计,把普通的矿泉水瓶设计到极致。仔细看了相关视频后,才被农夫山泉长白雪微妙的设计震撼,或许最极致与感人的设计都隐藏在产品的细微之处,而这种小心思恰好给了人们一种莫名的高级感。

农夫山泉极具生态化的包装设计,不仅承载着品牌的营销价值,更是承载着审美品位与个性。其实,农夫山泉长白雪这款产品,除了设计极具小心思,还在内容上与长白山融合到一起。就拿这款产品包装上印的数据来说,4种包装分别印着不同的数字58、240、1000、1588,而这并非是为了好看,有着深刻的意义。

58寓意:长白山已知国家重点保护动物58种,其中东北虎为国家一级保护动物。240寓意:长白山已知野生鸟类240种,其中珍稀鸟类鸮为国家二级保护动物。1000寓意:在长白山栖息的中华秋沙鸭目前全球仅存的不足1000只,这个从第三纪冰川期留存下来的物种非常的稀缺。1588寓意:长白山已知野生动物多达1588种。

可以说农夫山泉的长白雪,是其水源地的水源与生态的剪影,在自然与生命的交融中,既展现了自然之美,又彰显了品牌对设计的严苛与纯粹。在这个年轻一代逐渐变成市场消费主力的一代,能够吸引这部分受众目光的,首先要创意过硬,农夫山泉选择在自己的瓶身上融入大自然的"资产",用极致的创意与具有视觉冲击力度的内容,去吸引与感染用户,展现品牌的人文情怀,让人过目不忘。究竟农夫山泉玩瓶身文化有多执着?在农夫山泉的高端水瓶身设计中,仅仅设计时间就超过了3年,5家国际顶尖设计公司经历了58稿、300余个设计方案后才最终定稿,才有着现在市面上流行的农夫山泉高端水,而这款高端水也折射出农夫山泉对自然的尊重与敬畏。这款产品面世后,成功斩获五大国际设计奖项。可以说,正因为农夫山泉苛刻的创作与设计,才逐渐成就了现在农夫山泉的审美,清透自然又不失灵动,并形成了农夫山泉特有的品牌形象。

(摘录自公众号品牌营销官《农夫山泉的包装有多惊艳》,有删改)

6.5.2 包装的种类

包装可分为很多种类,按产品包装在流通过程中作用的不同,可将其分为运输包装和销售包装两种。

1. 运输包装

运输包装又称大包装或外包装,主要出于保护产品品质安全和数量完整的考虑,是产品储存、辨认和运输时所必需的包装。运输包装又可细分为单件运输包装和集合运输包装。运输包装的方式和造型多种多样,用料和质地各不相同。在国际贸易中,买卖双方究竟采用何种运输包装,应在合同中具体说明。

2. 销售包装

销售包装又称内包装或小包装,它随同产品进入零售环节,与消费者直接接触。这类包装除必须具有保护商品的功能外,更应具有促销的功能。因此,对销售包装的造型结构、装潢画面和文字说明等方面,都有较高的要求。销售包装一般有两个层次:第一层次的包装是指最接近产品的容器,是伴随产品使用的材料。如包裹牙膏的铝管材料是最接近产品的包装。第二层次的包装是指保护第一层次包装的材料,当产品使用时,它即被丢弃。用来包装牙膏管体的纸盒就属于第二层次的包装,它为产品提供了进一步保护和促销的机会。因此,销售包装不仅要保护产品,更重要的是要美化和宣传商品,便于陈列展销,吸引顾客,方便消费者认识、选购、携带和使用。

6.5.3 几种具体的包装策略

包装不仅起着保护商品的作用,良好的包装与科学的包装决策相结合,还会起到促进销售的作用。通常有以下几种包装策略可供选择。

1. 类似包装策略

类似包装策略是指企业所生产经营的各种产品,在包装上采用相同的外形图案、近似的色彩或其他共有的特征。这种策略可以节省包装设计成本,树立企业整体形象,提高企业声誉,扩大企业影响,有利于新产品上市。这种包装策略适用于质量水平相近的产品,不适用于质量等级相差悬殊的产品,否则会对高档优质产品产生不利影响,并危及企业声誉。

2. 等级包装策略

等级包装策略是指企业所生产经营的产品,按质量等级的不同采用不同的包装。把高、中、低档产品区别开来,以使产品的包装与价值相一致。一般产品采用普通包装,可稍微简朴;优质高档产品则要采用精美包装,以显示其名贵。

3. 组合包装策略

组合包装策略是指按照消费者的消费和使用习惯或特殊需要,将相互关联的多种产品置于同一包装物中,组合包装策略便于消费者购买、使用和保管商品,也有利于企业扩大产品销路,增加收益。

4. 再利用包装策略

再利用包装策略也称双重用途包装策略或复用包装策略,是指原包装的商品用完后,空的包装容器还可继续利用。如蜂蜜、罐头等使用的玻璃杯式包装可以用作旅行杯;饼干、糖果等用的盒式包装,空盒可以用作储钱罐等其他多种用途。再利用包装策略有利于引起顾客的购买兴趣,还可促使其重复购买,发挥长久的广告宣传作用。

5. 附赠品包装策略

附赠品包装策略是指在包装物内附有一定的小赠品,以吸引消费者的购买兴趣,达到刺激消费的目的。这种策略在儿童玩具、休闲食品等商品包装中运用较多。如儿童玩具中附赠连环画、认字卡片、贴画;在休闲食品中附赠组装的小玩具等。这种策略对儿童和青少年以及低收入者比较有效,是一种有效的营销推广方式。

6. 绿色包装策略

绿色包装策略是指企业在进行包装设计时,选择可重复利用或可再生、易回收处理、对环境无污染的包装材料。随着消费者环保意识的增强,绿色环保成为社会发展的主题,绿色概念营销方式成为企业经营的主流。绿色包装策略容易赢得消费者的好感与认同,也有利于环境保护和与国际包装技术标准接轨,从而为企业的发展带来良好的前景。如纸质包装替代塑料袋包装、羊毛质衣物中夹放轻柔垫纸来取代硬质衬板,既美化了包装,又顺应了发展潮流,一举两得。

除了上面列举的包装策略外,还有诸如开窗式包装策略、密封式包装策略、情趣式包装策略等。企业要根据产品特点以及消费者需要来选择科学的包装策略。

> ❖ 课堂讨论:请评价过度包装的危害。
> 提示:
> 1. 浪费资源,加剧了资源能源供需矛盾;
> 2. 污染环境,危害人类的生存;
> 3. 增加了产品成本,损害消费者利益;
> 4. 助长奢侈浪费,毒化社会风气。

【案例学习】

虹彩艺术能够在本土化的美术教育品牌中站稳脚跟，除了自身准确且具备特色的市场定位以外，还有它极具竞争性的产品设计。创始人小贤非常自豪地向小伙伴们展示他及团队的设计成果：

一、产品 A：少儿美术培训管理

1. 少儿美术培训课程设计理念

产品 A 根据培养学员的学习特点，分为平面意识课程和立体意识课程，并将两种课程一体化，增强学生的主动性、创新性、适应性和协调性，如图 6.6 所示。

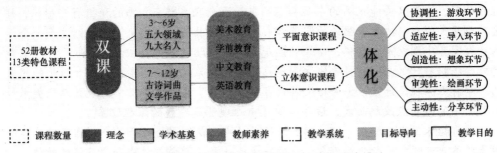

图 6.6　虹彩全科美术教育项目产品 A 课程理念设计

同时产品 A 的全科美术教育班别的开设均有自己的设计理念来源，主要是结合中小学语文课本、年龄以及绘画阶段特点来进行划分。具体的班别开设设计情况（见表 6.3）。

表 6.3　虹彩全科美术教育项目产品 A 全科教育班别开设设计表

班别	年龄	绘画发展阶段	设计理念来源
学前涂鸦班	3～4 岁	涂鸦班	《幼儿园教育指导纲要》《学前儿童教育学》《学前儿童发展心理学》《学前儿童家庭教育》《幼儿教育理论》
学前趣味黏土班			
学前涂创衔接班	4～5 岁	象征前期	
学前综合黏土软陶班			
学前创想班	5～6 岁	象征后期	
学前创意黏土软陶班			
小学大师创作班	6～7 岁	图式前期	部编版小学一年级语文课本必背文段
小学创作黏土软陶班			
小学写实造型班	7～8 岁	图式后期	部编版小学二年级语文课本必背文段
小学科技黏土班			
小学创意漫画班	9～12 岁	写实期	部编版小学三至四年级语文课本必背文段
小学趣味手工班			
小学国画书法班			部编版小学语文课本一～六年级必背古诗词
小学 3D 创意制作班			
小学速写基础班			
小学色彩基础班			部编版小学五～六年级语文课本必背文段
小学素描基础班			
小学油画班			

2. 产品A课程班别介绍

课程包括：学前涂鸦班、学前趣味黏土班、学前涂创衔接班、学前综合黏土软陶班、学前创想班、学前创意黏土软陶班、小学大师创作班、小学创作黏土软陶班、小学写实造型班、小学科技黏土班、小学创意漫画班、小学趣味手工班、小学国画书法班、小学3D创意制作班、小学色彩基础班、小学速写基础班、小学油画班、小学素描基础班共18种课程（包括附加课程在内）。

（1）学前涂鸦班、学前趣味黏土班（3~4岁）

学前涂鸦班绘画发展阶段和课程介绍：3~4岁是幼儿涂鸦阶段，被称为涂鸦期。在该阶段，儿童只要能把画的东西和想的东西逐渐联系起来，画的稍微有些形状，就会感到很大满足。把表示脑袋的圆圈和表示手脚的长线拼凑起来，就感到这是一个活人，大圈套小圈就是一只猫，这只能说是一个一个物的罗列，相互没有联系。这里教师就会根据孩子的兴趣，引导他注意把画的事物联系起来，这能大大提升孩子的想象力。学前班课程设计是根据《幼儿园教育指导纲要》五大领域与学前教育以及美术教育教科书的重难点改编而成，适合学前儿童心理健康发展的课程体系。

学前趣味黏土班课程介绍：黏土课的设计中，我们会给孩子一个制作好的具体的黏土物体，老师会进行分解讲解，一步一步地让孩子学会制作出一个具体的物体，对物体的形状有一个抽象性的了解。这个阶段的小朋友主要学习单个物体，通过学习单个物体了解物体的基本构成，达到对这个物体的深刻理解。

（2）学前涂创衔接班、学前综合黏土软陶班（4~5岁）

学前涂创衔接班绘画发展阶段和课程介绍：4~5岁是幼儿绘画象征阶段，所以我们称之为象征期。随着儿童知识、经验的增长，手运动机能的发展和形象积累的增加，他们开始表现自己所想的内容。这阶段的儿童还没有形成正确的空间概念，还不能正确地掌握上下、前后、左右和空间，对比例的估计能力更晚，在涂创衔接班设计课程的过程中，我们加入了对画面大小、前后、远近的设计，培养孩子对空间概念的了解。学前班课程设计是根据《幼儿园教育指导纲要》五大领域与学前教育以及美术教育教科书的重难点改编而成，适合学前儿童心理健康发展的课程体系。

学前综合软陶黏土班课程介绍：综合软陶黏土班的设计中，这个年龄段的孩子已经对物体的基本型有所了解，所以我们会让孩子制作一组同系列的物体，发挥想象，把它们联系起来，最后串联出一幅由黏土制作而成的黏土画。

（3）学前创想班、学前创意软陶黏土班（5~6岁）

学前创想班绘画发展阶段和课程介绍：5~6岁是幼儿绘画图示期阶段，我们称之为图示期。

随着孩子生活面的扩大，认识和理解力比幼儿有所发展，在画画过程中能逐步掌握物的基本形状，画画也比以前丰富。这时，他们注意体现出对象的特征、动态和生活环境，能根据自己的感受画出熟悉的人物和生活，由于常常用想象代替观察，孩子画画的内容广泛多了，海阔天空，任意幻想。这时我们老师就会在设计课程中先给孩子一个具体的主体事物，在这个过程中让孩子任意想象，自由发挥进行绘画。很多家长往往急于求成，让孩子追求成人化的东西，单纯临摹大师作品，以孩子临摹得像为标准，这样，反而效果不好，而我们给孩子这样一个具体主体事物，目的是让孩子观察、概括这个事物的形象、特点，从而进行想象。学前班课程设计是根据《幼儿园教育指导纲要》五大领域与学前教育以及美术教育教科书的重难点改编而成，适合学前儿童心理健康发展的课程体系。随着孩子生活面的扩大，认识和理解力比幼儿有所发展，画画中能逐步掌握物的基本形状，画画也比以前丰富。很多家长往往急于求成，让孩子追求成人化的东西，单纯临摹大师作品，以孩子临摹得像为标准，这样反而效果不好。

高级软陶黏土班课程介绍：在本机构软陶黏土班的设计中，这个年龄段的孩子已经对物体的基本型有进一步的了解，因此我们会让孩子制作一组同系列的物体，发挥想象，把它们联系起来，最后串联出一幅由黏土制作而成的黏土画。

（4）小学大师创作班、小学创作黏土软陶班（6~8岁）

小学大师创作班绘画发展阶段和课程介绍：6~8岁是幼儿绘画写实阶段前期，所以我们称之为写实前期。小学大师创作班是建立在创想班的基础上，由孩子进行无限联想、自由发挥，利用不同的材料，不单单是纯纸张、纯画笔进行绘画，比如，在画面中加入一些立体的元素，利用黏土在画面上让画面更具立体感。小学班课程设计是根据最新部编版一年级语文教科书上下册和部编版一年级美术教科书上下册改编的《全科教育·三感体验》原创美术体系，旨在以美术课程为载体，在美术课堂学习美术知识的同时学习语文知识，从而通过寓教于乐的方式掌握学科知识。

小学创作黏土软陶班课程介绍：小学创作黏土班是建立在学前综合黏土软陶班的基础上，孩子已经可以制作不同的物体，老师就会给孩子定一个主题，让孩子在这个主题内进行创作，例如侏罗纪公园，孩子在这个主题内创作一组恐龙的黏土。

（5）小学素描基础班（8~12岁）

小学素描基础班绘画发展阶段和课程介绍：8~12岁是幼儿绘画写实阶段后期，所以我们称之为写实后期。素描是一切造型艺术中重要的基础课之一。素描这一概念的提出，从广义讲，泛指一切单色绘画。除了色彩方面的内容外，还包含了一切造型艺术的基本法则、规律和要素，对于造型基础训练，素描提供了认识论和方法论的研究内容。通过本课程的教学，训练学生对构图、形体、结构、空间、色彩、光感、质感、量感等视知觉要素方面的敏感感受与把握。在写生训练中掌握技术性表现方法的基础上，积极培养学生创造精神的造型能力素质，在形象中寄托个人造型理想。

（6）国画班（6~12岁）

课程介绍：国画，又称"中国画"，古时称为丹青，我国传统绘画。主要指以毛笔、墨、国画颜料等画在绢、宣纸、帛上并加以装裱的卷轴画。题材可分为人物、山水、花鸟等，技法可分工笔和写意，它的精神内核是"笔墨"。国画强调"外师造化，中得心源"，要求"意存笔先，画尽意在"，强调融化物我，创制意境，达到以形写神、形神兼备、气韵生动。是重神似不重形似，重意境不重场景的一种画。适合一年级以上的学生，深入学习用笔、用色的技巧，临摹名家优秀作品等，主要分为写意蔬果、写意花鸟、写意山水画。

国画班课程设计是结合小学生必备300首古诗词与小学生部编版语文教科书以及《小学美术教学与研究》《师范生基本功》的内容改编而成，在学习国画的同时学习国学经典古诗词，从而在课堂上通过寓教于乐的方式接受美术知识和国学知识。

（7）小学3D创意制作班（8~12岁）

3D创意制作班是一门需要较强动手能力的科目，这里面还有要求孩子的协调性、耐心要好，设立这样一门课的目的一个在于锻炼孩子的动手能力、注意力和耐心，另外一个是因为这个阶段的孩子对空间和透视现象还不是很了解，不理解事物的比例关系，那么通过动手制作一些具体的物体，会使他们提升对空间与透视、比例的认识。

（8）书法班（6~12岁）

课程介绍：学习书法使学生提高审美能力和综合文化艺术素养，形成书法特长及爱好；孩子字写得好，经常会得到周围人以及老师的夸奖，这也会激发孩子的学习积极性。可以说字写得好的学生几乎没有成绩差的。孩子写一手好字，受益终生。

我们的设计理念在于把孩子艺术的天性发挥到极致，书法不仅仅是文字，而且是一门艺术。书法在中国历史上是源远流长的、是海纳百川的，在众多的书法家和文字的发展历程中，每个人和每种字体都各有各的特点。我们致力于保留孩子的文字特色，再进行书面美化，达到形神兼具的效果。

书法班课程设计是结合小学生部编版语文书的生词和颜真卿《多宝塔碑》《颜勤礼碑》碑帖字体进行学习，从而通过学习书法的过程掌握好字体的书写并认识更多的汉字。

（9）小学创意漫画班（8~12岁）

绘画发展阶段和课程介绍：8~12岁是幼儿绘画写实阶段后期，我们称之为写实后期。创意漫画班，主要从经典卡通形象着手，从绘画的角度出发，引导学生用审美的眼光去亲近卡通艺术，增强学生的造型能力；通过学习夸张的卡通动物及人物，丰富学生的设计表现技巧；让学生在童趣中感受卡通绘画的韵味。如今，每一个孩子乃至成人都已接受了这种卡通漫画文化，并有着强烈的兴趣。卡通形象运用夸张、变形、拟人等手法，可爱的造型、绚丽的色彩，以及充满想象力的动作和超越时空的情节等，的确具有极大的创作力和吸引力。而漫画是一种雅俗共赏的视觉艺术，它不仅有画面的可视形象，而且有诙谐机警和隽永的语言，妙趣横生，发人深省，在高雅和意趣盎然的气氛中，使心灵得到启迪。通过让孩子充分地观察卡通人物，挖掘和培养孩子们的观察能力和创造能力，培养良好的造型习惯，为今后少儿素描专业学习打下良好基础。

（10）小学色彩基础班（附加班）

色彩基础班主要针对11~15岁孩子，我们主要设计了水粉画，而水粉画的性质和技法，与油画和水彩画有着紧密的联系。它与水彩画一样都使用水溶性颜料，如用不透明的水粉颜料以较多的水分调配时，也会产生不同程度的水彩效果，但在水色的活动性与透明性方面，则无法与水彩画相比拟。因此，水粉画一般并不使用多水粉调色的方法，而采用白粉色调节色彩的明度，以厚画的方法来显示自己独特的色彩效果，这一点近似于油画的绘制方法。不透明的水粉颜料与油画颜料都是具有遮盖力的颜料，水粉画是介于水彩画与油画之间的一个画种，它是吸取水彩画与油画的某些方法与技巧而发展形成自己的技法体系的一门学科。

（11）小学素描基础班（附加班）

素描是一切造型艺术中重要的基础课之一。在学习中我们将通过两方面让孩子进行学习：一是通过本课程的教学，训练学生对构图、形体、结构、空间、色彩、光感、质感、量感等视知觉要素方面的敏感感受与把握；二是在写生训练中掌握技术性表现方法的基础上，积极培养学生创造精神的造型能力素质，在形象中寄托个人造型理想。

（12）小学速写基础班（附加班）

绘画发展阶段和课程介绍：8~12岁是幼儿绘画写实阶段后期，我们称之为写实后期。速写是一种快速的写生方法，它同素描类似，不但是造型艺术的基础，也是一种独立的艺术形式。速写有很多种分类，有直线速写、勾线速写、线面速写、明暗速写等。对初学者来说，速写是训练造型综合能力的方法，是我们在素描中提倡的整体意识的应用和发展。速写的这种综合性，主要受限于速写作画时间的短暂，这种短暂又受限于速写对象的活动特点。因为速写是以运动中的物体为主要描写对象，画者在没有充足的时间进行分析和思考的情况下，必然以一种简约的综合方式来表现。设计这个课程目的在于培养孩子敏锐的观察能力、绘画概括能力，提高孩子对形象的记忆能力和默写能力，让孩子去探索和培养他们具有独特个性的绘画风格。

二、产品B：美术师资培训与输出

该产品主要是结合院校师范类特色行业经济发展，促进单一教师转型"美育全科"教师，同时在技能上实现创新，促进美术、学前、中文、英语四种专业合一的技能创新培养，打造全科教育的美术绘画课程的师资培训。

为了让该套课程理念惠及更多的培训机构和加盟校，项目形成了相应的全科教育的师资培训方案，拥有较为完善的课程大纲板块，及成果汇报策划展的方案。

三、产品C：美术原创课程教材输出

1. 产品C的理论依据

教师培训学习内容是根据部编版和华师版的"发展与教育心理学""小学美术教学与研究""师范生基本功""艺术课程教学设计"以及"学前教育概论"内容改编而成的，并结合广东省外语艺术职业学院大学生职业六种核心能力素质育人体系，包括自我学习与管理、与人沟通交流与合作、解决问题和数字应用、信息处理以及创新革新能力，全面多方位地塑造综合素质高的美育教师，为产品的输出奠定了系统规范的理论以及实践。

2. 产品C的设计理念

（1）结合平面意识课程与立体意识课程的一体化，使孩子手脑合一，学会创作作品和创造成品，为日后思维开发做好铺垫。

（2）学前教育与美术教育、小学教育、初等教育相辅相成的多样式课堂，培养孩子主动性、创造性、适应性、协调性、审美观的五方思维能力，为考虑未来更好地立足现在。

（3）学前班课程根据学前美术教科书五大领域相关教科书改编，小学班课程是根据部编版小学语文、美术两门教科书所改编的全科教学体系。

3. 全科教育"三感"体验美术课程教材教案设计图

虹彩全科美术教育项目产品C形成了丰富多彩的全科教育"三感"体验美术课程教材教案，并编印了2400套教材教案和24套师资培训方案。现展示其中一个PPT个案（如图6.7所示）和教案设计（见表6.4）。

图 6.7　全科教育"三感"体验美术课程教材教案 PPT 个案

表 6.4　全科教育"三感"体验美术课程教材教案设计

科目	美术课【牧童与牛】		班级	国画班	知识点来源	五年级下册语文第二单元古诗《牧童》，美术第十课《写意动物》	部门：虹彩艺术少儿美术培训机构
上一节课上课内容及课后问题			第一节课没有问题			主教：曾用强　助教：许德贤	
教学目标	情感（知识）		初步了解国画知识，培养对国画表现的情感，学习写意国画用笔用墨的方法				
	美感（能力）		通过牛的写意画造型表现以及鉴赏牛的外表美观，提升眼光与美感，并掌握国画用笔用墨的技法				
	灵感（扩展）		学生在学习的过程中感受自然中的美并从中发现美、创造美，培养学生对生活的热爱、对美的追求以及对传统文化喜爱的情感				
教学重点			学习写意国画用笔用墨的技法				
教学难点			笔墨浓淡变化在水牛的造型写意画中的运用				
教学准备			生宣纸、墨汁、毛笔大中小 3 支、毛毡、调色盘、笔洗				
教学过程	步骤/时间	三感培养	教师主导活动			学生主体活动	设计意图
	一、导入部分（2 分钟）	情感培养	1. 上节课遗留问题提问 2. 结合上节课，课前播放本节事物百科知识			引起学生兴趣，调动学习的积极性，孩子被牧童和水牛吸引	为上课前做铺垫，提高学生学习兴致

续表

	步骤/时间	三感培养	教师主导活动	学生主体活动	设计意图
教学过程	二、了解绘对象特征（3 米）	情感、美感培养	1. 提问，引入：教师播放水牛的实物图片，并询问水牛的形象特征。 2. 艺术鉴赏：教师播放大师《牧童》作品，并从其构图、用色等方面介绍作品。 3. 扩展国画寓意环节：不同国家不同的民族，对同一事物寓以不同的文化内涵。在中国的古老文化长河中，人们对很多事物也寓以很多的文化内涵，对同一个事物也寓以很多的文化内涵	学生观看图片，自行思考，学生学习水牛的组成，思考枇杷的种类	了解水牛的基本特征与表现的关系
	三、分解示范（5 米）	美感培养	看一些视频或者找到的本节课绘画对象有关的一些科普知识。留下悬念让孩子去探索	学生想象，并激发学生的求知欲	教学重点，激发学生对事物的好奇并加以探索的精神
	四、动手画环节（30 米）	美感灵感培养	开始有序分发绘画材料，注意一些材料的危险性，对孩子做好常规语言训练，便于课堂管理，保障绘画质量和安全，主教确定好助教负责范围，保证每个孩子不被忽略	进行作画	学生自行作画
	五、调整环节（10 米）	美感灵感培养	调整环节，保证画面色彩丰富，一个一个过关，教师严禁帮助孩子绘画	后期调整	丰富画面效果，保证教学质量以及培养学生的审美观
	六、评讲环节（10 米）	情感美感灵感培养	1. 评讲环节，对每个孩子的画面进行分析，从画面整体效果、想象力、颜色搭配方面对孩子进行评价，注意用词言行，不可打击孩子，或是在人多的地方批评孩子，可以私下找孩子聊天。 2. 评奖环节也可换为分享环节，就需要在课堂上不断跟孩子重复稍后有孩子上来讲台分享的环节，让孩子有心理准备，想好自己的作品名字或者作品的亮点等。 3. 留问题	上台评讲	学生学习分享，主动与父母沟通，稳固客户群体的满意程度
	七、教师反馈（登记课时，课后孩子反馈填写，此环节不包含课时长）		整理上课材料，打扫卫生，每节课都必须保证每个孩子反馈情况真实到位	无	整理学生信息，方便教学总监反馈给家长，完善服务

四、面向未来的产品设计思路

面向未来，虹彩艺术进一步提出要在原有基础上推出一款融合式产品，实现多种盈利变现模式。

1. 产品介绍

内容为王，在细分领域的时代，产品的核心竞争力是区分市场竞争对手的产品性能、资本青睐、发展迅速的主要条件。双课学堂项目致力于打造一个专业的中考文综+美术课程体系研发与落地的团队，制定科学系统的"学生培养方案"和"教师培训方案"，通过"一款产品，多种卖法"的方式，节约成本、物尽其用，发挥商品价值，进行美术课程研发和美术师资培训体系搭建的产品研发。产品客户对象是各大公（私）立非美术教育专业综合性机构以及缺乏美育教师的中学、有课程需求的少儿美术培训机构。用户对象进一步拓展至13~16岁初中生。两款教育产品分析见表6.5。

表 6.5　两款教育产品分析

产品性质	教育产品	主要特征	六种盈利模式
学生培养教材体系（学生用书）	产品A：美术+文综（历史、地理、政治）系列教材	依托中考加分分值40分政策，结合初中地理、历史、政治课本研发的美术课程，满足市场刚需，直击用户和客户痛点需求	直营店、合作店、师资输出店、知识付费、课程定制、材料包售卖、师资培训（详见第三部分营销方案）
教师培训教材体系（教师用书）	产品B：美术师资培训教材体系	六种专业合一（美术、学前、中文、英语、环境艺术设计、服装设计）的技能创新培养，结合院校师范类特色行业经济发展，促进单一教师转型"美育全科"教师	

2. 产品的变现业务渠道

在变现业务盈利模式上，创始团队结合以往六年创业经验，探索出六项业务输出模式，分别是开展旗舰店（直营店）、产品技术加盟（加盟店）、师资培训与输出（店中店）、知识付费、政府课程定制、材料包售卖6个业务模式的发展战略。团队经过以往实践，已开设旗舰店2家、加盟店36家、合作店38家，见表6.6。

表 6.6　六种业务模式分析

产品服务	主要特征
（1）直营店	主打面积小、满学员的校区目标：平效高、成本低、风险低，便于系统管理
（2）加盟店	教材与师训技术输出：内容为王，节省人工运营带来的成本
（3）店中店	师资输送：与高校合作工学结合，保障人工输出成本基数
（4）知识付费	互联网+课堂：公益课引流、直播课变现、录播课巩固
（5）材料包售卖	配套赋能加盟与零售：自主申请临摹卡专利、增强竞争力
（6）政府课程定制	校企合作/专创融合：开展必修课，学生作业作品化、产品化

【迁移训练】

1. 设计本企业的产品的组合（产品品目、产品线有哪些），并分析本企业产品组合的"四度"。

2. 要求每个小组熟悉品牌设计思路和方法的要求，然后从消费者认知心理和消费模式角度出发，根据指导老师的要求，为本企业（产品）设计一个品牌的名称和标志。

【效果评价】

1. 考核内容
（1）产品组合设计及"四度"分析
（2）品牌名称和标志
2. 评价标准
（1）正确运用所学知识设计产品组合并进行"四度"分析。（50分）
（2）品牌名称和标志内涵丰富，与公司及产品形象吻合。（50分）

【竞赛辅导】

根据2021年第七届中国国际"互联网+"大学生创新创业大赛评审要求，职教赛道创意组评审中强调产品的设计在创新维度上"鼓励面向职业和岗位的创意及创新，侧重于加工工艺创新、实用技术创新、产品（技术）改良、应用型优化、民生类创意等"，在商业维度上"项目对相关产品升级或颠覆的情况，与区域经济发展、产业转型升级相结合情况"；职教赛道创业组评审要求中也有类似要求，并强调"产品或服务成熟度及市场认可度"。这就要求参赛团队特别是创意组参赛项目能够结合产品生命周期理论，描述不同产品的特征及营销策略（包含品牌策略），清楚界定行业及产品的比拼点。

请结合"互联网+"系列赛事评审标准要求对照模拟企业的产品，分析其内容是否能够达标？可以从哪些细节进行优化？

【知识链接】

1. 推荐书目
《如家模式：从跟随到领跑》，锦坤品牌研究院著，中国经济出版社2010年版
2. 视频案例链接
学习本项目内容的学员可观看下列学习视频，进一步加深理解。
请登录：http://www.hjenglish.com/wangyiopencourse/chuangxinyufaming（麻省理工公开课：创新与发明）

项目七

选择及制定价格策略

内容框架

建议学时：8 学时，其中理论 6 学时，实训 2 学时
- 工作情境
- 创业案例
- 经典导入
- 知识要点
- 课堂讨论
- 阅读材料
- 思政小课堂
- 案例学习
- 营销小知识
- 迁移训练
- 效果评价
- 竞赛辅导
- 知识链接

知识目标
- 掌握企业定价方法
- 能够运用企业定价方法解决具体的营销问题

能力目标
- 能够运用企业定价方法解决具体的营销问题
- 能够根据企业所处不同时期、依据确定的定价目标制定价格策略

素质目标
- 提升学生严谨的思维能力、组织和语言表达能力
- 能够在实践能力训练中提升学生的职业道德修养

【工作情境】

现在小伙伴们新成立的公司已经进入了营销组合设计的环节。在前期学习 4P/4C/4R

理论基础上，公司的所有员工都清楚产品、价格、渠道和促销的组合是任何企业的营销活动都无法回避的。近期公司将启动价格策略的设计，听说广州虹彩艺术教育咨询有限公司在这方面有很多经验和收获，特来寻求指导。

【创业案例】
　　创始人强调，虹彩艺术的价格策略是结合前期不同的产品分析来进行的，如果小伙伴们对产品内容不熟悉，建议参考上一章的内容进行阅读。

一、产品 A 设计与价格

虹彩全科美术教育项目的产品 A 主要按照学员年龄招收不同的班级，对成本进行核算，形成销售价（见表 7.1）。实践两年来证明具有科学和可行性。

表 7.1　虹彩全科美术教育项目产品 A 的价格表

序号	班别	招收年龄/岁	成本价/元	销售价/元	材料费（元/节）	15 节课/期/元	4 期/年/元
1	涂鸦班	3~4	30	60	10	1 125	4 500
2	创想班	5~9	35	70	10	1 200	4 800
3	超轻软陶班	3~9	40	80	15	1 425	5 700
4	大师班	7~10	35	70	10	1 200	4 800
5	3D 立体绘画	5~12	35	70	20	1 350	5 400
6	书法国画课	7~10	35	70	15	1 275	5 100
7	硬笔培训班	3~4	35	70	另计	1 200	4 800
8	漫画培训班	5~9	35	70	10	1 200	4 800

二、产品 B 设计与价格

虹彩全科美术教育项目的产品 B 主要是全科教育"三感"课程教材输出，通过与产品 C 捆绑输出和互联网共享平台两种输出平台，形成成本价和零售价，并有批发价（见表 7.2）。

表 7.2　产品 B 全科教育"三感"课程教材输出的设计与价格

产品 B：课程输出	输出平台	成本价/元	零售价/元	批发价节数/组/元
全科教育"三感"课程教材输出	与产品 C 捆绑输出	600	1 000	16 节/组/1 600
	互联网共享平台			

产品 B 设计理念：
全科教育"三感"艺术课程分为小学班与学前班两个模块，小学班教材的教案设计大纲以及教学设计和课件内容是根据部编版小学语文、美术、英语 3 门教科书内容改编而成，学前班根据学前教科书 5 大领域相关教科书改编。
盈利模式有两种，一种通过作为产品 C 附加产品输出，包含在师资输出费用内；另一种则是通过网络销售打包价以及互联网共享平台售于消费者，做到产品最大化利用。其技术创新在于按照部编版小学语文、美术、英语 3 门教科书改编。

三、产品 C 设计与价格

产品 C 是全科教育"三感"美术师资培训输出，按照开班人数和课时以及材料费，估算出成本价，并提出建议价（见表 7.3）。

表 7.3 产品 C 全科教育"三感"美术师资培训输出的设计与价格

产品C：师资输出	开班人数	成本价/元	销售价/元	课时时长/小时	材料费/元	16节/期+材料费/元
师资培训输出	8/班	240	480	1～1.5	5	3 840＋80＝3 920

产品 C 设计理念：
技能创新：四种专业合一的技能创新培养（美术、学前、中文、英语）
教师培训学习内容是根据部编版和华师版的"发展与教育心理学""小学美术教学与研究""师范生基本功""艺术课程教学设计"以及"学前教育概论"内容改编而成，并结合本校大学生职业 6 种核心能力素质育人体系，包括自我学习与管理、与人沟通交流与合作、解决问题和数字应用、信息处理以及创新革新能力，全面多方位地塑造综合素质高的美育教师，为产品的输出奠定了系统规范的理论以及实践。

四、未来发展的产品价格设计（见表 7.4）

表 7.4 未来发展的产品价格设计

产品服务	成本价/元	销售价/元	利润比例
（1）直营店	≤20 万	≤20 万	饱和状态利润达 80%
（2）加盟店	8 050	5.9 万	减去人工/材料：50 950 元
（3）店中店	200/节	600	出去成本利润 5/5 分成
（4）知识付费	一次投资 8.45 万	100～399	录播：100% 直播：80%
（5）材料包	50	199	149 元
（6）课程定制	版权售卖：≥6 万 代理或使用：≤15 万	5 万～15 万	50%

阅读案例资料，问题讨论：
1. 哪些因素会影响虹彩艺术的产品定价？
2. 虹彩艺术的定价方法主要有哪几种？

◆ 经典导入

奥克斯空调的平价革命

奥克斯空调的生产厂家是宁波奥克斯空调公司，它是宁波三星集团的下属子公司。宁波三星集团是目前世界上最大的电能表生产企业，其主打产品三星牌电能表的产销量已经连续 7 年位居国内第一，市场占有率达到 30%。1993 年，三星集团与美国奥克斯集团合资，进入空调市场，最初生产国内很少见的高档机。

由于这一定位没有得到响应，奥克斯空调没有获得大的发展。从 1996 年起，奥克斯改变原有定位开始走优质平价的路子，事实证明这一决定是正确的，奥克斯空调销路大增。此后，奥克斯坚定了自己的发展方向：采取低成本战略，为消费者提供优质平价的空调。像大多数创业企业一样，奥克斯并没有急于宣传自己的战略，而是稳扎稳打，一方面加大内部整合力度，压低生产成本，另一方面，继续"只做不说"的市场开拓运动，稳步提高自己的市场份额。从 2000 年开始，奥克斯逐步在市场上发力，大力宣传自己的"优质平价"战略。

伴随奥克斯发动的一系列市场活动，奥克斯的业绩几乎一年上一个台阶。据奥克斯提供的数据，2000年奥克斯空调总销售量为58万套；2001年为90.23万套，位居业内第六；2002年为157万套，位居行业第四；2003年空调总出货量突破250万台，进入中国空调业的前三名。与此同时，跨国性专业市场调查公司GfK的数据显示，2002年旺季零售检测到的活跃品牌为105个，而2003年减少到97个。市场分析机构也预测，今后几年空调行业的洗牌将进一步加剧，很多以前熟悉的品牌将在市场上消失。种种现象让很多人联想起20世纪90年代同样依靠价格战冲击市场，并在几年内几乎成为微波炉行业垄断品牌的格兰仕。

奥克斯作为中国空调市场传统强势品牌的挑战者成为推动空调市场重新洗牌的主要力量，通过差异化的定位、进攻性的价格策略，再配以一系列的事件营销保证了自己的持续成长。

从2000年起，奥克斯拉起空调降价的大旗，此时的奥克斯还只是一个默默无闻的区域品牌，但正是奥克斯的价格杀手称号，让奥克斯声名鹊起，震动江湖。奥克斯自2000年以来的主要降价活动包括：2000年3月在成都打出"1.5匹空调跌破2 500元生死价"的条幅，最大降幅达到25%，第一次喊出"要做优质平价的'民牌'空调"。2001年4月，40余款主流机型全面降价，最大降幅达到30%以上。2002年4月，16款主流机型全面降价，包括1匹和1.5匹变频空调，最大降幅达到26%。2003年4月，所有机型一律降价。据称平均降幅达30%，单款机型最大降幅达2 000元。奥克斯空调的价格战，基本每次都选择在4月份，早了消费者没反应，竞争者容易跟进，晚了也起不到作用。奥克斯的降价，每次都是大规模、高幅度的降价，出其不意地袭击竞争对手，坚定消费者购买的决心。另外，奥克斯为配合价格战，广告攻势强，采取"大中央小地方"的模式，例如2002年4~6月在央视投入了3 000多万元，进行大规模集中轰炸，有力地配合了降价促销活动。

知识要点

7.1 营销价格及其影响因素

价格是4Ps中唯一能带来收益的因素，价格的制定和调整不仅直接影响消费者的购买行为，而且直接涉及生产者、转卖者和消费者三方面的利益，并对市场竞争的格局和竞争者的行为产生重大影响，也直接影响着企业产品的销售和利润。因此价格决策与产品决策一样，是构成企业市场营销组合的基本因素。

7.1.1 营销价格的概念及构成

1. 营销价格的概念

关于产品价格，从经济学和市场营销学的角度看，其含义是不同的。价格是商品价值的货币表现，是商品的交换价值在流通过程中所取得的转化形式。价格总是与利润的实现紧密联系在一起的，即价格=总成本+利润。从经济学的角度来说，价格是严肃的，是不可随意变动的，因此，定价是一门科学；从市场营销的角度看，价格是活跃的，是可以随时随地根据企业营销的需要而变动的；在法律允许的范围内，企业可以根据市场供求关系的变化，以及产品所处的不同市场生命周期，综合考虑消费者对价格的接受能力以及企业的定价目标来制定出合理的价格。综上所述，定价既是一门科学，又是一门艺术，企业应研究定价的技巧和策略，充分发挥营销价格的调节作用，实现企业的营销目标，如图 7.1 所示。

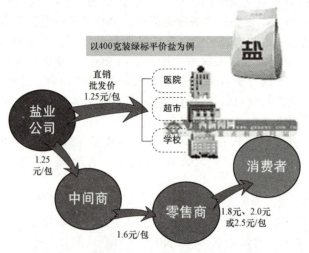

图 7.1　举例说明商品营销价格及其影响因素

> **课堂讨论**：从市场营销角度来看，商品价格的具体构成有几个方面？
> **提示**：生产成本、流通费用、税金和利润。

2. 营销价格的构成

营销价格的构成主要包括 4 个要素：生产成本、流通费用、税金和利润。

① 生产成本。生产成本是指在生产领域生产一定数量产品时所耗费的物质资料和劳动报酬的货币形态。它是商品价值的重要组成部分，也是制定商品价格的重要依据。构成商品价格的生产成本，不是个别企业的成本，而是行业（部门）的平均成本，即社会成本。

② 流通费用。流通费用是指商品从生产领域通过流通领域进入消费领域所耗费的物化劳动和活劳动的货币表现。具体来说，流通费用的一小部分是生产领域的生产单位为推销商品而发生的销售费用，它和生产成本共同构成生产单位的全部成本；另一大部分是在流通领域发生的商业流通费用。根据商业流转环节的不同，还要划分为采购商业费用、批发商业费用和零售商业费用，作为批发价格和零售价格的组成部分。

③ 税金。税金是生产者为社会创造和占有的价值的表现形态，是价格的构成因素，国家通过法令形式强制规定各类商品的税率并征收税金。税率的高低直接影响商品的价格，因而税率是国家宏观调控商品生产经营活动的重要经济手段。

④ 利润。利润是指企业在一定时期内生产经营的财务成果，是价格的构成因素，是企业扩大再生产的重要资金来源。利润是商品价格减去生产成本、流通费用和税金后的余额。按照商品生产经营的流通环节，可将利润分为生产利润和商业利润。

7.1.2　影响企业定价的主要因素

影响企业定价的因素有很多，既有企业内部因素，也有企业外部因素；既有主观的因素，也有客观的因素。企业内部因素包括企业的营销目标、营销组合策略、产品成本和组织结构。企业外部因素包括市场的性质需求、竞争以及其他一些环境约束。概括起来主要有产品成本、企业定价目标、市场与需求、竞争因素和其他环境因素 5 个方面,如图 7.2 所示。

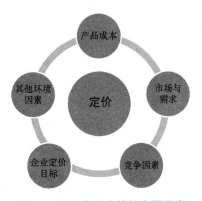

图 7.2　影响企业定价的主要因素

1. 产品成本

成本是影响产品定价最基本、最主要的因素,也是产品定价的最低限度。企业定价不但要弥补其产品的全部生产、分销和促销成本,同时还应该为企业的经营努力和所冒的风险赚取合理的投资回报。产品成本主要包括生产成本、营销成本和储运成本等。

2. 企业定价目标

企业定价目标是指企业在对其生产或经营的产品制定价格时,有意识地要求达到的目的和标准,它是指导企业进行价格决策的主要因素。企业的定价目标是多种多样的,在现实生活中,可供企业选择与运用的具体定价目标通常有以下几种:

① 以获取合理利润并生存为定价目标。合理利润定价目标是指企业为避免不必要的价格竞争,以适中、稳定的价格获得长期利润的一种定价目标。采用这种定价目标的企业,往往是为了减少风险,保护自己,或限于力量不足,只能在补偿正常情况下的平均成本的基础上,加上适度利润作为产品价格。条件是企业必须拥有充分的后备资源,并打算长期经营。临时性的企业一般不宜采用这种定价目标。

② 以获取最大利润为定价目标。最大利润定价目标是指企业追求在一定时期内获得最高利润额的一种定价目标。利润额最大化取决于合理价格所推动的销售规模,因而追求最大利润的定价目标并不意味着企业要制定最高单价。最大利润既有长期和短期之分,又有企业全部产品和单个产品之别。有远见的企业经营者,都着眼于追求长期利润的最大化。当然并不排除在某种特定时期及情况下,对其产品制定高价以获取短期最大利润。还有一些多品种经营的企业,经常使用组合定价策略,即有些产品的价格定得比较低,有时甚至低于成本以招徕顾客,借以带动其他产品的销售,从而使企业利润最大化。

③ 以扩大市场份额为目标。有些企业想通过定价来夺取一个占主导地位的市场份额。它们认为,拥有最大市场份额的公司最终将具有成本优势,能产生规模效益并获得较高的长期利润,同时低价位还可以有效地排斥竞争对手,所以,它们在定价时,总是尽可能地压低价格来追求市场占有率的领先地位。提高市场占有率有两种做法:定价由高到低和由低到高。定价由高到低是指最初进入市场时竞争不激烈,因此采用高价方式获得高额利润,待其他竞争者进入后,降低价格,获得高的市场占有率;由低到高是指进入市场后,采用低价策略占领市场,然后通过提高质量、增加服务功能而提高价格,获得高额的利润。

④ 以产品质量领先为目标。这种方法是指以产品质量领先为前提,在生产和经营程中

始终贯彻产品最优化的指导思想。为了维持高质量，企业必须拥有良好的设计工艺和优质的原材料。因此，必须有足够的预算来维持企业作为质量领先者的市场地位，用高价格来弥补高质量和研究开发的高成本。在注意产品优质、高价的同时，采用这种定价目标的企业还应提供相应的优质服务，让消费者感受到物有所值。

在实际工作中，以上4种定价目标有时可单独使用，有时可配合使用。定价目标是企业定的，当然也要由企业灵活运用，要根据不同时期的具体情况来选择合适的定价目标。除了上面4个主要目标外，有些公司还可能追求当期收入最大化目标和最大市场撇脂目标。

还有以应付和防止竞争为目标。这种定价方法是指企业通过服从竞争需要来制定价格。企业对竞争者的行为都十分敏感，尤其是对价格的变动状况。在市场竞争日益激烈的形势下，企业在实际定价前，都要广泛收集资料，仔细研究竞争对手的产品和价格情况，然后有意识地通过自己的定价目标去应对竞争。根据企业的不同条件，通常力量较弱的企业可采用与竞争者价格相同或略低于竞争者价格出售产品的方法；力量较强的企业可采用低于竞争者价格出售产品的方法，以迅速扩大市场占有率；资金雄厚并拥有特殊技术或产品品质优良或能为消费者提供较多服务的企业，可采用高于竞争者价格出售产品的方法。此外，为了防止其他竞争者加入同类产品的竞争行列，在一定条件下，企业可以采用一开始就把价格定得很低的方法，从而迫使弱小企业退出市场或阻止对手进入市场。

有的企业以树立和维护企业形象为目标。这种定价方法是指把价格作为确定企业特定形象的表现手段的定价目标。企业形象是企业通过一系列活动在消费者心目中留下的印象和评价，是企业在经营中创造的无形资产。价格是消费者据以判断企业行为及其产品的一个重要因素。如果一个企业的定价与其向消费者所提供产品与服务的价值相一致，那么企业在消费者心目中就较容易树立诚实可信的形象，反之，企业定价以单纯的获利，甚至以牟取暴利为动机，质价不符，或是质次价高，企业就难以树立良好的形象。与产品策略等相配合，适当的定价也可以起到确立、强化企业形象特征的作用。为优质高档商品制定高价，有助于确立高档产品形象，吸引特定目标市场的顾客；适当运用低价或折扣价则能帮助企业树立"平民企业"，以普通大众作为其服务对象的企业形象。产品定价目标如图7.3所示。

对于一些非营利性组织来说，可能把抵消全部成本作为目标。

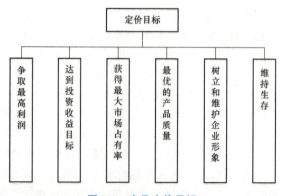

图7.3　产品定价目标

3. 市场与需求

成本决定了价格的下限，而市场与需求则决定了价格的上限。价格受商品供给与需求相互关系的影响。通常情况下，当商品的市场需求大于供给时，价格应高一些；当商品的市场需求小于供给时，价格应低一些。反过来，价格变动也会影响市场需求总量，从而影响销售量，进而影响企业目标的实现。

企业在制定价格时必须了解价格变动对市场需求的影响程度，反映这种影响程度的指标就是商品的需求价格弹性。所谓需求价格弹性，即需求对价格变化的敏感程度，是指由于价格的相对变动而引起的需求量相对变动的程度，如图 7.4 所示。

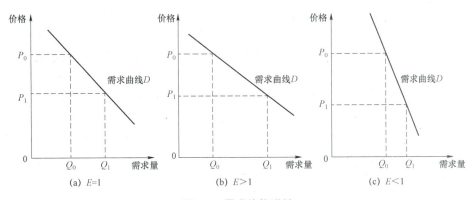

图 7.4　需求价格弹性

在图 7-4（b）中，当价格从 P_0 下降到 P_1 时，需求从 Q_0 稍微上升到 Q_1；在图 7-4（c）中，价格下降幅度相同，但是需求上升幅度较小。当价格小幅度变化的时候，如果需求变化幅度小，则需求缺乏弹性或低弹性，如果需求变化幅度大，那么需求为富有弹性或高弹性。需求价格弹性的公式如下：

$$需求弹性价格（E）=\frac{需求变动的百分比}{价格变动的百分比}$$

需求价格弹性有三种基本类型。

① $E=1$，如图 7-4（a）所示，单一弹性，即价格变动的比率等于需求量变动的比率。这类商品价格的上升（下降）会引起需求量等比例减少（增加）。价格变化对销售收入影响不大，因此，企业可选择通行的市场价格或者企业预期利润率的价格。

② $E>1$，如图 7-4（b）所示，富有弹性，即需求量变动的比率大于价格变动的比率。此类商品价格的上升（下降）会引起需求量较大幅度减少（增加）。对这类商品定价时，企业应通过降低价格、薄利多销达到盈利的目的。同时，提高价格务必谨慎，以防需求量锐减，影响企业收入。

③ $E<1$ 如图 7-4（c），缺乏弹性，即需求量变动的比率小于价格变动的比率。此类商品价格的上升（下降）会引起需求量较小幅度减少（增加）。对这类商品，低价对需求量刺激效果不明显，薄利并不多销，反而会降低收入水平，因此，企业定价时可以选择较高的价格。

④ $E=0$，完全无弹性，即价格无论如何变动，需求量都不会变动。此类商品价格的上升（下降）不会引起需求量变化，因此企业可采用高价格来增加盈利。

> **课堂讨论**："薄利一定多销"，请评价这种说法。如何评价"果贱伤农"？
> **提示**：从产品的需求价格弹性分析。

4. 竞争因素

市场竞争也是影响价格制定的重要因素。竞争的程度不同，企业定价策略会有所不同。按照市场竞争程度，竞争可以分为完全竞争、完全垄断和不完全竞争3种情况。

① 完全竞争，也称自由竞争，它是一种理想化了的极端情况。在完全竞争条件下买者和卖者都大量存在，产品都是同质的，不存在质量与功能上的差异，企业自由地选择产品生产，买卖双方能充分地获得市场情报。在这种情况下，无论是买方还是卖方都不能对产品价格产生影响，只能在市场既定价格下从事生产和交易。

② 完全垄断。它是完全竞争的反面，是指一种商品的供应完全由某个或某几个厂商所垄断和控制，形成独占市场。在完全垄断竞争情况下，交易的数量与价格由垄断者单方面决定。完全垄断在现实中并不多见，如国企中石油和中石化公司垄断了我国石油产业。

③ 不完全竞争，它介于完全竞争与完全垄断之间，是现实中存在的典型的市场竞争状况。在不完全竞争条件下，最少有两个以上买者或卖者，少数买者或卖者对价格和交易数量起着较大的影响作用，买卖各方获得的市场信息是不充分的，它们的活动受到一定的限制，而且它们提供的同类商品有差异，因此，买卖双方之间存在着一定程度的竞争。在不完全竞争情况下，企业的定价策略有比较大的回旋余地，它既要考虑竞争对象的价格策略，也要考虑本企业定价策略对竞争态势的影响。

企业的定价策略受到竞争状况的影响。完全竞争与完全垄断是竞争的两个极端，中间状况是不完全竞争。在不完全竞争条件下，竞争的强度对企业的价格策略有重要影响。所以，企业首先要了解竞争的强度。竞争的强度主要取决于产品制作技术的难易、是否有专利保护、供求形势以及具体的竞争格局。其次，企业要了解竞争对手的价格策略，以及竞争对手的实力。最后，还要了解、分析本企业在竞争中的地位。

5. 其他环境因素

企业的定价策略除了受企业定价目标、产品成本、市场与需求以及竞争因素的影响外，还受到其他多种因素的影响。这些因素包括政府或行业组织的干预、消费者心理和习惯、企业或产品的形象等。

① 政府或行业组织的干预。政府为了维护经济秩序，或为了其他目的，可能通过立法或者其他途径对企业的价格策略进行干预。政府的干预包括规定毛利率，规定最高、最低限价，限制价格的浮动幅度或者规定价格变动的审批手续，实行价格补贴等。如我国某些地方为反暴利对商业毛利率的限制等。一些贸易协会或行业性断组织也会对企业的定价策略产生影响。

② 消费者心理和习惯。价格的制定和变动在消费者心理上的反应也是定价策略必须考虑的因素。在现实生活中，很多消费者存在"一分价钱一分货"的观念。以洗衣粉为例，雕牌洗衣粉用"只选对的，不买贵的"的广告语，暗示其价格实惠以影响消费者的选择。面对不太熟悉的商品时，消费者常常从价格上判断商品的好坏，从经验上把价格同商品的使用价值挂钩。消费者心理和习惯上的反应是很复杂的，某些情况下会出现完全相反的反应。如在一般情况下，涨价会减少购买，但有时涨价也会引起抢购。因此，在研究消费者心理对定价的影响时，企业要持慎重态度，要仔细了解消费者心理及其变化规律。

③ 企业或产品的形象。有时企业根据企业理念和形象设计的要求，需要对产品价格做出限制。如为了树立热心公益事业的形象，企业将某些有关公益事业的产品价格定得很低；为了塑造高贵的企业形象，企业将某些产品价格定得较高等。

【思政小课堂】

为什么中国给 14 亿人免费接种新冠疫苗？

新冠肺炎疫情暴发一年多了，中国成功遏制住了病毒的大规模传播，但包括美国在内的众多国家仍然深陷在疫情中，美国更是在 2020 年 12 月 30 日再次刷新了单日死亡病例数量的最高纪录。疫苗的出现让全世界看到了曙光，这是中、美、英、法、俄等世界各国科学家不懈努力的结果。在各国疫苗纷纷亮相的时刻，疫苗的定价也成为热议的话题。美国最贵，中国最便宜——免费！

看到这个消息，作为一个中国人，我们确实是非常幸运的，要知道如果是自己接种疫苗，价格可不便宜，比如 12 月份在江苏疫苗招标的时候，中标价格就为 200 元，如果按照每个人接种 2 次，那么一个人要付的费用就差不多 400 块钱。参考这个标准，如果全国有所有的人接种疫苗，那国家要掏的费用就达到 5 600 亿左右，这个数值是相当大的。那为什么现在我国要让全民免费接种新型冠状病毒疫苗呢？

提示：坚持人民至上、生命至上，就是要始终遵循以人民为中心的价值引领。"民为邦本，本固邦宁。"人民创造历史，决定党和国家的前途命运。坚持以人民为中心的理念，不但是对中华优秀传统文化的经验总结，具有深厚的历史文化根基，也是习近平新时代中国特色社会主义思想的重要内容，具有丰富而深刻的思想内涵和时代价值。坚持以人民为中心，既是宗旨，也是使命；对党员干部既是责任，也是考验。要把人民至上、生命至上写在旗帜上，贯彻到治国理政全部活动之中，扎实做好"六稳"、全面落实"六保"，统筹推进疫情防控、防汛救灾、经济社会发展等与人民群众利益攸关的各项工作，以坚定信念和崇高使命感，实现好、维护好、发展好最广大人民根本利益。

7.2 企业的定价程序和方法

7.2.1 企业定价程序

企业在新产品投放市场，或者在市场环境发生变化时需要制定或调整价格，以利于企业营销目标的实现。由于价格涉及企业、竞争者、购买者三者之间的利益，因而为产品定价既重要又困难，需要掌握科学、合理的定价程序。大体上，企业定价程序可分为 5 个步骤。

1. 明确目标市场

定价的第一步是明确目标市场。所谓目标市场，是指企业的产品有望进入的市场。具体来讲，就是谁是本企业产品的购买者和消费者。目标市场不同，定价不同。分析目标市场一般要分析该市场消费者的基本特征、需求目标、需求强度、需求潜量、购买力水平和风俗习惯等情况。

2. 确定企业定价目标

企业定价目标是在对目标市场和影响定价因素综合分析的基础上确定的。定价目标是企业选择定价方法和制定价格策略的基本依据。不同企业、不同的经营环境和不同的经营时期，企业的定价目标是不同的。在某个时期，对企业生存与发展影响最大的因素，通常会被作为定价目标。

3. 分析影响产品定价的因素

① 估算成本。企业生产和经营产品的成本费用是制定产品价格的基础，是影响定价的首要因素。商品价格高于成本，企业才能获利。因此，企业定价必须估算成本。成本包括固定成本和变动成本两种。总成本即固定成本和变动成本之和。平均成本是指总成本与总销量之比，即单位产品的平均成本费用。企业获利的前提条件是价格不能低于平均成本费用。

② 了解需求的价格弹性。一般情况下，价格与需求呈反方向变化，价格上升，需求减少，价格下降，需求增加，这是供求规律的客观反映。在现实中，不同商品价格对需求量的影响是不同的，对企业的总收入影响程度也不相同，因此要了解需求的价格弹性。通常情况下，影响需求价格弹性的因素主要有商品的需求程度、可替代性以及商品供求状况。

③ 分析竞争者的价格。企业在制定价格时要做到知己知彼，了解和分析竞争者的价格对企业制定合理的价格至关重要。一般情况下，企业某种商品的最高价格取决于这种商品的市场需求量，最低价格取决于这种商品的单位成本费用。在最高和最低价格幅度内企业定价的高低又取决于竞争者的同种商品价格水平的高低。企业的营销人员通过对市场竞争状况进行广泛细致的调查分析，尽可能清楚地掌握竞争者定价的全部情况，并估计其对本企业营销产品定价的影响，预测竞争者对企业营销产品定价的反应，从而为本企业营销的产品确定一个适当的市场价格。

④ 了解国家有关物价的政策法规，价格虽然由企业来制定，但是企业必须了解和执行国家有关物价的政策法规，这不仅可以明确定价的指导思想，利用其为企业服务，还可以避免不必要的损失。

✉ 阅读材料

钟薛高的高价定价原因

近年来，雪糕市场迎来了涨价潮，终端零售价普遍提升了20%。市面上的知名品牌如蒙牛、伊利、和路雪的几款畅销产品都有不同程度的价格调整，5元以下的雪糕已经越发少见，消费者普遍反映难以实现雪糕自由的愿望。为什么钟薛高等品牌纷纷开启了上涨模式呢？

随着国民生活水平的提高，以及新生消费主力军的崛起，消费观念和消费诉求也在进行不断迭代。人们不再单一地追求性价比，对雪糕的诉求开始转向产品质量、产品口味以及产品包装的升级上。为了吸引消费者，品牌不得不在产品研发上做功课，从天然的原材料到推出近百种口味，再到精美的高颜值包装，全方位迎合消费者的多元化需求，塑造消费者对品牌产品健康、安全的认知。

种种因素不仅影响消费者的购买行为，同时也提高了品牌的生产成本。如此一来，市面上低端产品所占的比例不断下降，而中高端产品所占的比例呈现不断上升的趋势。高端化的大风向，促使雪糕市场的品牌向高端市场发力，加上新生消费者对价格不太敏感，他们乐于付出更多的费用去体验产品升级带来的乐趣，因此高昂的价格并没有对品牌造成销量影响。

雪糕制品受制于原材料价格波动，近几年由于原料奶粉、奶油、白糖等价格上涨，使得产品毛利率有所下降，为了缓解原材料成本带来的压力，品牌只有提高售价才能获得预期收益。

除此之外，消费者追求雪糕独特的口感增加了生产难度。对生产需要的机器要求更高，同时人工成本也相应提高。并且消费者的购买方式更多的是选择手机下单，诸多雪糕品牌相应开通了电商功能方便用户直接下单，然而冷链物流配送方式比普通物流成本高出 40%~60%，产品价格自然会被提高。再加上品牌营销和明星代言环节消耗的费用更大，最终都会分摊在终端零售价上，雪糕价格水涨船高也就不足为奇了。

曾经雪糕产品具有明显的季节属性，消费者仅把雪糕当成季节性消费品来达到消暑降温的目的。如今，人们的消费心理发生了彻底改变，从季节性消费转化为无季限制的日常休闲消费。雪糕已经不只有消暑降温的功能，还被赋予了营养、社交、时尚、高端等多重属性，成为潮流年轻人追求美好生活的目标。

（摘录自微信公众号"品牌营销官"《一支雪糕66元，钟薛高凭什么卖这么贵？》）

> ❖ **课堂讨论**：分析钟薛高定价的因素有哪些？
> **提示**：消费者的消费能力的提升、雪糕成本的增加、消费者需求的改变。

4. 选择定价方法和定价策略

选择定价方法是在特定的定价目标指导下，根据对成本、供求、竞争者等一系列基本因素的研究，运用价格决策理论，对产品价格进行计算的具体方法。通常有三种定价方法，即以成本为导向的定价方法、以需求为导向的定价方法和以竞争为导向的定价方法。这三种方法能适应不同的定价目标，企业应根据具体情况择优使用。

5. 选定最终营销价格

确定价格要以定价目标为指导，选择合理的定价方法，同时也要考虑其他因素，如消费者心理因素、产品所处市场生命周期阶段等。最后经过分析、判断以及计算，为产品确定一个既能为顾客所接受，又能为企业带来利益，同时还有利于实现企业营销目标的合理价格。

7.2.2 企业定价方法

企业所制定的价格可能处于两种极端之间：一种是价格低得没有利润可赚，一种是价格高得没有人买得起。一般来说，产品成本构成了价格的下限，而消费者对产品价值的认知构成了价格的上限。同时，企业必须考虑竞争者的价格以及其他一些外部和内部因素，以便在这两者之间寻找到最适当的价格水平。通常情况下，企业在制定价格时应综合考虑成本、供求和竞争这 3 个基本要素，但在实际定价时，往往又侧重于某一因素，于是便形成了成本导向定价法、需求导向定价法和竞争导向定价法 3 种基本定价方法。

1. 成本导向定价法

成本导向定价法就是以产品成本作为定价基础的方法，即企业定价时首先考虑要收回成本，然后才考虑赚取利润。这是一种传统的定价方法，在现代社会仍被普遍采用，是以实现当期利润最大化、获取一定的投资收益率、维持营业或生存、履行社会责任等为定价目标的企业所普遍采用的一种定价方法。产品成本包括固定成本和变动成本两部分，单位产品成本应根据预测的销售量加以推算。成本导向定价法中最常用的有以下 3 种：

① 成本加成定价法。这是最简单的定价方法，即在产品成本的基础上乘以标准成本加成率，从而定出产品销售价格。这个成本加成率就是预期利润占产品成本的百分比。成本加成定价法的计算公式为：

单位产品销售价格＝单位产品成本（1＋成本加成率）

> 如某制造商生产某产品的可变成本是 10 元/件，固定成本是 30 万元，成本加成率是 20%，预计销量是 5 万件，则其单位产品销售价格为：
>
> 总成本＝固定成本＋变动成本
>
> 单位产品成本＝总成本÷预计销量
>
> $\qquad\qquad\quad =（300\,000＋10\times 50\,000）\div 50\,000$
>
> $\qquad\qquad\quad =16$（元）
>
> 单位产品销售价格＝$16\times$（1＋20%）＝19.2（元）
>
> 因此，该产品的单位销售价格应为 19.2 元。

在成本加成定价法中，定价的关键是确定成本加成率。一般来说，成本加成率的大小与商品需求价格弹性和企业的预期盈利有关。需求价格弹性大的商品，成本加成率宜低；需求价格弹性小的产品，成本加成率不宜低。

成本加成定价法的优点是：第一，简便易行。因为确定成本要比确定需求容易，企业可简化定价工作，也不必经常依据需求情况进行调整。第二，采用这种方法可以保证各行业取得正常的利润，从而可以保障生产经营的正常进行。第三，如果同行都采取此种方法定价，价格竞争就会大大削弱。这种方法在西方国家广为应用，尤其在零售业中，大都采用成本加成定价。

成本加成定价法也存在不足：该方法是从卖方的利益出发进行定价的，其基本原则是降本求利，没有考虑市场需求和竞争因素的影响，因而它是在卖方市场条件下的产物。另外，成本加成率是一个估计数，缺乏科学性，由此计算出来的价格，很难说一定能为顾客所接受，更谈不上在市场上具有竞争能力，同时，此种方法过分强调了历史实际成本在定价中的作用。因此在应用这种方法时，应当根据市场需求、竞争情况等因素的变化做必要的调整。

② 目标利润率定价法。这种定价法的要点是使产品的售价能保证企业达到预期的目标利润率。它是在成本的基础上，按照目标利润率的高低计算价格的方法。具体计算公式为：

$$单位产品计划 = \frac{总成本＋目标利润}{预计销售量}$$

> 如某企业年生产能力为 100 万件 A 产品，估计销售量为 80 万件，其总成本为 1 000 万元，企业的目标利润率为 20%，单位产品价格应为：
>
> 目标利润＝总成本×目标利润率＝$1\,000\times 20\%＝200$（万元）
>
> $$单位产品计划 = \frac{总成本＋目标利润}{预计销售量}$$
>
> $$\qquad\qquad = \frac{1\,000＋200}{80}$$
>
> $\qquad\qquad =15$（元）
>
> 因此，该企业产品的价格应为 15 元。

目标利润率定价法的优点是可以保证企业既定目标利润的实现；缺点是这种方法只是从卖方的利益出发，没有考虑竞争因素和市场需求情况。这种方法是先确定销量，再确定和计算出产品的价格，这在理论上是说不通的。因为，对于销售商品而言，一般是价格影响销售，而不是销售决定价格。因此，按此种方法计算出来的价格不一定能够保证产品计销售量的实现，而如果产品不能够卖出去，则企业的利润目标就难以实现。

所以，目标利润率定价法一般适用于需求价格弹性较小，而且在市场上有一定影响力的企业以及市场占有率较高或具有垄断性质的企业，对于大型的公共事业单位更为适用。

③ 盈亏平衡定价法，这是利用盈亏平衡点的原理来定价的一种方法。盈亏平衡点又称盈亏分界点、保本点。企业产品销售若达到均衡点，就可实现收支平衡，这是侧重于保本经营的定价方法，这种定价方法的计算公式为

$$盈亏平衡价格 = \frac{应摊固定成本}{总产量} + 单位变动成本$$

某企业某项产品年应摊固定成本为 200 000 元，每件产品的单位变动成本为 40 元，如果销量可望达到 5 000 件，其收支平衡价格为：

$$盈亏平衡价格 = \frac{应摊固定成本}{总产量} + 单位变动成本$$

$$= \frac{200\,000}{5\,000} + 40 = 80（元）$$

因此，要想达到盈亏平衡，该产品价格应为 80 元。产品售价在此之上则企业能获利，低于此价格则亏损。

采用盈亏平衡定价方法的优点是：企业能够判断在一定条件下，以什么样的价格能够收回成本，据此判断价格的最低限度；采用此方法的缺点是：市场的产品销售量难以控制，因为它取决于市场的供求关系；又因为只有超过预测销售量的部分才可取得利润，所以，如果市场供求波动较大，则很难保证获得预期的利润。

2. 需求导向定价法

需求导向定价法是以消费者需求的变化及消费者心理作为定价的基本依据，以消费者所能接受的价格作为销售价格的定价方法。常用的需求导向定价法有下列两种：

① 理解（认知）价值定价法。这种定价方法的基本指导思想是：认为决定商品价格的关键因素是顾客对商品价值的认知水平，而不是卖方的成本。企业根据顾客对产品的认知价值来确定产品的价格。因此，在定价时，企业先要估计和测量在营销组合中的非价格变量在顾客心目中建立起来的认知价值，然后根据顾客对商品的认知价值，制定出商品的价格。

一般来说，消费者对每一种商品的性能、用途、质量、外观以及价格等都有一定的认知和评价。当卖方的价格水平与消费者对商品的认知水平大体一致时，消费者才能接受这种价格。采用认知价值定价法的企业必须了解购买者对不同竞争产品的价值观念，但是衡量价值观念可能很困难。企业可以通过市场调查了解消费者能为基本产品支付的价格和为附加利益支付的价格，正确判断顾客对商品价值的认知程度。

② 需求差别定价法。这种方法是指在给产品定价时可根据不同需求强度、不同购买者、不同购买地点和不同购买时间等因素，采取不同的价格。需求差别定价法的具体形式有以下几个方面：

其一，因顾客而异。企业按照不同的价格把同一种产品或服务卖给不同的顾客。如对老顾客和新顾客采用不同的价格，对老顾客给予一定的优惠。同一产品卖给批发商、零售商或消费者采用不同的价格；酒店对长期客户的收费低于短期客户等。

其二，因产品而异。企业对不同型号或形式的产品分别制定不同的价格，卖给不同的目标顾客。如以较低的价格将普通洗衣机卖给工薪阶层，以较高的价格将全自动洗衣机卖给高薪阶层；工业用水、灌溉用水和居民用水的收费往往不同。

其三，因地点或位置而异。企业对于处在不同位置的产品或服务分别制定不同的价格，

如同一地区或城市的影剧院、运动场、球场或娱乐场等因地点或位置的不同，价格也不同。

其四，因时间而异。企业对于不同季节、不同时期甚至不同钟点的产品或服务分别制定不同的价格。如宾馆、饭店、机票在旅游旺季和淡季的收费标准不同。

需求差别定价法有一定的适用条件：首先，市场必须是可以细分的，而且各个细分市场必须表现出不同的需求程度；其次，以较低价格购买某种产品的顾客没有可能以较高价格把这种产品倒卖给别人；再次，竞争者没有可能在企业以较高价格销售产品的市场上以低价竞销；最后，价格歧视不会引起顾客反感，采取的价格歧视形式不能违法等。

3. 竞争导向定价法

竞争导向定价法是指企业完全根据竞争的需要，以竞争者的价格作为定价基础的一种定价方法。常见的竞争导向定价法有以下三种：

① 随行就市定价法。所谓随行就市定价法，是指企业按照行业的平均现行价格水平进行定价，这是一种比较常见的定价方法。一般是在产品的成本测算比较困难、竞争对手不确定，以及企业希望得到一种公平的报酬和不愿打乱市场现有正常秩序的情况下，采用的一种行之有效的方法。采用这种方法既可以追随市场领先者定价，也可以采用市场上的一般价格水平定价。这要根据企业产品特征以及产品的市场差异性来决定。

② 密封投标定价法。这是一种依据竞争情况来定价的方法，也称招标定价法，主要用于建筑包工、产品设计和大宗商品的购买等方面，是买方引导卖方通过竞争成交的一种定价方法。招标人以公告或寄送招标单的形式，邀请投标人在指定期限内按招标人在公告或招标书中提出的条件进行投标，最后由招标人在规定日期开标，选择投标者中最有利者成交。投标程序包括招标、投标、开标。

③ 拍卖定价法。这是指卖方委托拍卖行，以公开叫卖方式引导买方报价，利用买方价格竞争求购的心理，从中选择高价格成交的一种定价方法。这种方法历史悠久，常见于出售古董、珍品、高级艺术品或大宗商品的交易中。

7.3　企业定价策略

定价策略是指企业在不同时期，依据确定的定价目标所采取的具体的定价方针和价格对策，定价策略是影响商品销售的关键性因素，因此，企业必须善于根据市场状况、产品特点、消费者心理和营销组合等因素，正确选择定价策略，保持价格的适应性。

7.3.1　新产品定价策略

定价策略会随着产品市场生命周期的演进而发生变化。对企业来说，在产品投入期的定价尤其具有挑战性。企业通常会选择以下新产品定价策略：

1. 撇脂定价策略

撇脂定价策略是指在产品市场生命周期的最初阶段，把产品的价格定得较高，在短期内获取厚利，尽快收回投资。这一定价策略就像从牛奶中撇取其中所含的奶油一样，故得名。

撇脂定价适用于以下情况：市场需求缺乏弹性；即使在高价情况下企业仍然能够维持独家经营，如有专利保护的产品、自然垄断产品等；产品为购买者心目中的高档商品和奢侈品。

这种定价策略的优点包括：一是迅速收回投资，减少投资风险；二是在新产品上市之初，在潜在的竞争对手还没进入市场前，用高价获利，可从容应对竞争对手的入侵；三是先制定较高的价格，在其新产品进入成熟期后可拥有较大的调价余地，不仅可以通过逐步降价保持企业的竞争力，还可以从现有的目标市场上吸引潜在追求者，甚至可以争取到对价格比较敏感的顾客。

这种定价策略的缺点是：在新产品尚未建立起信誉时，高价不利于打开市场，有时甚至会导致无人问津。同时，如果高价投放市场且销路旺盛，很容易吸引竞争者进入。潜在竞争者发现创新企业获得大量盈利时，会决定进入该市场，加速本行业竞争的白热化。因此，在采用撇脂定价策略时，要根据产品特点和竞争状况谨慎决策。

> **✉ 阅读材料**
>
> 苹果公司的 iPod 产品是近年来最成功的消费类数码产品，一推出就获得成功，第一款 iPod 零售价高达 399 元美元，即使对于美国人来说，也是属于高价位产品，但是有很多"苹果迷"既有钱又愿意花钱，所以还是纷纷购买。苹果的撇脂定价取得了成功。但是苹果认为还可以"撇到更多的脂"，于是不到半年又推出了一款容量更大的 iPod，当然价格也更高，定价 499 元美元，仍然卖得很好。苹果的撇脂定价大获成功。
>
> 作为对比，索尼公司的 MP3 也采用撇脂定价法，但是却没有获得成功。索尼失败的第一个原因是产品的品质和上市速度。索尼最近几年在推出新产品时步履蹒跚，当 iPod mini 在市场上热卖两年之后，索尼才推出了针对这款产品的 A1000，可是此时苹果公司却已经停止生产 iPod mini，推出了一款新产品 iPod nano，苹果保持了产品的差别化优势，而索尼则总是在产品上落后一大步。此外，苹果推出的产品马上就可以在市场上买到，而索尼还只是预告，新产品正式上市还要再等两个月。速度的差距，使苹果在长时间内享受到了撇脂定价的厚利，而索尼的产品虽然定价同样高，但是由于销量太小而只"撇"到了非常少的"脂"。

2. 渗透定价策略

渗透定价策略是指企业把其新产品的价格定得相对较低，以吸引大量的消费者，提高市场占有率。这种定价策略的优点包括：第一，低价可以使新产品尽快被市场接受，并借助大批量销售来降低成本，获得长期稳定的市场地位；第二，微利阻止了竞争者的进入，增强了企业自身的市场竞争力。

采用渗透定价策略须满足某些条件。渗透定价适用于以下情况：市场需求富有弹性；产品生产成本和经营费用会随着产量增加而下降；企业面临着潜在的竞争者。低价必须有助于抵御竞争，不会引起实际和潜在的竞争。

3. 满意定价策略

满意定价策略是一种介于撇脂定价策略和渗透定价策略之间的定价策略，是指新产品上市后，将产品的价格定在一个比较合理的水平，既能使顾客比较满意，又能让企业获得适当的利润，由于这个价格策略过于关注多方面的利益，反而缺乏开拓市场的勇气，适用于产销较为稳定的产品，而不适用于需求多变、竞争激烈的市场环境。企业将产品价格定得高低适中，使厂商、中间商和消费者都能够接受，因此，该种定价方法又称温和价格或君子价格。满意定价方法适用范围较广。

7.3.2 折扣定价策略

企业为了鼓励顾客及早付清货款、大量购买、淡季购买，还可以酌情降低其基本价格，即实行折扣定价策略。折扣定价策略主要包括以下几种：

1. 现金折扣策略

现金折扣策略是企业给那些及时付清货款的购买者的一种优惠，实质上是变相降低价格，目的是鼓励购买者提早付清货款。这样的折扣在很多行业中得到应用，以帮助企业改善现金状况、减少坏账和信用收账的成本。这种定价策略适用于价格贵的耐用消费品，尤其是采取分期付款的商品。现金折扣策略如图 7.5 所示。

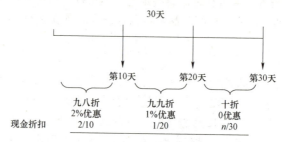

图 7.5　现金折扣策略

2．数量折扣策略

数量折扣策略是根据经销数量的大小给予购买者不同的折扣，主要是鼓励大批量的订货和经营。为了使折扣起不同的鼓励作用，数量折扣分为以下两种形式。

① 累计折扣，根据一定时期内供货总数计算。这种折扣有利于鼓励经营者集中向一个生产者或供应者多次进货，成为可信赖的长期顾客。如图 7.6 所示。

② 非累计折扣，即一次性折扣，它是根据一次购货数量来计算的，这类折扣鼓励购买者一次大量购买。

购物满200送100
购买10斤以上，每斤1元；10斤以下每斤1.5元

图 7.6　数量折扣策略

3．季节折扣策略

季节折扣策略是指生产季节性产品的企业对销售淡季来采购的买主给予折扣优待，鼓励中间商和用户提早采购，这样有利于减轻储存压力，使淡季也能均衡生产。如旅馆和航空公司经常在其销售淡季提供季节折扣。如图 7.7 所示。

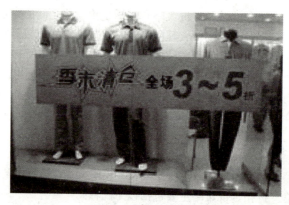

图 7.7　季节折扣策略

4. 功能折扣策略

功能折扣也称贸易折扣，是根据各类中间商在市场营销中担负的功能不同，给予不同的折扣。如制造商给予批发商的折扣要大于给予零售商的折扣，目的是鼓励中间商努力销售本企业的商品。

5. 推广让价策略

推广让价策略是指企业对经营者为推广本企业经营的商品而组织的各种促销活动（如刊登广告、布置展台、组织人员促销等）进行鼓励，给予津贴或减价作为报酬。这种策略对于激发经销商的销售热情、扩大产品影响和销路意义重大。

7.3.3 心理定价策略

心理定价策略是指企业根据消费者的不同心理，采取不同定价技巧的策略。这种策略考虑的是价格的心理影响而不仅仅是简单的经济影响。常见的心理定价策略包括以下几种：

1. 整数定价策略

整数定价策略是采用整数作为商品价格的方法。这种定价策略主要适用于高档商品、名牌商品或消费者不太了解的商品。整数定价策略可以满足那些享受豪华和满足虚荣的消费者的心理需要。通常人们购买高档或名牌商品，对质量要求特别严格，而大多数消费者属于非专家型，他们往往根据价格高低来判断产品质量，而实行整数定价则可以适当抬高商品身价，从而扩大销售。一般来说，耐用消费品宜使用整数定价策略。例如，将一枚价值 49.9 万元的宝石定价为 50 万元，这样价格上升到较高一级的档次，借以满足消费者的高消费心理。

2. 尾数定价策略

尾数定价策略是指利用消费者数字认知的某种心理，尽可能在价格数字上不进位，而保留零头，使消费者产生价格低廉和卖主经过认真的成本核算后才定价的感觉，从而使消费者对企业产品及其价格产生信任感。如某商品的价格为 9.98 元，接近 10 元，但是比 10 元的价格更容易让消费者接受，这就是利用消费者的求廉心理和要求定价准确的心理进行定价的。日用消费品等低价值商品通常采用尾数定价策略。尾数定价策略的优点是：第一，可使顾客产生一种价格低廉、经济实惠的感觉。第二，可给顾客一种定价准确、合理，是经过精确计算后得来的印象，给消费者信任感。第三，可给顾客定出一个较合意的数字，如 16.80 元，并能给企业带来好的效益。

3. 声望定价策略

声望定价策略是指企业利用消费者仰慕名牌商品或名店的声望所产生的某种心理来制定商品的价格，故意把价格定成整数或高价的策略。名牌产品或高价值产品最适宜采用此法定价，这是因为许多消费者都有崇拜名牌的心理，他们往往以价格判断质量，认为高价格代表高质量。声望定价策略的优点：可以树立企业或品牌的良好形象，可以满足高薪阶层显示身份和地位的需要。

消费高价位的产品往往被看成是财富、身份和地位的象征。企业可以利用声望定价策略塑造高端产品形象，强调产品的品牌声誉、高端品质、超值服务以及给消费者精神上的高度满足。"爱她，就请她吃哈根达斯！"哈根达斯采取声望定价策略，在中国走出了一条高端路线。哈根达斯不仅在中国一线城市的大型超市里拥有独立的专柜，在一些繁华的商厦里更是开设了专门的品尝门店，提供哈根达斯火锅等服务。哈根达斯在中国成为成功人士所选择的消费品牌的代表。

4. 招徕定价策略

招徕定价策略是指零售商利用部分顾客求廉的心理，特意将某几种商品的价格定得较低以吸引顾客的策略。一般来说，顾客对于低价商品总是很感兴趣，制造商或零售商就可以利用顾客的这种心理，有意把某几种商品价格降得较低，甚至低于成本或进价，借此吸引顾客购买正常价格水平的商品或其他种类的商品，从而扩大销售量。

采用招徕定价策略时，必须注意以下几点。

① 降价的商品应是消费者常用的，最好是适合于每一个家庭使用的物品，否则没有吸引力。

② 实行招徕定价策略的零售商经营的品种要多，以便使顾客有较多的选购机会。

③ 降价商品的降价幅度要大，一般应接近成本或者低于成本。只有这样，才能引起消费者的注意和兴趣，才能激起消费者的购买动机。

④ 降价商品的数量要适当，数量太多则企业亏损太大，数量太少则容易引起消费者的反感。

⑤ 降价商品应与因残次而削价的商品明显区别开来。

5. 习惯定价策略

消费者对许多日用消费品的长年购买已经形成价格习惯，习惯定价策略就是按照消费者已经形成的价格习惯来为商品定价。这种定价方法主要适用于消费者购买率比较高的日用消费品。

各种心理定价策略并没有好坏之分，关键是看这种定价策略是否适合于商品的需求特征。心理定价策略的 5 种形式如图 7.8 所示。

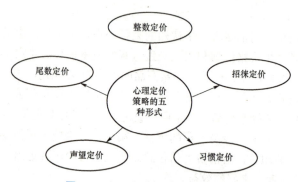

图 7.8　心理定价策略的 5 种形式

7.3.4　地理定价策略

地理定价策略是一种考虑到用户的地理位置、运费负担不同而采取的定价策略，这种定价策略在应用中有几种具体形式，见表 7.5。

表 7.5　地理定价策略

定价方法	定价形式
产地定价策略	在产地的某种运输工具上交货，交货后一切费用、风险均由买方承担，这种定价方法对卖方来说最为便利、费用最省、风险最小，但对扩大销售有一定影响
目的地交货价格策略	由卖方承担从产地到目的地的运费及保险费。目的地交货价格由出厂价格加上产地至目的地的手续费、运费和保险费等构成
统一运送定价策略	卖方对买方不论远近实行统一价格，价格等于出厂价加上按平均运费计算的相同运费

续表

定价方法	定价形式
分区运送定价策略	企业把全国（或某些地区）划分为若干价格区，实行不同的价格（一般是较远地区收取的运费高，较近地区收取的运费低）；同一价格区内实行相同价格
运费津贴定价策略	为弥补产地定价策略的不足，减轻买方的运杂费、保险费等负担，由卖方补贴其部分或全部运费
免收运费定价策略	由卖方负担全部或部分运费的策略，这种做法可促成市场渗透，降低平均成本

✉ 阅读材料

德邦公司的定价策略是什么？

提示： 德邦采用了分区运送定价策略，把全国（或某些地区）划分为不同价格区，分别进行定价。

7.3.5 产品组合定价策略（模糊定价策略）

1. 产品线定价

如果企业的某一产品线包括了若干个产品项目，则企业就要把这些产品项目分成若干等级，然后根据目的不同为不同等级的产品分别制定不同的价格。不同等级产品之间的差价要适当，价格要反映产品质量和成本费用的差别。

2. 互补产品定价

某些企业同时生产与主要产品一起使用的配套产品。对于这类互补产品，企业可以降低购买频率低、需求弹性大的商品的价格。同时提高购买频率高而需求弹性小的商品的价格。例如，惠普公司就是把喷墨打印机价格定得较低，而把喷墨打印耗材价格定得较高，即依靠卖耗材赚钱。

3. 互替产品定价

互替产品是指买主在购买和使用过程中能够互相代替的产品。对于互替产品，企业应当适当提高畅销品的价格，降低滞销品的价格。如洗衣液和洗衣粉。

7.3.6 价格调整策略

产品定价不是一劳永逸的，由于市场环境的变化，企业经常需要对价格进行调整。价格调整主要有两种方式：一是提价策略，二是降价策略。

1. 提价策略

企业提价的原因：一是通货膨胀造成的成本上涨。当企业的原材料、工资等费用上升造成企业成本提高时，企业只能通过提价来转嫁成本上的压力，维持正常的盈利水平。二是产品供不应求。当市场需求旺盛，企业生产的产品无法满足所有顾客需求时，可以通过提高价格抑制部分需求。提价策略如图7.9所示。

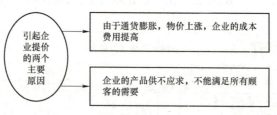

图7.9 提价策略

企业可以公开地提高价格，但是在提价之前应该让消费者知晓成本上涨的原因，以获得消费者的理解。企业也可以采取比较隐蔽的提价方式，主要方法和技巧包括：其一，保持原有价格不变，但采用更便宜的原材料或配件，或者改用廉价的包装材料或者减少产品的功能、分量等；其二，减少价格折扣；其三，在企业购销合同中采用推迟报价或使用价格自动调整条款；其四，减少附加产品或者将原来提供的附加产品从整体产品中分离出来，另行加价。

2. 降价策略

企业降价的原因主要有：第一，存在过剩的生产能力，企业需要通过降低价格来扩大销售，提高市场占有率；第二，竞争的压力；第三，企业的成本比竞争者低，企业希望通过降价来扩大市场占有率，形成良性循环，成为市场领导者。如图7.10所示。

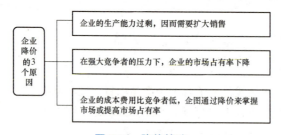

图7.10 降价策略

企业降价的方法和技巧主要有：其一，保持原有价格不变，增加额外的服务，如送货上门、免费安装、维修等；其二，改进产品的性能，提高产品的质量；其三，增加折扣，或者在原有的基上，扩大各种折扣比例；其四，馈赠礼品等。

3. 顾客对企业变价的反应

① 在一定范围内的价格变动是可以被消费者所接受的；提价幅度超过可接受价格的上限，则会引起消费者不满，产生抵触情绪，而不愿购买企业产品；降价幅度低于下限，会导致消费者产生种种疑虑，也对实际购买行为产生抑制作用。

② 在产品知名度因广告而提高、收入增加、通货膨胀等条件下，消费者可接受价格上

限会提高；在消费者对产品质量有明确认识、收入减少、价格连续下跌等条件下，下限会降低。

③ 消费者对某种产品削价的可能反应是：产品将马上因式样陈旧、质量低劣而被淘汰；企业遇到财务困难，很快将会停产或转产；价格还要进一步下降；产品成本降低了。而对于某种产品的提价则可能这样理解：很多人购买这种产品，我也应赶快购买，以免价格继续上涨；提价意味着产品质量的改进；企业将高价作为一种策略，以树立名牌形象；卖主想尽量取得更多利润；各种商品价格都在上涨，提价很正常。

4. 竞争者对企业变价的反应

一般说来，在同质产品市场上，如果竞争者削价，本企业必须随之削价，否则大部分顾客将转向价格较低的竞争者；但是，面对竞争者的提价，本企业既可以跟进，也可以暂且观望。如果大多数企业都维持原价，最终迫使竞争者把价格降低，使竞争者涨价失败。

在异质产品市场上，由于每个企业的产品在质量、品牌、服务、包装、消费者偏好等方面有着明显的不同，所以面对竞争者的调价策略，企业有着较大的选择余地：第一，价格不变，任其自然，任顾客随价格变化而变化，靠顾客对产品的偏爱和忠诚度来抵御竞争者的价格进攻，待市场环境发生变化或出现某种有利时机，企业再做行动。第二，价格不变，加强非价格竞争。比如，企业加强广告攻势，增加销售网点，强化售后服务，提高产品质量，或者在包装、功能、用途等方面对产品进行改进。第三，部分或完全跟随竞争者的价格变动，采取较稳妥的策略，维持原来的市场格局，巩固取得的市场地位，在价格上与竞争对手一较高低。第四，以优越于竞争者的价格跟进，并结合非价格手段进行反击。比竞争者以更大的幅度削价，比竞争者以更小的幅度提价，强化非价格竞争，形成产品差异，利用较强的经济实力或优越的市场地位，居高临下，给竞争者以毁灭性的打击。

> ❖ **课堂讨论：降价能否一降再降？**
> 提示：不能；降价尽量一步到位，避免一降再降。

【营销小知识】

口红效应

口红效应（Lipstick Effect）是指美国 1930 年经济大恐慌时期，人们消费能力有限，买不起高级消费品。消费者会转而购买价格较低的产品，这时口红的销量反而会直线上升。

【案例学习】

价格的制定是基于企业市场定位、企业成本核算、产品组合设计等综合因素基础上的决策过程。以虹彩艺术为例，创始人的价格策略既有成本的考量也充分体现企业发展的灵活性。以其 2020 年开始主打的面向青少年（13～16 岁）的美术培训产品为例。公司发展规模按年度制订规划，目标明确，合理计划，把握方向，规划分段进行。见表 7.6 和表 7.7。

表 7.6　虹彩艺术发展规模

项目	第一年	第二年	第三年	第四年	要素
创业阶段	探索期	发展期	扩张期	稳定期	员工
创业形式	低投资 低收入	低投资 高收入	低投资 高收入	中投资 高收入	资产
企业形态	直营店 借助合作方拓展店面	直营店 店中店	直营店 店中店 加盟店	加盟店 店中店 直营店	模式
产品特征	探索	定型	体系	完善	产品
盈利模式	固定生源	固定生源 机构二次消化	固定生源 机构二次消化 加盟费	固定生源学费 机构二次消化 技术加盟费 教材研发收入 师资培训收入 网课收入 户外活动费 赛事费用	市场
场地变化	60 平方米	75 平方米	75 平方米	200 平方米	机构
场地成本	0	0	0	2.4 万	成本
人工成本	1.2 万元	1.2 万元	2.6 万元	3.5 万元	
解决问题	方向与生存	模式	发展企业	稳中求进	目标

表 7.7　企业资金规划表

计划	时间	规划
第一阶段： 两年计划	2021—2023 年	完成与双课学堂合作的 74 家分店师资、课程输出
第二阶段： 三年计划	2023—2026 年	珠三角地区开设线下师派模式直营店 完善线上课程平台 预估带动就业人数 9 000 人 孵化创业型企业 40 家
第三阶段： 五年计划	2026—2031 年	全国范围铺开互联网＋线下 派师平台定点 400 家，预带动就业人数 14 000 余人 孵化创业型企业 90 家

　　根据预测的销售量，假设达到 100% 的生产能力，企业需要购买相应设备、购买装饰材料、购买美术材料。

　　（一）课室装饰设备陈列表（成本合计预计为 30 000～35 000 元）（略）

　　（二）课程展板教材规格陈列表（成本合计预计为 500～700 元）（见表 7.8）

表 7.8　课程展板教材规格

材料内容	数量	尺寸
1. "双课学堂十年美术教学规划表"提供纸质版	1 份	196 cm×90 cm
2. "双课学堂创意绘画班教材展示"提供纸质版	1 份	70 cm×40 cm
3. "双课学堂创意绘画班教学效果展示"提供纸质版	1 份	70 cm×40 cm
4. "双课学堂黏土手工班教材展示"提供纸质版	1 份	60 cm×43 cm
5. "双课学堂黏土手工班教学效果展示"提供纸质版	1 份	60 cm×43 cm
6. "双课学堂国学国画班教材展示"提供纸质版	1 份	60 cm×38 cm
7. "双课学堂国学国画班教学效果展示"提供纸质版	1 份	60 cm×38 cm
8. 定制化"双课学堂师资顾问团队展示"提供纸质版	1 份	40 cm×50 cm
9. 定制化"创意绘画班课程介绍卡"提供纸质版	1 份	A4
10. 定制化"国学国画班课程介绍卡"提供纸质版	1 份	A4
11. 定制化"黏土手工班课程介绍卡"提供纸质版	1 份	A4
12. "双课学堂课程理念深度解析"提供纸质版	1 本	A4
13. "双课学堂学前美术课程教学课题拓展"提供纸质版	1 份	A4
14. "双课学堂 13 册运用管理体系"提供纸质版	各 1 本	A4

（三）美术材料配置表（成本合计预计为 65 000～70 000 元）（略）

【迁移训练】

1. 选取 2～3 家本模拟公司所在行业具有代表性的公司或本模拟公司的竞争对手，对其价格策略的制定和变动进行调查和分析。

2. 对本模拟公司的所有产品进行定价，并对该价格的制定依据（包括成本核算）及所运用的策略进行分析。

【效果评价】

1. 考核内容

（1）本行业其他公司的定价策略分析

（2）本模拟公司的价格策略分析

2. 评价标准

（1）正确运用所学知识对本行业其他公司的定价策略进行分析。（50 分）

（2）本模拟公司的产品定价合理，成本核算正确。（50 分）

【竞赛辅导】

根据 2021 年第七届中国国际"互联网+"大学生创新创业大赛评审要求，职教赛道创意组评审中强调"项目的资本情况"；职教赛道创业组评审要求中强调"是否有合适的资金计划来支持其未来持续快速发展"。对于价格策略的考量是体现项目团队成员是否具备市场思维和创业实践经验的综合评判标准，不能纯粹以想象和理论替代实践，对于已经成型的创意，建议在参赛计划书撰写之前一定要有一个小规模的市场试验过程。

请结合"互联网+"系列赛事评审标准要求对照模拟企业的价格策略分析内容，评价其是否具备可行性、营利性和成长性。

【知识链接】

1. 推荐书目

《定价策略》，骆品亮著，上海财经大学出版社 2013 年版

2. 视频案例链接

学习本项目内容的学员可观看下列学习视频，进一步加深理解。

请登录：http://v.youku.com/v_show/id_XNTAwNDUwMzM2.html（时代光华课程：产品定价新方法和实施条件）

项目八

分销渠道与促销方案设计

内容框架

建议学时：7学时，其中理论5学时，实训2学时
- 工作情境
- 创业案例
- 经典导入
- 知识要点
- 课堂讨论
- 阅读材料
- 思政小课堂
- 案例学习
- 营销小知识
- 迁移训练
- 效果评价
- 竞赛辅导
- 知识链接

知识目标

- 销售渠道的长度与宽度
- 销售渠道中的中间商、选择中间商应考虑的因素、中间商的激励
- 渠道的调整与管理
- 窜货管理
- 促销组合
- 人员推销
- 广告促销
- 公共关系
- 销售促进

能力目标

- 能识别长渠道、短渠道、宽渠道和窄渠道
- 能区分出密集型分销、选择型分销和独占型分销的区别
- 能为某种产品选择分销渠道
- 能够为某种产品设计出促销组合方案

- 能够为某种产品设计出公共关系手段
- 能够为某种产品制定出销售促进方案

素质目标
- 增强团队合作精神
- 初步具备市场营销组合意识

【工作情境】

现在小伙伴们新成立的公司已经进入了营销组合设计的环节。在前期学习 4P、4C、4R 理论的基础上,公司的所有员工都清楚产品、价格、渠道和促销的组合对任何企业的营销活动而言都是至关重要的。近期公司将启动分销及促销策略的设计,听说虹彩艺术在这方面有不少经验和收获,特来寻求指导。

你觉得可以从哪些方面进行学习交流呢?

【创业案例】

虹彩艺术创始人小贤热情地接待了小伙伴,并通过两个核心产品的销售渠道设计和促销方式进行介绍。

1. 产品 A 的营销模式

产品 A 少儿美术培训本部的选址位于广州市天河区瘦狗岭路,主要原因是销售点附近高校多,学术氛围浓,借助学校品牌,便于组织学生教师队伍。在前期调查数据的基础上,团队基于产品开展实践教学点,为保障产品质量以及为产品提供研发资金和平台,采取人员推销、广告、公共关系和营业推广等方式,把产品或服务销售提供给最终消费者,见表 8.1。

表 8.1 产品 A 少儿美术培训的销售方式

营销方式	具体内容
广告	传统节假日营销、口碑营销、微信公众号、宣传事件营销(跟社团合作、传单线上推广)、事件营销、社群营销
公共关系	通过赢得有利宣传、与有关公众号建立良好关系,及时处理不利于学校以及公司的传闻,公益营销
营业推广	体验课加上平时活动折扣推广,饥饿营销

2. 产品 B 师资课程的盈利模式

2.1 输出合作双方提供服务内容

虹彩艺术团队作为甲方,合作单位作为乙方,需要提供不同的服务内容,但也需要共同承担相关的事项,见表 8.2。

表 8.2 输出合作双方提供服务内容

甲方(虹彩艺术团队)	乙方(合作单位)	共同承担
师资输出	服务对象(学生)	乙方提供第一期合作材料费用,之后从学费中扣去;共同监督购买材料

续表

甲方（虹彩艺术团队）	乙方（合作单位）	共同承担
课程输出	教室场地	乙方负责招生、场地，甲方负责师资课程
课室装饰	装饰硬件费用	乙方负责材料的购买，甲方负责装修

2.2 校中校合作模式

该项目采取校中校的合作模式，甲乙双方自愿结成战略合作伙伴，利用各自的资源和优势，就师资以及课程输出合作事宜签订合作协议。

2.3 加盟校合作模式

该项目采取统一管理的办法，对社会民办机构、小学、幼儿园进行内容、管理、营销的输出，加盟方式视乙方规模、人数、定位而定。

问题讨论：
1. 虹彩艺术的销售渠道属于哪种类型？
2. 虹彩艺术是如何对自身的分销渠道进行设计的？
3. 虹彩艺术到目前为止选择了哪些类型的促销方式？
4. 虹彩艺术的促销组合策略制定过程主要考虑了哪些因素？

◆ 经典导入

一句古训，百年匠心——非遗项目：同仁堂中医药文化

同仁堂是我国传统中医药行业中闻名遐迩的老字号，创建于清朝康熙八年（1669年），至今已有300多年历史，自康熙年间至清末的188年间，负责皇家御药供奉。历代同仁堂人遵照皇家挑选药材标准、恪守皇宫秘方和制药方法，形成一套严格的质量监督制度。同仁堂与清宫太医院、御药房之间有机融合、相互影响，形成了同仁堂中医药的特殊风格和传统文化体系。作为中国传统医药文化的典型代表，2006年"同仁堂中医药文化"入选第一批国家级非物质文化遗产名录。

"炮制虽繁必不敢省人工，品味虽贵必不敢减物力"，这是同仁堂文化的核心表述，是其对中医药文化的重要贡献。为不断提高质量管控水平，公司充分利用现有条件建立了从基地种植到药材采购，传统鉴别、仪器检测，生产过程管控，以及售后服务的全面质量管理体系，形成了"药材来源基地化、检测手段科学化、炮制工艺规范化、饮片质量标准化、计量包装规格化"的"五化管理模式"，确保了产品质量优质稳定，保证了人民用药安全。

同仁堂是闻名于世的民族品牌，肩负着发展企业和弘扬国粹的双重使命。在未来的发展中，公司将本着对社会、对人民、对企业及对中医药事业负责的态度，一如既往地恪守同仁堂"炮制虽繁必不敢省人工，品味虽贵必不敢减物力"的古训，把医药作为"养生""济人"之方，讲"仁心"、重"仁术"，在严格遵循国家相关规定的基础上，用"四个最严"的要求加强产品质量管控，充分保证产品的有效、安全与稳定，赢得社会对企业产品质量的高度认可。

启发： 当前，全球已进入品牌经济时代。我国需要培育一批国际知名的产品品牌、企业品牌、区域品牌、产业集群品牌，树立中国品牌的优良形象，并参与全球品牌经济的激烈竞争。应鼓励社会各界增强品牌意识，共同关注品牌、培育品牌、保护品牌、

> 宣传品牌，营造品牌发展的良好氛围；培养消费者自主品牌情感，树立消费信心，扩大自主品牌消费；发挥好行业协会桥梁作用，加强中介机构能力建设，为品牌建设和产业升级提供专业有效的服务；坚持正确舆论导向，关注自主品牌成长，讲好中国品牌故事，提升中国品牌竞争力，共同促进中国品牌做大做强。

✉ **知识要点**

8.1 分销渠道的相关概念

8.1.1 分销渠道概述

1. 分销渠道的含义

分销渠道是指产品从生产者向消费者或用户转移过程中，取得商品所有权或帮助转移商品所有权的所有组织和个人。

分销渠道的起点是生产者，终点是消费者或用户，中间环节是中间商。

2. 分销渠道的功能

① 市场调研。收集、整理有关现实与潜在消费者、竞争者及营销环境的有关信息，并及时向分销渠道其他成员传递。

② 促进销售。通过各种促销手段，以消费者乐于接受的、富有吸引力的形式，把商品和服务的有关信息传播给消费者。

③ 寻求顾客。寻求潜在顾客，针对不同细分市场的特点，针对消费者提供不同的营销业务。

④ 实体分销。按照买方要求分类整理供应产品，如按产品相关性分类组合，改变包装大小、分级等。

⑤ 洽谈生意。在分销渠道的成员之间，按照互利互惠的原则，彼此协商，达成有关商品的价格和其他条件的最终协议，实现所有权或持有权的转移。

⑥ 物流运输。从商品离开生产线起，就进入了营销过程，分销渠道就自然承担起商品实体的运输和储存功能。

⑦ 承担风险。分销渠道成员在通过分工分享利益的同时，还应该共同承担商品销售、市场波动带来的风险。

> ❋ **课堂讨论：** 互联网改变了人们生活和管理的方式，一种以互联网络、电脑通信和数字交换等系统工具为基础的网络营销兴起，网络营销正在成为一种分销潮流。你认为，未来网络分销渠道是否能够完全取代传统渠道呢？
>
> 提示：不可能完全取代，最大的可能是基于网络的新兴渠道与传统渠道的共存、功能互补。企业在进行营销时应根据企业的经营目标和细分市场，整合网络营销和传统营销策略，以最低成本达到最佳的营销目标。

✉ **阅读材料**

欧莱雅在中国

欧莱雅在中国市场独特的销售渠道如下：

（1）专业美发品。向专业发型师或通过美发沙龙单一渠道直接向消费者提供一系列美发产品。

（2）大众化妆品。通过集中的市场分销和媒体广告进入普通消费者的生活。

（3）高档化妆品。有选择性地通过香水专卖店、百货商店和旅游商店向顾客提供各类高档品牌。

（4）特殊化妆品。特殊化妆品部通过指定药房及其他专门渠道销售皮肤护理产品。

8.1.2 分销渠道的模式

根据产品消费目的与购买特点的差异性可以分为消费品市场的分销渠道及产业市场的分销渠道。

1. 消费品市场的分销渠道

消费品市场渠道的终端接收者是消费者，起点是生产者。一般消费品需要通过各层级的中间商才能最终流向消费者。每经过一个层级的中间商都会增加消费品的定价。但是随着互联网技术的发展，为了降低售价，吸引更多的客人，越来越多的厂家采用直销模式，使得产品不经过中间商而直接到达消费者手中。消费品市场的分销渠道如图8.1所示。

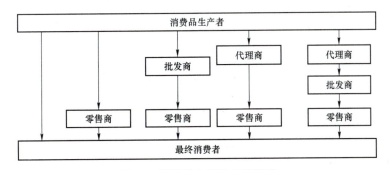

图 8.1 消费品市场的分销渠道

✉ 阅读材料

拼多多的 M2C 模式

拼多多能吸引三、四、五线城市用户的最核心原因是，商品便宜，品质还可以。拼多多为何能做到既便宜且品质还可以呢？这要从拼多多模式说起。我们知道一般商品从生产到消费者手中，需要经过以下这些环节。D–M–S–B–b–C（即 Design（设计）、Manufacture（制造）、Supply Chain（供应链平台）、Business（大商家）、business（小商家）、Consumer（用户））。淘宝做的是 b2C 或者 C2C，天猫做的是 B2C，京东做的是 B2C 或者 b2C。而拼多多做的是 M2C，即砍掉了中间的多个环节，工厂生产后，直接通过拼多多平台，卖给消费者。减少中间环节，所以能大幅降低价格。

同时拼多多发扬光大的拼单，让商品能批量卖出去，能进一步降低价格。至于拼多多的社交玩法、送现金玩法等，都是 M2C 这个模式的运营手段，让 M2C 更好运作。这个链条 D–M–S–B–b–C，有很多玩法，正向的、逆向的。所以我们听到、看到的很多模式，什么 M2C、S2B、S2C、C2M、C2B 等，都是从这个链条衍生出来的。

（摘录自《拼多多运营模式特点解析》）

2. 产业市场的分销渠道

工业品的分销渠道与消费品的分销渠道有很大的不同点。一般有三种分销模式,如图 8.2 所示。

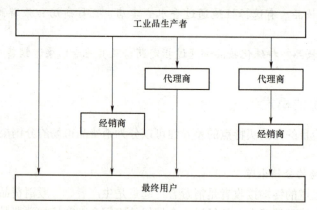

图 8.2　产业市场的分销渠道

一是经销代理模式。工业品企业通过发展经销商、代理商的模式,让产品实现区域市场分销的目的,这是工业品企业最为常用的渠道模式。在经销商代理模式下还存在两种情况:

① 厂家—分公司/办事处—经销商/代理商—最终客户。

② 厂家—区域经理—经销商/代理商—最终客户。某果汁饮料制造商的分销渠道如图 8.3 所示。

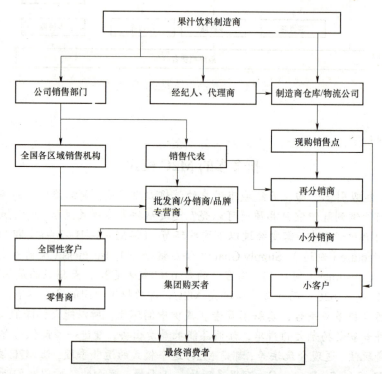

图 8.3　某果汁饮料制造商的分销渠道

二是合作经营模式。工业品企业与经销商合资合作成立区域分公司,采取股份制的形式。当然,主要是工业品企业与区域市场上的强势经销商合作。这在行业也有所尝试,但是不多见，如格力中央空调就是采取这种渠道模式。

三是渠道自营模式。工业品企业通过设立分公司或办事处，直接面向目标客户开展市场销售与推广。

> ✉ 阅读材料

工业产品的销售方式

渠道模式是产品分销与流通模式，销售模式则是如何使工业产品完成与客户交易的模式，是直接针对最终目标客户而言的。可以说，销售模式是在渠道模式下的"具体动作"。总体来看，传统工业品销售模式主要有以下5种：

一是人员推广模式。这是最传统、最古老的销售模式，也是非常关键的营销手段。但是，实际情况是只通过个人公关还是不够的，因为工业品采购正在逐步规范化，有很多中间环节与程序。并且，工业品采购通常由一个团队来负责进行，涉及使用者、影响者、决策者、批准者、购买者、把关者等众多采购参与者。因此，在营销过程中需要从销售人员、服务人员、技术人员和领导者等多个角度开展人员推广，实行立体式营销，兼顾每一个参与者的利益，这样才能提升成功概率。可见，工业品企业要想以一个人（销售人员）之力去影响整个采购团队，已经越来越不现实了。

二是直复营销模式。直复营销也称直效行销，是指工业品企业通过非人员的媒体面向客户、潜在客户提供产品或服务信息，而客户通常通过邮政、电话、电脑或其他科技类媒体完成产品订货过程。这是指采取信件函、电话、目录、DM（工业品类直投媒体）、E-mail等方式进行销售，目前这种模式只能起到信息传递的作用，对于达成实质性交易，还有很多工作需要做。

三是网络营销模式。实际上，网络不仅指互联网，而且还包括手机网络、数字电视网、Web2.0的网络应用（博客、移动博客、RSS等）、分众传媒网等基于新技术构建的新传媒，是一个更大范畴的网络。目前，互联网还是主要媒介，可在企业网站、专业垂直网站、门户网站进行销售推广，但其主要是展示信箱、传递信息作用。目前，中国网民数量已经超过1亿，这是一个不容忽略的数字，这对企业开展网络行销与传播是一个利好的消息。尽管如此，由于工业品采购往往具有大规模、批量化、长期化等特点，很少会有客户很草率地根据网络信息就做出购买决策。

四是会议销售模式。主要是工业品企业参加展会或自行举办各种会议的方式实现产品销售，这种方式有一定的销售效果。当然，会议形式多种多样，诸如客户研讨会、技术演示会、技术培训会、专家交流会、媒体沟通会、现场推广会、渠道招商会、代理商会议等。会议营销在工业品营销方面有着举足轻重的作用，企业通过开展会议营销，可以实现以下目标：集中接触目标客户、展示并塑造企业形象、讲解和传播企业理念、介绍并演示产品机理、有效挖掘客户需求、达成现场交易意向等。

五是参与采购招标。这是一条"正路"，这也是趋势，客户不但要"比质量"，还要"比知名度""比价格""比服务"。同时，客户采取招标形式进行采购，还有一个目的，那就是增加交易的透明度。因此，企业必须在销售体系内建立专业招投标团队，通过竞争实现交易目标。

（摘录自《工业品渠道三种表现形式》）

8.1.3 分销渠道的类型

按照有无中间商分为直接渠道和间接渠道，按流通过程中中间环节的多少分为长渠道和短渠道，按每一个环节中间商数目的多少分为宽渠道和窄渠道。具体描述如下：

1. 直接渠道和间接渠道

按在商品流通过程中是否有中间商参与，分销渠道分为直接渠道和间接渠道。

直接渠道是没有中间商参与，由生产商直接把产品销售给消费者和用户的渠道类型，它是工业用品分销的主要形式。

间接渠道是指经过中间商把企业产品销售给消费者或用户的渠道类型，它是消费用品分销的主要方式。

2. 短渠道和长渠道

按在商品流通过程中经过中间环节的多少，分销渠道分为短渠道和长渠道。在市场营销学中，我们根据中间机构层次的多少来确定渠道的长短。

（1）零渠道（直接渠道）：生产者—消费者

这里指生产商将产品直接销售给最终消费者，中间不经过任何中间商的分销渠道类型。直销是工业品销售的主要方式，大型设备、专用工具及需要提供专门服务的工业品，都以直销渠道为主。

（2）一级渠道：生产者—零售商—消费者

一级渠道包括一级中间商。在消费品市场上，中间商通常是零售商；在工业品市场上，它可以是一个代理商或经销商。

（3）二级渠道：生产者—批发商—零售商—消费者

二级渠道包括两级中间商。典型模式是由批发商和零售商两级转手销售，这是消费品分销渠道中应用最多的、最典型的分销渠道。在工业品市场上，中间商大多是由销售代理商和工业品经销商组成。

（4）三级渠道：生产者—代理商—批发商—零售商—消费者

三级渠道包含三级中间商，通常适用于消费者市场，生产商的产品通过代理商卖给批发商和零售商。

注意：零渠道和一级渠道属于短渠道，二级渠道和三级渠道属于长渠道。长渠道一般适用于产销量大、范围广的产品的分销。

3. 窄渠道和宽渠道

按分销渠道每一个层次中间商数量的多少，可以把分销渠道分为宽渠道和窄渠道。窄渠道是指独家经销，一般适用于特殊商品。宽渠道是指制造商同时选择两个以上的同类中间商销售产品。

> ◆ 课堂讨论："分销渠道环节越多，越难控制"这句话有道理吗？是否表示分销渠道环节越少越好？
>
> 提示：否。分销渠道环节的多少要依据产品特点、市场因素、企业自身条件和环境来决定，不可简单地以环节的多少作为渠道评价的标准。

8.1.4 中间商

中间商是指在生产者与消费者之间参与商品交易业务，促使买卖行为发生和实现的、具有法人资格的经济组织或个人。它是连接生产者与消费者的中间环节。中间商从不同的角度可以分为多种类型：按是否拥有商品所有权，可分为经销商和代理商，前者是在商品买卖过程中拥有商品所有权的中间商；按其在流通过程中所起的不同作用，又可分为批发商和零售商，前者是不直接服务于消费者的中间商。此外，广义的中间商还包括银行、保险公司、运输公司、进出口商人、一切经纪人等。

本书将主要的中间商类型概括为代理商、批发商和零售商三种。中间商的存在，不仅简化了销售手续，节约了销售费用，而且扩大了销售范围，提高了销售效率。交易联系次数计算如图8.4所示。

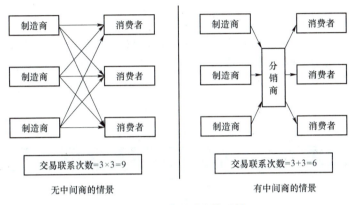

图 8.4　交易联系次数计算

经销商是指在某一区域和领域只拥有销售或服务的单位或个人，经销商具有独立的经营机构，拥有商品的所有权（买断制造商的产品/服务），获得经营利润，多品种经营，经营活动过程不受或很少受供货商限制，与供货商责权对等。

经销商这个在中国市场上既传统又中坚的渠道力量，正在遭遇渠道扁平化浪潮和新生渠道力量的考验，在重重压力下经销商或被动或主动地开始向生产商贴牌甚至自行投资建厂生产自有品牌产品，在业务发展战略上做出了以下适应性调整：

一是部分经销商向生产商贴牌甚至自行投资建厂，生产自有品牌，使渠道资源效益发挥最大化。

二是部分经销商开始进入零售领域，向渠道下游延伸，稳定并巩固自身在市场中的地位。

三是最大化获取优势产品资源，以产品分担经营成本和经营风险，追求企业经营的品类规模。

遗憾的是，更多的经销商正在成为生产商的附庸，完全被生产商"套牢"，更在终端零售商与生产商的双重"挤压"下困难重重，更为可怕的是经销商中的弱势群体正在不断地被淘汰出局。

代理商又称商务代理，是在其行业惯例范围内接受他人委托，为他人促成或缔结交易的一般代理人。代理商（Agents）是代企业打理生意，是厂家给予商家佣金额度的一种经营行为。所代理货物的所有权属于厂家，而不是商家。因为商家不是售卖自己的产品，而是代企业转手卖出去。所以"代理商"一般是指赚取企业代理佣金的商业单位。

我们一般说到的代理商，仅仅是作为企业与市场之间的中介，来帮助企业将产品销售到市场上，并不具有该产品的所有权，只能得到相应的佣金酬劳。而经销商则是用钱向企业进货再转手卖出去，所得到的利润是其中的利差。所以我们可以把经销商理解为是花钱向企业进货的单位，企业将产品卖给经销商之后便与之没有利益牵扯；而代理商则只可能需要支付给企业相应的保证金，不需要负责销售产品的费用，等到产品卖出去了，便可以从企业那里得到一笔佣金。相比之下,经销商的商业风险比代理商的要大。

另外,经销商作为一个独立经营机构,能够经营多个品种,并且几乎不受供货商的限制,自主空间和利润都较大;而代理商却不一定是独立机构,在经营过程中需要接受供货商的控制和制约,仅仅能赚取利润与提成点。

虽然说经销商和代理商是两个完全不同的概念,但是两者在销售渠道上,也是能互相渗透的。在从制造商到零售终端渠道途径上,经常会有代理商和经销商的参与,同时代理商和经销商也会建立起下级代理商和分销商的模式,通过层级的增多,逐步扩大自己的业务管理。

代理商的建立能够帮助厂商占领市场的份额并且降低经营风险,一些站在金字塔顶端的总代理商,则会将简单的分销工作转换为品牌管理和服务对接等职能。对于厂商来说,在代理商和经销商的选择时同样需要慎重,优秀的合作伙伴会带来双赢的好局面,反之则会严重影响品牌的形象。

表 8.3 为经销商和代理商的区别。

表 8.3　经销商和代理商的区别

项目	经销商	代理商
商品所有权	拥有商品所有权	不拥有商品所有权
是否预付商品资金	预付商品资金	不需要预付资金
报酬	赚取差价	赚取佣金

1. 批发商

批发商就是主要从事批发活动的企业,主要有以下 3 种类型:

(1) 商人批发商

商人批发商是指自己进货,取得产品所有权后再批发出售的商业企业,也就是人们通常所说的独立批发商,这是批发商的主要类型。

(2) 经纪人和代理商

经纪人和代理商是专门从事购买、销售,或两者兼具,但不拥有产品所有权的企业或个人。

经纪人的主要作用是为买卖双方牵线搭桥、协助谈判,买卖达成后向雇佣方收取费用。他们并不持有存货,也不参与融资或承担风险。

代理商主要有制造商代表、销售代理商、采购代理商以及佣金商等类型。

制造商代表。他们代表两个或若干个互补产品线的制造商,分别和每个制造商签订有关定价政策、销售区域、订单处理程序、送货服务和各种保证金及佣金比例等的正式合同。他们了解每个制造商的产品线,并利用其广泛关系来销售制造商的产品。

销售代理商。在签订合同的基础上,为委托人销售某些特定产品或全部产品,对价格、条款及其他交易条件可全权处理。

采购代理商。一般与顾客有长期关系,代理采购,往往负责为其收货、验货、储运并将物品运交买主。他们消息灵通,可向客户提供市场信息,而且能以最低价格买到物品。

佣金商。又称佣金行,是对产品实体具有控制力并参与销售协商的代理商。大多数从事农产品代销业务,农场主将其农产品委托佣金商代销,付给佣金。

(3) 制造商及零售商的分店和销售办事处

这是批发的第三种形式,是买方或卖方自行经营批发业务,不通过独立的批发商。这种批发业务分为两种类型:销售分店和销售办事处,即生产者设计销售分店和办事处,以改进其存货控制、销售和促销业务。有些销售分店有自己的存货，此类大多经营木材和自动设备零件等，有些不持有存货，这在织物制品和针线杂货业最突出。采购办事处，即许多零售商在大城市设立采购办事处，办事处的作用与经纪人或代理商相似，但却是买方的一个组成部分。

2. 零售商

零售商是指将商品直接销售给最终消费者的中间商，其基本任务是直接为最终消费者服务，它的职能包括购、销、调、存、加工、拆零、分包、传递信息、提供销售服务等，在地点、时间与服务方面，方便消费者购买。零售商是联系生产企业、批发商与消费者的桥梁，在分销渠道中具有重要作用。

（1）零售商的主要业态

零售企业为满足不同的消费需求进行相应的要素组合而形成的不同经营状态，如图8.5所示。

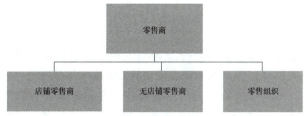

图 8.5　零售商的主要业态

（2）店铺零售商（见表8.4）

表 8.4　店铺零售商类型与案例

类型	案例
百货商店	乐天百货、新世界百货
专业商店	钟表店、体育用品商店、孕婴店
便利店	快客便利店、迷你岛便利店
超级市场	新玛特超市
仓储商店	麦德龙
折扣商店	名牌服装折扣店
摩尔	兴隆大家庭

📧 阅读材料

世界排名第一的现购自运商业集团——麦德龙

"麦德龙超市"是德国最大、欧洲第二、世界第三的零售批发超市集团，在麦德龙和万客隆（仅限欧洲）品牌旗下拥有多家麦德龙现购自运商场。"现购自运"是指专业顾客在仓储式商场内自选商品，以现金支付并取走商品。麦德龙主要针对专业客户，如中小型零售商、酒店、餐饮业、工厂、企事业单位、政府和团体等。截至2013年1月6日，麦德龙在中国39个城市开设了64家商场。

（3）无店铺零售商

无店铺销售又称为"无固定地点的批发和零售行为"，见表8.5。

表 8.5　无店铺零售商

类型	案例
直销	推销人员上门推销、传销
直复营销	电话营销、电视购物、网络销售
自动售货	自动售货机

> **课堂讨论**：在什么地方设置无人售货机或自动售货机适合？
>
> **提示**：在人流量较大的地方，如学校教学楼外、火车站、飞机场的等候大厅等，可以提供人们日常生活需要的饮料、零食等商品。

【思政小课堂】

警惕非法传销

防范提示：以发展会员、加盟等名义要求交纳资金、购买产品、发展下线，并以下线所交纳的资金或销售额作为报酬提成依据的，均属于传销行为，请提高警惕。支招：

① 要了解新型网络传销的惯用词。如果我们看到资本动作、消费返利、爱心互助、原始股、虚拟币、动态收益、静态收益、推荐奖、报单奖、对碰奖这些传销惯用词，就要有所警觉。

② 判断高额收益来源是否合理。不要被高收益迷住了双眼，要保持头脑清楚，理性判断。

③ 遇到收入门费、拉下线就要高度警惕。传销实质上就是上线瓜分下线投入资金的圈钱游戏，要想获得传销资格就要缴纳入门费，想要获取收益就要拉人头加入。"入会只需把钱交，一拉人头就回报，拉人越多层级高"符合这些特征的，基本上就可以判断是传销了。

（4）零售组织

零售组织是指处于商品流通过程的最后环节，将商品直接销售给最终消费者的商品流通组织，见表 8.6。

表 8.6　零售组织的主要类型

分类标准	主要类型
按目标市场及经营策略不同划分	百货商店、超级市场、便利店、仓储式商店、专业店、专卖店、折扣商店、杂货店、目录展示室
按是否设立门店来划分	有店铺零售、无店铺零售（邮购、上门销售、电话订购、电视销售、网络商店、自动售货机、流动商贩）
按所有权性质来划分	独立商店、直营连锁商店、特许经营、租赁商品部、垂直营销系统、消费者合作社

✉ 阅读材料

肯德基的特许经营制度

肯德基，简称为 KFC，是来自美国的著名连锁快餐厅，主要出售炸鸡、汉堡、薯条、汽水等西式快餐食品。1987 年 11 月 12 日，肯德基在中国的第一家门店于北京前门开业，首次将特许经营的概念带入中国。以北京作为一个发展的起点，肯德基在全国的发展就如同燎原之火。2000 年 11 月 28 日，肯德基在中国的连锁餐饮企业中领先同业，第一个突破 400 家，创国际快餐连锁业在中国开店数之最。2010 年 6 月，中国肯德基第 3 000 家餐厅在上海开业，同时发布全新品牌口号"生活如此多娇"。

8.1.5　分销渠道的选择与设计

1. 影响营销渠道设计的因素

影响营销渠道设计的因素主要有产品因素、市场因素、企业自身因素、中间商因素、竞争者因素和社会环境因素，如图 8.6 所示。

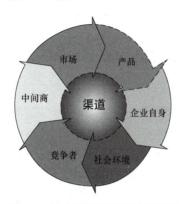

图 8.6　影响营销渠道设计的因素

（1）产品因素

产品因素主要涉及的内容包含以下几个方面：

价值大小。一般而言，商品价值越小，营销渠道越多，路线越长。反之，单价越高，路线越短，渠道越少。

体积与重量。体积过大或过重的商品应选择直接或中间商较少的间接渠道。

时尚性。对式样、款式变化快的商品，应多利用直接营销渠道，避免不必要的损失。

技术性和售后服务。具有高度技术性或需要经常服务与保养的商品，营销渠道要短。

产品数量。产品数量多往往要通过中间商销售，以扩大销售面。

产品市场寿命周期。产品在市场寿命周期的不同阶段，对营销渠道的选择是不同的，如在衰退期的产品就要压缩营销渠道。

新产品。为了较快地把新产品投入市场、占领市场，生产企业应组织推销力量，直接向消费者推销或利用原有营销路线展销。

（2）市场因素

市场因素主要涉及的内容包含以下几个方面：

潜在顾客的状况。如果潜在顾客分布面广、市场范围大，就要利用长渠道，广为推销。

市场的地区性。国际市场聚集的地区，营销渠道的结构可以短些，一般地区则采用传统性营销路线即经批发与零售商销售。

消费者购买习惯。顾客对各类消费品购买习惯，如最易接受的价格、购买场所的偏好、对服务的要求等均直接影响分销路线。

商品的季节性。具有季节性的商品应采取长的分销路线，要充分发挥批发商的作用，则渠道便长。

竞争性商品一般应采取同样的分销路线，较易占领市场。

销售量的大小。如果一次销售量大，可以直接供货，营销渠道就短；一次销售量少就要多次批售，渠道则会长些，在研究市场因素时，还要注意商品的用途、商品的定位，这对选择营销渠道都是重要的。

（3）企业自身因素

企业自身因素主要涉及的内容包含以下几个方面：

企业如果资金实力雄厚，可以自由选择分销途径；如果资金实力较为薄弱，则一般选择间接销售。

企业如果销售能力强，或者不能有效控制中间商，则多采用直接销售的方式；如果企业销售能力弱，或者与中间商合作良好，则可以采用间接销售。

企业的服务能力强，易于与中间商达成合作，则采用间接销售；如果企业服务能力弱，难以满足中间商要求，则适宜直接销售。

企业对渠道的控制能力强，可自由选择分销途径；如果对渠道的话语权弱，控制能力薄弱，则建议直接销售。

（4）中间商因素

设计渠道时，还必须考虑执行不同任务的市场营销中间机构的优缺点。例如，由制造商代表与顾客接触，花在每一顾客身上的成本比较低，因为总成本由若干个顾客共同分摊。但制造商代表对顾客所付出的努力不如中间商的推销员。一般来讲，中间商在执行运输、广告、储存及接纳顾客等职能方面，以及在信用条件、退货特权、人员训练和送货频率方面，都有不同的特点和要求。

（5）竞争者因素

一般来说，制造商要尽量避免和竞争者使用一样的分销渠道。如果竞争者使用和控制传统的渠道，制造商就应当使用其他不同的渠道或途径销售其产品，例如，连裤袜（antyhoses）[原为配衬"超短裙"（mini skirt）而制]，在美国很受妇女欢迎，过去所有生产连裤袜的制造商都通过百货商店、妇女服装商店推销自己生产的连裤袜。而 Legs 牌连裤袜为了避开竞争者，而在超级市场推销 Legs 牌连裤袜，结果很成功。美国雅芳（Avon）公司也是如此，它不使用传统的分销渠道，而采取避开竞争者的方式，训练漂亮的年轻妇女，挨家挨户上门推销化妆品，结果获利甚多，也很成功。另外，由于受消费者购买模式的影响，有些产品的制造商不得不使用竞争者所使用的渠道。例如，消费者购买食品往往要比较厂牌、价格等，因此，食品制造商就必须将其产品摆在那些经营其竞争者的产品的零售商店里出售，这就是说，不得不使用竞争者所使用的渠道。

（6）社会环境因素

整个社会经济形势好、发展快，分销渠道的选择余地较大；而经济萧条衰退时，市场需求下降，企业就必须减少不必要的流通环节，使用较短渠道。另外还需要考虑有关法律、法规、国家政策。如专卖制度、反垄断法规、进出口规定、税法等，都影响分销渠道选择。如医药、烟酒、种子等专卖制度，大大影响分销渠道的选择。

2. 分销渠道的设计

分销渠道的设计要做到以下 3 个原则：

（1）选择渠道模式，即决定渠道的长度

越短的分销渠道，制造商承担的销售任务就越多，信息传递越快，销售越及时，就能越有效地控制渠道。越长的分销渠道，中间商就越要承担大部分销售渠道职能，信息传递就越慢，流通时间长，制造商对渠道的控制就越弱。制造商在决定分销渠道长短时，应该综合分析制造商的特点、产品的特点、中间商的特点以及竞争者的特点来确定。

（2）确定中间商的数目，即决定渠道的宽度

分销渠道的宽度主要取决于企业希望产品在目标市场上扩散范围的大小。合理的渠道宽度能更好地覆盖目标市场。市场规模越大，渠道宽度越宽；目标消费者越集中，渠道宽度越窄。消费者购买季节性强的产品，适合用宽渠道；产品的单位质量越重，适合的渠道越窄。此外，企业的实力、管理水平、渠道控制能力等也影响分销渠道的宽度。

（3）明确渠道成员的权力与责任

在确定渠道的长度和宽度后，企业必须明确各渠道成员参与交易的条件和应担负的责任。在交易关系组合中，这种责任和条件中要包括价格策略、销售条件、地区权力、承担责任四个方面。

分销渠道的设计可以依据以下标准来初步判断，见表8.7。

表8.7 分销渠道的设计标准

属性	密集分销	独家分销	选择分销
目标	广泛的市场覆盖	声望形象、渠道控制、较高的单位利润	市场覆盖适中，一定的渠道控制
中间商	数量众多	数量很少，但有实力、有声望	数量适中，有实力、较好的公司
顾客	数目众多，追求方便	数量较少，忠于品牌	数量中等，有品牌意识，愿意逛商店
市场营销的重点	大众广告，地点近	愉快的购物环境，良好的服务	促销组合，较好的服务
主要缺点	渠道控制有限	销售潜力有限	可能难于找到合适的位置
适用性	便利品：日杂百货、办公用品、常规服务	特殊品：汽车、名牌服装、复杂的服务	选购品：家具、衣服、工业服务

> 📩 阅读材料
>
> ## 公牛的渠道营销之道
>
> 近年来，公牛在线上营销的诸多动作，其背后的逻辑始终是紧贴消费者的需求，积极求变。然而，送公牛坐上转换器霸主之位的两个核心因素，除了前面谈到的产品力，另一个就是线下渠道。转换器作为生活中的低值刚需品，场景使用的即时性较强，具有就近购买的特点。能辐射覆盖更多人群，就能有更多销量。因此，密集铺设线下渠道是不二之选。直到现在，线下渠道仍为公司贡献了83%的收入，电商渠道则占剩余的17%。
>
> 经过长期积累，公牛已建立了覆盖全国城乡、110多万家终端网点的线下销售网络（含五金店、日杂店、办公用品店、超市等）。其中，包括75万家转换器终端网点，12万多家专业建材及灯饰渠道售点及25万多家数码配件渠道售点。如此庞大的线下渠道，可以说是公牛产品的最强护城河。不仅支撑起了公牛转换器业务的"霸主级"规模，而且也是诸如小米这样的后来者难以复制的。同时，公牛也可将现有渠道直接应用到其他产品的销售上，从而发挥协同效应，降低销售上的边际成本。

渠道网络搭建完成后，对比过去几年的数据，公牛销售费用率维持在20%以下，且呈下降趋势。同为民用电工行业的欧普照明这一指标大约在27%，科沃斯约在30%，而飞利浦插座经销商昊达智能长期在24%左右。此外，依托现有渠道，公牛免费为街边五金店提供门头招牌。官网显示，公牛店头招牌达到了近30万块。这一举措投资并不高，2018年，物料投入仅占整体营销推广费用的6.8%左右，却大大提升了品牌曝光度，而且成本远低于广告投放，渠道之功，可见一斑。庞大的线下渠道网络也需要精细化的管理，才能发挥其威力。所以，公牛践行了"可口可乐怎么卖，插座就怎么卖"的销售策略。

在销售模式上，公牛以经销为主，约占86%，直销为辅，约占12%，外销仅占1.6%。公司设立了联合营销中心，下设的转换器营销系统、墙壁开关营销系统、数码营销系统、电商管理部分别负责各自渠道的经销业务，上海公牛和慈溪公牛负责电商、商超和上海线下直销等业务。海外业务部负责境外OEM、境外自主品牌等境外销售业务。

在渠道的控制上，公牛的主要特色表现为管理扁平化和配送访销，不仅提升了管理效率，也让经销商更加深刻地了解当地市场。首先，渠道扁平化主要体现为在三大产品的线下体系（转换器、墙壁开关、数码配件）内，实行分区域独家经销。2008年起，公牛取消省级经销商，在每个地级市成立多家市级经销商。就转换器而言，目前经销商数量已超500家。从厂家到终端零售仅有一层代理，不存在多级或间接经销商。该模式便于公司直接对所有经销商执行统一价格和营销政策。因公牛产品SKU数量远低于快消品，公司销售人员维护终端门店的效率较高。2020年，公司用大约1400销售人员维护合计超110万个渠道网点，平均单人可服务超750个网点。其次是推行"配送访销"的销售模式。公牛2005年前后开始下沉经销代理，从省级代理下沉到区域代理商，并开始实施配送访销。与让经销商被动等待五金店上门批发不同，配送访销则是要求经销商主动拜访五金店，了解其需求、产品终端定价、库存等关键信息。将"坐商"改为"行商"，使近百万个终端售点得以连接成网，公牛实现了对终端动销的了解，可以相对实时地跟进客户购买情况及库存状态。公牛会主动培训指导经销商，使其定期地对终端网点开展配货、送货、整理陈列排面和货品，确保公牛处于显眼位置，可以说与可乐的终端销售如出一辙。先发优势、优秀产品力、精细化管理等，共同铸就了公牛的渠道壁垒，使其在转换器市场几无对手。

（摘录自36氪网《宁波兄弟的千亿之路：从小作坊到插座界"茅台"》）

8.1.6 渠道管理

渠道管理是指制造商为实现公司分销的目标而对现有渠道进行管理，以确保渠道成员间、公司和渠道成员间相互协调和能力合作的一切活动，其意义在于共同谋求最大化的长远利益。

1. 渠道管理的内容

对分销渠道进行管理，主要是指企业做好中间商的选择、考核、激励工作，同时结合营销环境的变化，对现有的渠道进行调整。

（1）评估与选择中间商

制造厂商选择中间商时，要对中间商进行评估。评估的内容主要包括以下方面：中间商经营时间的长短及成长状况；中间商的经营管理水平和经营开拓能力；中间商决策者的营销观念和人格形象；中间商的信用状况；中间商的区域优势。

当中间商是代理商时，生产企业必须评估其经销的其他产品大类的数量与性质，以及该代理商推销人员的素质与能力。当打算授予某一零售商店独家分销权时，生产企业还要评估零售商店的位置、未来发展能力以及经常光顾零售商店的顾客类型。

对分销渠道进行管理，主要是指企业做好中间商的选择、考核、激励工作，同时结合营销环境的变化，对现有的渠道进行调整。

（2）客情关系的建立

客情关系是指制造商与中间商在诚信合作、沟通交流的过程中形成的情感关系。客情关系是维系分销渠道各成员紧密合作的润滑剂，在某种程度上决定了分销渠道运作的效率和效益。

（3）建立相互培训制度

相互培训制度是密切渠道成员关系、提高分销效率的重要举措。一方面，制造商培训中间商的终端销售人员，使他们懂得商品知识、使用方法和相关技术，提高他们顾问式销售的能力，更好地引导消费，扩大销售；另一方面，中间商可以给制造商的营销人员、技术人员提供培训，传递市场知识、竞争者信息和消费需求特点，使制造商的产品、促销、售后服务得到改进，提高制造商适应市场的能力。

（4）对中间商绩效的考核

对中间商绩效考核有两种方法：一是将中间商的销售额绩效与上期绩效进行比较，并以整个群体在某一地区市场的升降百分比作为评价标准；二是将各中间商的绩效与根据某地区市场营销潜量分析所设立的销售配额做比较，即在考核期中，将中间商实际销售额与其潜在销售额进行对比分析，并将中间商按销售绩效的先后名次进行排序。

（5）分类管理

按照销售额高低和货款回笼的快慢可将中间商分类。对不同类别的中间商实施不同的经销策略和管理策略，降低企业经营风险，提升企业分销网络的竞争力。

（6）对中间商的激励

为了更好地与中间商合作，调动其经营企业产品的积极性，制造商往往给中间商各种激励。

提供促销费用。特别是在新产品上市之初，制造商为了激励中间商多进货、多销售，在促销上应大力扶持中间商，包括提供广告费用、公关礼品、营业推广费用等。

价格折扣率。在制定价格策略时，制造商充分考虑中间商的利益，根据市场竞争的需要，为产品价格制定一个合理的浮动范围，主动让利于中间商。

年终返利。制造商对中间商完成销售指标后的超额部分按照一定的比例返还利润。

奖励。制造商对于销售业绩好、真诚合作的中间商给予奖励。奖励可以是现金，也可以是实物，还可以是价格折扣率的加大。

陈列津贴。商品在展示和陈列期间，制造商给予中间商经济补偿，可以用货铺底，也可给予适当的现金津贴，其目的是降低中间商经销产品的风险。

2. 渠道冲突管理

渠道冲突是指分销渠道成员之间因目标差异、领域差异、信息差异等原因而产生争执、敌对、报复和决裂等行为的现象。从本质上说，渠道冲突是经济利益冲突。渠道冲突表现出一种强大的推动力量，迫使企业管理者不断积极地检讨和提高渠道管理水平。企业只有及时调解渠道冲突，才能达到与渠道成员"双赢"的目的。

（1）渠道冲突的类型

渠道冲突包含水平渠道冲突、垂直渠道冲突、渠道系统间的冲突、同质冲突等不同类型。

水平渠道冲突也称横向渠道冲突，是指存在于渠道同一层次的成员之间的冲突，主要是分销商之间的冲突。

垂直渠道冲突是指在同一渠道中，不同层次企业之间或者说生产商与中间商之间的冲突。

渠道系统间的冲突也称多渠道冲突或交叉冲突，是指企业建立了两条或两条以上的渠道向同一市场分销产品而产生的冲突，其本质是几种分销渠道在同一个市场内争夺同一客户群而引起的利益冲突。

同质冲突指的是一家企业的分销渠道与另一家企业的分销渠道在同一水平上的冲突。

（2）渠道冲突的对策

做好分销渠道的战略设计和组织工作。

做好中间商的选择工作。

权利和义务的规范与平衡。

建立渠道成员之间的交流沟通机制。

预先设计解决渠道冲突的策略，加强危机管理。

合理使用渠道权力，防止权力滥用。

8.1.7 窜货管理

1. 窜货的定义及原因

分销成员为了谋取非正常利润或者获取制造商的返利，超越经销权限向非辖区或者下级分销渠道低价倾销货物。

> **阅读材料**
>
> **返利刺激下的渠道冲突**
>
> 刘某是一家食品厂家的营销经理。为了扩大产品销量、提高经销商的积极性，他出台了新的奖励政策，进一步提高给经销商的销量返利奖励。刘某为每个经销商制定了3个不同的年销量指标，即底限任务、中档任务和冲刺任务。完成的年销量指标越高，返利的百分比越大。从刘某的返利政策来看，如果经销商只完成200万的底限任务，只能拿2万的返利；如果完成300万的冲刺任务，则可拿到15万的返利。在刘某如此的返利奖励诱导下，经销商就是削尖了脑袋也要把销量冲上去。于是，为了完成更高的销量，经销商不惜采用各种手段，有的经销商大肆向其他地区窜货。刘某为了制止窜货，对一些违规的经销商三令五申，并以扣除返利相威胁，但根本不管用，因为厂家的铺货底款压在经销商手里。于是，窜货和低价倾销就越演越烈、不断升级，原来一直遵守秩序的经销商也被迫卷入，价格越卖越低，经销商的差价利润也越来越薄，不到一年，价格就接近"卖穿"。

窜货产生的原因是多种多样的，但究根结底，企业政策的指定、执行和控制不到位是窜货的根源所在。

企业盲目给经销商定销售目标。企业在制订销售计划时，没有充分考虑到市场实情、市场需求量，盲目地给经销商加大销量。经销商如果在本地区无法完成销量，就只有窜货一条路来保证自身利益。

企业过度重视硬指标（销售量、回款率、市场占有率），而忽视了软指标（品牌知名度、客户忠诚度）。企业依据硬指标来确定返利的大小，各地经销商和业务员为了获得高返利，会想方设法完成企业规定的各项硬指标。若本地区完成不了，自然会将产品伸到其他地区。

价格体系管理混乱。开发新产品市场时，会有一些优惠政策。如果对享受此优惠政策的经销商管理不好，他们很快就会窜货；此外许多经销商钻厂家管理不严的空子，大胆利用价格差价进行窜货。

从刘某的案例中，我们可以清楚地看到，窜货发生之后不只是窜货的经销商最后的利润会越来越薄，企业销售利润也会遭受损失，更重要的是会损害品牌的形象。

2. 窜货的原因

窜货产生的原因可能包含：经销（代理）商选择不当、销量任务设计不妥，如果销售任务指标太高，目标奖励又十分诱人，往往导致经销商为了完成年度销量任务而窜货；管理制度有漏洞，管理制度的漏洞包括激励制度漏洞和约束制度漏洞，例如，返利、奖励制度偏颇，区域价格设计不合理；没有窜货方面的惩罚制度，出了问题无法可依等；管理监控不力、有些企业虽然制度健全，但执行不力、有法不依，或者片面追求销量，采取短期行为，对窜货重视不够；抛售滞销品和处理品，一些企业为了蝇头小利，对积压货物不予退货，让经销商自行处理；竞争对手恶意造成的窜货。

3. 窜货的管理

窜货会扰乱正常的分销秩序，引发分销渠道成员之间的冲突和市场区域内的价格混乱。窜货预防和处理的主要方法有：加强自身销售队伍和外部中间商队伍的建设与管理；堵住制度上的漏洞；签订不窜货乱价协议；归口管理，权责分明；加强销售通路监控与管理；包装区域差异化。

8.2 促销及促销组合

8.2.1 促销的含义

促销是促进产品销售的简称。从市场营销的角度看，促销是企业通过人员和非人员的方式，沟通企业与消费者之间的信息，引发、刺激消费者的消费欲望和兴趣，使其产生购买行为的活动。具体而言包含以下几点：促销工作的核心是信息沟通；促销的目的是引发、刺激消费者产生购买行为；促销的方式有人员促销和非人员促销两类。

8.2.2 促销的作用

扩大宣传，展示产品特点，指导消费。促销的深度口碑宣传能使消费者准确地了解产品，提高产品认知度。同时促销员渊博的知识、真诚的服务、优秀的表现，可以在消费者的心目中形成良好的企业和产品形象，提高产品美誉度。

促进短期竞争，形成偏爱，稳定销售。企业运用适当的促销方式开展促销活动，可以使较多的消费者对本企业的产品形成偏爱，进而稳住已占领的市场，达到稳定销售的目的。对于消费者偏爱的品牌，即使该类商品需求下降，也可以通过一定形式的促销活动，促使消费者对该品牌的需求得到一定程度的恢复和提高。

增加市场需求，扩大销量。有效的促销活动不仅可以诱导和激发需求，有时还可以创造需求。如当某种商品滞销时，企业可以通过适当的促销活动改变需求，甚至可以创造出新的需求，从而延长商品的市场寿命，吸引更多的新用户，从某种程度上改变滞销商品的销售态势。

8.2.3 促销的方式

促销的方式主要包含人员推销、广告宣传、公共关系、营业推广 4 种。

促销方式的分类如图 8.7 所示。

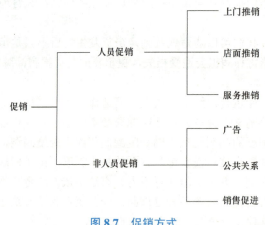

图 8.7　促销方式

8.2.4　促销组合及其选择

1. 促销组合的内涵

所谓促销组合，又称为营销沟通组合，由人员促销、广告、销售促进、公共关系和直复营销等工具特定组合构成，用于更有效地沟通顾客价值和建立顾客关系。

2. 促销组合策略

促销组合是指企业根据产品的特点和营销目标，综合各种影响因素，对人员推销、广告、公共关系和营业推广四种促销方式的选择、编配和综合运用，形成整体促销的策略或技巧。

3. 影响促销组合决策的因素

（1）产品因素

不同的产品类型，需要采用不同的促销组合策略。生活消费品的技术结构比较简单，购买人数众多，可以较多地使用广告。生产资料的购买者多为专门用户，促销活动主要是向用户宣传产品的质量、技术性能及该产品能为用户增加利润的程度，因此，宜采用人员推销方式。公共关系、销售促进两种方式，在促销活动中对不同性质的产品反应相对较均衡，应根据具体情况而定。

（2）促销策略

推式策略：主要通过以人员推销方式为主的促销组合，把商品推向市场。推式策略的目的，在于说服中间商，使他们接受企业和产品，从而使产品渗透进分销渠道。

拉式策略：主要通过以广告为主的促销组合，把消费者吸引到企业的特定产品上来。这种策略首先设法引起消费者对产品的需求和兴趣，使消费者向中间商询购这种产品，最后导致中间商向生产者进货。企业的促销策略如图 8.8 所示。

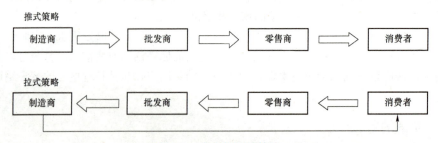

图 8.8　企业的促销策略

企业在经营过程中要根据客观实际的需要，综合运用两种基本的促销策略。对于需求比较集中、技术含量高、销售批量较大的产品，宜用"推"的策略；对于需求分散、销售批量较小的产品，宜用"拉"的策略。

推拉结合策略：企业向中间商进行大力促销的同时，通过广告刺激市场需求。

（3）促销目标

促销目标是制约各种促销形式具体组合的重要因素，促销目标不同，促销组合必然有差异。例如：

企业若以迅速增加销售量（扩大企业的市场份额）作为促销目标，则意味着更强调近期效益，属于短期目标，促销组合往往更多地选择使用广告和销售促进。

企业若以树立或强化企业形象（为赢得有效的竞争地位奠定有利基础）为促销目标，则意味着较注重长期效益，需要制定一个较长远的促销方案，建立广泛的公共关系和强有力的广告宣传就显得相当重要，但后者的广告宣传从手段到内容与前者都会有很大差别。

（4）产品生命周期

投入期促销的主要目标是使消费者认识新产品，所以多用销售促进和广告，人员推销也可；成长期和成熟期促销的目标应调整为增进消费者对产品的兴趣和偏好，这就需要采取多种广告形式突出产品的特点、效用，或利用公共关系；衰退期的促销目标则是要促成持续的信任和刺激购买，宜采取销售促进增进购买。

（5）营销环境

市场地理范围、市场类型和潜在顾客的数量等因素，既决定了不同的市场性质，也决定了不同的促销组合策略。一般说来，目标市场范围小、潜在顾客数量有限的生产资料市场，宜于开展人员推销；反之，目标市场大、潜在顾客多而分散的消费品市场，则应以广告为主。

8.2.5 人员推销

1. 人员推销的含义

人员推销是指企业的销售人员直接与顾客或潜在顾客接触、洽谈、介绍商品，以达到促进销售目的的活动过程。

2. 人员推销的特点

① 信息传递的双向性。人员推销是一种双向沟通的促销形式。

② 推销目的的双重性。人员推销的目的不仅是推销产品，还要帮助顾客解决问题，与顾客建立长期合作关系。因此，人员推销具有推销商品和建立合作关系的双重目的，这二者是相互联系的。

③ 满足需求的多样性。在人员推销活动中，不仅要通过推销商品满足顾客对商品的使用价值的需要，而且要通过宣传介绍商品满足顾客对商品信息的需要，通过售前、售中、售后的服务满足顾客对技术和服务方面的需要，通过文明经营、礼貌服务满足顾客心理上的需求。

④ 推销过程的灵活性。在人员推销过程中，买卖双方当面洽谈，易于形成一种直接、友好的相互关系。推销人员可以通过交谈和观察掌握顾客的购买动机，有针对性地从某个侧面介绍商品的特点及功能，抓住有利时机促成交易；销售人员可以根据顾客的态度和特点，有针对性地采取必要的协调行动，满足顾客的需要；销售人员还可以及时发现问题，进行解释，解除顾客的疑虑，消除顾客的不满意感。

⑤ 推销成果的有效性。人员推销过程是推销人员直接将产品"推"给顾客的过程，通过面对面地看货、议价、谈判来达成交易，使推销人员与顾客之间建立起长期的关系，这

比非人员推销更具有人情味，因而常常能当场成交，成功率较高。

人员推销也有一定的局限性，表现在接触的顾客面很窄，开支大、费用高，对推销人员的素质要求高。因此，人员推销多用于对产业用户和中间商的销售。

> ✉ 阅读材料
>
> ## 人员推销在实战中要完成的推销内容
>
> 推销自己。让客户接受你，使其对推销人员产生良好的印象，发生兴趣，进而产生信任感。
>
> 推销公司。让客户增进对公司的了解，特别是在顾客的心中树立起企业的良好印象，是促成消费者购买的重要条件。
>
> 推销价值观念。通过与顾客的双向交流与沟通，改变、强化消费者的价值观和认识事物的思维方式，使消费者接受新的观念。
>
> 推销知识。广泛介绍与产品相关的生活、生产知识，加强顾客的认识能力，是最好的推销方式。
>
> 推销产品。向客户讲解产品的技术、质量、价格、功能等相关信息。

3. 人员推销的销售进程与销售技巧

（1）销售进程

图 8.9 为一般产品的销售进程。

图 8.9　一般产品的销售进程

寻找并识别目标顾客。销售人员必须首先寻找自己的销售对象——目标顾客。销售人员如果识别有误，就会使销售的成功率下降。因此，准确寻找和识别顾客应当是销售人员的基本功。经验之谈是：一要找对顾客；二要找大量的顾客；三要长期地找顾客。

前期调查。对于已确定的目标顾客，销售人员应当首先收集他们的有关资料，如他们的需求类型、经济实力、谈判方式、购买方式等，以便针对不同的对象制定相应的销售方案。

试探性接触。在正式向目标顾客销售之前，可以先做一些试探性的接触，而不要急于向目标顾客直接销售。如可以公开的方式向社会公众进行产品的一般介绍，然后观察目标顾客的反应，以进一步了解目标顾客需求的紧迫性、对产品的评价以及可能接受的价位。

介绍和示范。在对目标顾客已有充分了解的基础上，销售人员可以直接向目标顾客进行产品的介绍。销售人员应当根据所掌握的情况，有针对性地介绍目标顾客可能感兴趣的内容，以提高销售的成功率。必要时，销售人员应主动地进行一些产品的使用示范，以增强目标顾客对产品的信心。

排除障碍。在大多数情况下，顾客对销售人员的销售都会提出一些质疑，甚至给予拒绝，这是销售活动中必然会出现的障碍。销售人员只有善于排除这样的障碍，才能顺利地完成销售任务。有经验的销售人员对于销售中可能出现的各种障碍都有事先准备，往往能随机应变，有效地排除障碍，达到销售目的。

实现交易。当各种障碍被排除之后，销售人员就有可能同目标顾客达成交易。此时，应当注意不要遗漏各种交易所必需的程序，应当使交易双方的利益得到保护。

后续工作。交易实现后，并不意味着销售活动的结束，各种后续工作必须跟上，如备货、送货、配套服务及售后服务等。这些工作的妥善处理，将有利于企业与目标顾客建立起稳固的交易关系，这正是企业销售活动所追求的最终目标。

只要能准确把握销售过程的各个环节，采取相应的销售策略，循序渐进，逐步深入，就会取得很好的销售效果。

（2）销售技巧

人员推销是一种对象各异、环境多变的促销手段，随机性很强，因此销售人员的销售技巧对销售活动的成败有很大影响。销售技巧是一种艺术，变幻无穷，这里只介绍一些销售人员应掌握的基本技巧。

把握时机。销售人员应能准确地把握销售的时机，因人、因时、因地而宜地开展销售活动。一般来说，销售的最佳时机应选择在对方比较空闲、乐意同人交谈或正好有需求的时候。如社交场合、旅行途中、茶前饭后或参观游览之际，都是进行销售的较好时机，应当避免在对方比较繁忙或心情不好时开展销售工作。

善于辞令。语言是销售人员最基本的销售工具，所以，销售人员必须熟练掌握各种语言技巧，充分发挥语言对顾客的影响力。具体来说：一是要在各种场合下寻找到便于接近对方的话题；二是在谈话中要能牢牢把握交谈的方向，并使之逐渐转入销售活动的正题；三是善于运用适当的词句和语调，使对方感到亲切自然；四是对顾客的不同意见不轻易反驳，而是在鼓励顾客发表意见的同时，耐心地进行说服诱导。

注意形象。销售人员在销售过程中同时扮演着两种角色：一方面是企业的代表，另一方面又是顾客的朋友。因此，销售人员必须十分重视自身形象。在同顾客的接触中，应做到不卑不亢，给顾客留下可亲可敬的印象，以使顾客产生信任感，在同顾客进行交易活动中，应做到言必信、行必果，守信重诺，以维护自身和企业的声誉；应避免惹人讨厌的倾力销售，而努力创造亲密和谐的销售环境。

培植感情。销售人员应重视发展同顾客之间的感情沟通，设法同一些主要的顾客群体建立长期关系，可超越买卖关系建立起同他们之间的个人友情，形成一批稳定的顾客群。要做到这一点，销售人员往往不能局限于站在企业的立场上同顾客发生联系，而应学会站在顾客的立场上帮其出主意，当参谋，指导消费、选购商品，甚至可向其推荐一些非本企业的产品，以强化销售活动中的"自己人效应"。

> ✉ 阅读材料
>
> ## 乔·吉拉德的销售技巧
>
> 假设你接到这样一个任务，在一家超市推销一瓶红酒，时间是一天，你认为自己有能力做到吗？你可能会说：小菜一碟。那么，再给你一个新任务，推销汽车，一天一辆，你做得到吗？你也许会说：那就不一定了。如果是连续多年都是每天卖出一辆汽车呢？你肯定会说：不可能，没人能做到。可是，乔·吉拉德做到了。在15年的汽车推销生涯中，他总共卖出了13 001辆汽车，而且全部是一对一销售给个人的。他是如何创造了这样的销售奇迹呢？

1. 250定律：不得罪一个顾客

在每位顾客的背后，都大约站着250个人，这是与他关系比较亲近的人：同事、邻居、亲戚、朋友。这就是乔·吉拉德的250定律。由此，乔得出结论：在任何情况下，都不要得罪哪怕是一个顾客。在乔的推销生涯中，他每天都将250定律牢记在心，抱定生意至上的态度，时刻控制着自己的情绪，不因顾客的刁难，或是不喜欢对方，或是自己心绪不佳等原因而怠慢顾客。乔说得好："你只要赶走一个顾客，就等于赶走了潜在的250个顾客。"

2. 名片满天飞：向每一个人推销

乔认为，每一位推销员都应设法让更多的人知道他是干什么的、销售的是什么商品。这样，当他们需要他的商品时，就会想到他。乔抛散名片是一件非同寻常的事，人们不会忘记这种事。当人们买汽车时，自然会想起那个抛散名片的推销员，想起名片上的名字：乔·吉拉德。同时，要点还在于，有人就有顾客，如果你让他们知道你在哪里，你卖的是什么，你就有可能得到更多生意的机会。

3. 建立顾客档案：更多地了解顾客

"在建立自己的卡片档案时，你要记下有关顾客和潜在顾客的所有资料，他们的孩子、嗜好、学历、职务、成就、旅行过的地方、年龄、文化背景及其他任何与他们有关的事情，这些都是有用的推销情报。所有这些资料都可以帮助你接近顾客，使你能够有效地跟顾客讨论问题，谈论他们自己感兴趣的话题，有了这些材料，你就会知道他们喜欢什么，不喜欢什么，你可以让他们高谈阔论、兴高采烈、手舞足蹈……只要你有办法使顾客心情舒畅，他们就不会让你大失所望。"乔认为，推销员应该像一台机器，具有录音机和电脑的功能，在和顾客交往过程中，将顾客所说的有用情况都记录下来，从中把握一些有用的材料。

4. 猎犬计划：让顾客帮助你寻找顾客

在生意成交之后，乔总是把一叠名片和猎犬计划的说明书交给顾客。说明书告诉顾客，如果他介绍别人来买车，成交之后，每辆车他会得到25美元的酬劳。几天之后，乔会寄给顾客感谢卡和一叠名片，以后至少每年他都会收到乔的一封附有猎犬计划的信件，提醒他乔的承诺仍然有效。如果乔发现顾客是一位领导人物，其他人会听他的话，那么，乔会更加努力促成交易并设法让其成为猎犬。实施猎犬计划的关键是守信用——一定要付给顾客25美元。乔的原则是：宁可错付50个人，也不要漏掉一个该付的人。1976年，猎犬计划为乔带来了150笔生意，约占总交易额的1/3。乔付出了1400美元的猎犬费用，收获了75 000美元的佣金。

5. 推销产品的味道：让产品吸引顾客

与"请勿触摸"的做法不同，乔在和顾客接触时总是想方设法让顾客先"闻一闻"新车的味道。他让顾客坐进驾驶室，握住方向盘，自己触摸操作一番。根据乔本人的经验，凡是坐进驾驶室把车开上一段距离的顾客，没有不买他的车的。即使当即不买，不久后也会来买。新车的"味道"已深深地烙印在他们的脑海中，使他们难以忘怀。乔认为，人们都喜欢自己来尝试、接触、操作，人们都有好奇心。不论你推销的是什么，都要想方设法展示你的商品，而且要记住，让顾客亲身参与，如果你能吸引住他们的感官，那么你就能掌握住他们的感情了。

6. 诚实：推销的最佳策略

诚实，是推销的最佳策略，而且是唯一的策略。诚为上策，这是你所能遵循的最佳策略。说实话往往对推销员有好处，尤其是推销员所说的，顾客事后可以查证的事。

乔说:"任何一个头脑清醒的人都不会卖给顾客一辆六个汽缸的车,而告诉对方他买的车有八个汽缸。顾客只要一掀开车盖,数数配电线,你就死定了。"

7. 每月一卡:真正的销售始于售后

乔有一句名言:"我相信推销活动真正的开始是在成交之后,而不是之前。"推销是一个连续的过程,成交既是本次推销活动的结束,又是下次推销活动的开始。推销员在成交之后继续关心顾客,将会既赢得老顾客,又能吸引新顾客,使生意越做越大,客户越来越多。"成交之后仍要继续推销",这种观念使得乔把成交看作是推销的开始。乔每月要给他的1万多名顾客寄去一张贺卡。一月份祝贺新年,二月份纪念华盛顿诞辰日,三月份祝贺圣帕特里克日……凡是在乔那里买了汽车的人,都收到了乔的贺卡,也就记住了乔。

思考: 如何理解"诚实是推销的最佳策略"?现实生活中有"善意的谎言"的说法,这两者是否矛盾?

8.2.6 广告

1. 广告媒体及选择

广告媒体的类型及各自的优缺点,见表8.8。

表8.8 广告媒体的类型及各自的优缺点

媒体名称	优点	缺点
报纸	及时灵活,覆盖面大,可信性强	寿命短,再现质量差,受众传阅少
杂志	针对性强,可信性高,保存期长,有权威性,再现质量好,受众传阅多	广告购买前置时间长,有些发行量浪费,版面位置无保证
电视	视听综合,感染力强,注意力高度集中,送达率高	成本高,保存性差,干扰多,受众选择性差
广播	成本低,大众化传播工具,选择性强	保存性差,感染力较弱,收费不标准
直接邮寄	受众选择性好,灵活,竞争对手少,个性化	成本较高,可信程度较低,有"滥寄邮件"的形象
Pop广告	直观,形象,保存期长	成本较高,覆盖面窄
户外广告	费用低,竞争对手少,展示时间长,灵活	创新难度大,受众选择性差

2. 影响广告媒体选择的因素

(1)商品的性质与市场生命周期

商品本身的性质、特点是选择广告媒体的重要根据。一般来说,生产技术性强、结构用途复杂的商品,宜用文字图形印刷广告,如报纸、杂志、产品说明书等,这些广告媒体能够详细地说明产品的结构、性能、保养、维修方法。而日用消费品最好用形、声、色兼备的电视媒体或广播媒体,因为这种媒体具有形象感,能诱发消费者的购买欲望。如在电视里做服装、鞋帽广告,感兴趣的人就会多,广告效果就比较多。

从产品市场生命周期看,投入期要利用覆盖面广的广告媒体;成长期则要界定目标受众,增加广告频次;成熟期须针对使用者实施媒体的重点覆盖;衰退期则要将媒体分配在销售好的地区，主要针对品牌忠诚度，或分配在新地区。

(2) 目标受众的接受习惯与接受能力

做广告一定要考虑到不同广告对象对媒体的偏好。如女性对电影、电视、流行杂志等感兴趣，在这些媒体上宣传化妆品、流行服装，就容易引起女性的注意和兴趣。又如农药、农机等农业生产资料的购买对象是农民，他们有听广播或看电视的习惯，所以利用广播、电视介绍这些商品就比用报纸杂志的效果要好。另外需要根据消费者的接受能力来选择广告媒体，对信息的获取、对信息的有效接收都需要根据对象来进行甄别判断。

(3) 广告信息的时效性

广告信息有不同的时效要求。有些广告信息要求及时、迅速地传递，以便捷足先登，取得"先入为主"的市场竞争优势。特别是当前应对新媒体营销发展如火如荼，在许多面向年轻人的产品销售过程中要充分利用好互联网渠道。

(4) 媒体的覆盖范围与特点

从地域上来说，媒体有全国性媒体和地区性媒体之分，广告的传播范围要与商品销售的范围基本一致。根据商品的销售范围来初步判断，如果是面向全国市场的产品，本企业又有巨大的资本能力及扩产能力，就可以选择在全国有影响力的电视、广播、报纸、杂志等媒体做广告。

(5) 广告费用

一般来说，电视、电影媒体的广告费用最高，广播、报纸、杂志次之，路牌、橱窗、招贴的广告费用则更低。对企业来说，广告费用对其制约因素主要体现在两个方面：一方面是经济承受能力，另一方面是广告的经济效果。

3. 广告的媒体组合策略

(1) 四大传统广告媒体的比较见表 8.9。

表 8.9 四大传统广告媒体的比较

媒体	优越性	局限性
报纸	(1) 宣传面广，读者众多；(2) 传播迅速；(3) 简便灵活，制作简便；(4) 便于剪贴存查；(5) 费用低廉；(6) 可借助报纸本身的威信	(1) 广告接触时间较短；(2) 登载内容较多，分散对广告的注意力；(3) 单调呆板，不够精美
杂志	(1) 专业性强，针对性强；(2) 发行量大，宣传面广；(3) 可以反复阅读，反复接触；(4) 专业杂志读者的文化程度较高，易于接受开拓性广告；(5) 印刷精美，引人注意	(1) 发行周期长，广告时效性差；(2) 篇幅小，广告受限制；(3) 专业性强的杂志接触面窄
电视	(1) 形象生动逼真，感染力强；(2) 收视率高，深入千家万户；(3) 表现手法多样，艺术性强；(4) 可重复播放	(1) 播放时间短，广告印象不深；(2) 播放节目多，容易分散对广告的注意力；(3) 编导制作复杂，费用较大
广播	(1) 制作简便，传播快；(2) 覆盖面广；(3) 通俗易懂；(4) 灵活多样，生动活泼	(1) 有声无形，印象不深；(2) 转瞬即逝，难以记忆和存查；(3) 听众对广告的注意力不够集中

(2) 媒体组合策略的方式

视觉媒体与听觉媒体的组合。视觉媒体是指借助于视觉要素表现的媒体，如报纸、杂志、户外广告、招贴、公共汽车广告等；听觉媒体主要是借用听觉要素表现的媒体，如广播、音响广告。电视可以说是视听觉完美结合的媒体。视觉媒体更直观，听觉媒体更抽象。

瞬间媒体与长效媒体的组合。瞬间媒体是指广告信息瞬时消失的媒体，如广播、电视等电子媒体，由于广告一闪而过，信息不易保留，因而要与能够长期保留信息、可供反复查阅的长效媒体配合使用。长效媒体一般是指那些可以用较长时间传播同一广告的印刷品、路牌、霓虹灯、公共汽车等媒体。

大众媒体与促销媒体的组合。大众媒体是指报纸、电视、广播、杂志等传播面广、声势大的广告媒体，其传播优势在于"面"。但这些媒体与销售现场相脱离，只能起到间接促销的作用。促销媒体主要是指邮寄、招贴、展销、户外广告等传播面小、传播范围固定、具有直接促销作用的广告，它的优势在于"点"，若在采用大众媒体的同时又配合使用促销媒体，就能使点面结合，收到直接促销的效果。

【思政小课堂】

网红直播带假货最高可判处十年有期徒刑

随着互联网的快速发展，直播带货已成为当下购物的热门方式。越来越多的商家选择网络红人或流量明星，在直播间进行商品线上展示、咨询答疑、导购销售等。直播带货在给消费者带来优惠与便利、给商家带来商机的同时，也暴露出诸多问题，比如辛巴燕窝事件、郭美美售有毒减肥药事件等，亟须引起重视与警觉。

不久前，江苏省某法院审理了这样一起案件：2019年10月至2020年1月，管某租赁办公场地和仓库，向他人大量采购假冒国际品牌科颜氏、资生堂、兰蔻、阿玛尼等无包装、无中文标识的化妆品，并招聘网络主播、商品客服、仓库管理员等团队在阿里巴巴1688直播平台开设直播间，销售上述假冒注册商标的化妆品。至案发，管某团队累计销售金额38万余元，未销售货值金额42万元，违法所得11万余元。

经审理，法院认为，涉案注册商标在有效期内，依法受法律保护，管某销售明知是假冒注册商标的商品，销售金额数额巨大，其行为已构成销售假冒注册商标的商品罪。管某利用网红主播售假卖假，不仅损害了消费者的利益，还侵犯了涉案商品权利人的权益，严重扰乱了社会市场秩序。根据管某的犯罪性质、情节和社会危害程度等，以销售假冒注册商标的商品罪判处其有期徒刑三年三个月，并处罚金人民币22万元；追缴的违法所得及扣押在案的假冒注册商标的商品，予以没收。

我国刑法第二百一十四条规定，销售明知是假冒注册商标的商品，违法所得数额较大或者有其他严重情节的，处三年以下有期徒刑，并处或者单处罚金；违法所得数额巨大或者有其他特别严重情节的，处三年以上十年以下有期徒刑，并处罚金。

此外，网红或明星利用自己的流量优势，在直播带货过程中，对销售产品进行虚假宣传，存在明显欺诈消费者行为的，还要承担相应的民事赔偿责任。根据《中华人民共和国消费者权益保护法》（简称《消费者权益保护法》）第五十五条的规定，如果直播间所销售的商品存在假冒伪劣等情况，同样适用退一赔三的规定，购买者可以依照《消费者权益保护法》第二十四条的规定，要求退货、更换或修理；如果在销售的产品中掺杂、掺假，以假充真、以次充好或者以不合格产品冒充合格产品，销售金额在五万元以上即构成销售伪劣产品罪。

互联网经济是诚信经济，网络主播应当依法诚信经营，自觉遵守《网络直播营销行为规范》，不得进行虚假宣传或从事其他违法活动，切实履行真实性、合法性义务；广大消费者也要提高自身知识水平，学习法律法规，避免盲从消费，提高自身法律素养，注重维权。

（作者系上海市第一中级人民法院法官助理，《法治日报》记者蒲晓磊整理，2021年6月17日）

8.2.7 销售促进（营业推广）

1. 销售促进（营业推广）的定义

销售促进（Sales Promotion）是企业在某一段时期内（短期）采用特殊的手段对消费者实行强烈的刺激，以促进企业销售量迅速提高的一种促销策略，通过广告与人员推销提供购买理由。销售促进则鼓励人们立即购买。

2. 销售促进（营业推广）的目标

销售促进的目标包括加速新产品进入市场的进程；培养忠诚的消费者，稳定市场地位；增加产品的需求，提高销售额；带动关联产品的销售；有效抵御和击败竞争。针对消费者可供选择的三个促销目标如图 8.10 所示。

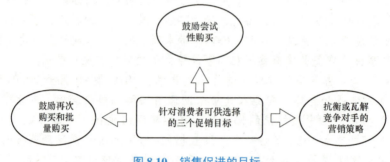

图 8.10　销售促进的目标

3. 销售促进（营业推广）的特点

迅速的召唤作用。促销的第一目标是完成促销产品的销售。但是，在一种产品的促销过程中，却可以带动相关产品的销售。

强烈的刺激作用。消费者一般对新产品具有抗拒心理。由于使用新产品的初次消费成本是使用老产品的一倍，消费者不愿冒风险对新产品进行尝试。但是，促销可以让消费者降低这种风险意识，降低初次消费成本，而去接受新产品。

明显的邀请性。使用促销手段，旨在对消费者或经销商提供短程激励。在一段时间内调动人们的购买热情，培养顾客的兴趣和使用爱好，使顾客尽快地了解产品。

4. 常用的销售促进工具

（1）针对消费者

赠送样品。赠送样品是指企业将一部分产品免费赠予目标市场的消费者，使其试尝、试用、试穿。样品可直接赠送，也可在销售其他商品时附送，或凭企业广告上的附条领取。这种方式对新产品介绍和推广最为有效。

发放优惠券。企业向目标市场的部分消费者发放优惠券，凭券可按实际销售价格折价购买某种商品。优惠券可采取直接赠送或广告附赠的方法发放。发放优惠券可刺激消费者购买品牌成熟的商品，也可用来推广新产品。

开展有奖销售。这是指企业对购买某些商品的消费者设立特殊的奖励。如凭该商品中的某种标志（如瓶盖）可免费或以很低的价格获取此类商品或得到其他好处；也可按购买商品的一定数量（如十个以上），赠送一份消费者所需要的礼品。奖励的对象可以是所有购买者，也可用抽签或摇奖的方式奖励一部分购买者。这种方式的刺激性很强，常用来推销一些品牌成熟的日用消费品。

组织展销。企业将一些能显示企业优势和特征的产品集中陈列，边展边销，由于展销可使消费者在同时同地看到大量的优质商品，有充分挑选的余地，所以对消费者的吸引力很强。展销可以一个企业为单位举行，也可由众多生产同类产品的企业联合举行。若能对某些展销活动赋予一定的主题，并同广告宣传活动配合起来，促销效果会更佳。

现场示范。现场示范是指企业派人将自己的产品在销售现场当场进行使用示范表演。现场示范一方面可以把一些技术性较强的产品的使用方法介绍给消费者，另一方面也可使消费者直观地看到产品的使用效果，从而能迅速地打消顾客的某些疑虑，使顾客接受企业的产品。

（2）针对中间商

批发回扣。企业为争取批发商或零售商多购进自己的产品，在某一时期内可按批发商购买企业产品的数量给予一定的回扣。回扣的形式可以是折价，也可以是附赠商品。批发回扣可吸引中间商增加对本企业产品的进货量，促使他们购进原先不愿经营的新产品。

推广津贴。企业为促使中间商购进本企业产品，并帮助企业推销产品，还可支付给中间商一定的推广津贴，以鼓励和酬谢中间商在推销本企业产品方面所做的努力。推广津贴对于激励中间商的推销热情是很有效的。

销售竞赛。企业如果在同一个市场上通过多家中间商来销售本企业的产品，就可以发起由这些中间商所参加的销售竞赛活动。根据各个中间商销售本企业产品的实绩，分别给优胜者以不同的奖励，如现金奖、实物奖或是给予较大的批发回扣。这种竞赛活动可鼓励中间商超额完成其推销任务，从而使企业产品的销量大增。

交易会或博览会。同对消费者的销售促进一样，企业也可以举办或参加各种商品交易会或博览会，向中间商推销自己的产品。由于这类交易会或博览会能集中大量优质产品，并能形成对促销有利的现场环境效应，对中间商有很大的吸引力，所以也是一种对中间商进行销售促进的好形式。

企业对于各种销售促进策略的选择应当根据其营销目标、产品的特性、目标市场的顾客类型以及当时当地的有利时机灵活地加以选用。但是，任何销售促进的前提是产品必须能够达到规定的质量标准或具有明显的优势，不能利用销售促进来推销损害消费者利益的假冒伪劣产品。

（3）针对推销人员

针对推销人员的销售促进工具一般包含销售竞赛、休假奖励、红利提成、其他奖励。

8.2.8 公共关系

1. 公共关系的含义

作为促销组合之一的公共关系，是指争取对企业有利的宣传报道，帮助企业与有关各界公众建立和保持良好关系，塑造和保持良好的企业形象，以及消除和处理对企业不利的谣言、传说和事件等一系列活动。

2. 公共关系的特征

树立知晓度。公共关系可以借助媒体讲述一些情节，吸引人们对某产品、服务、人员、组织或创意的注意力。

树立可信性。公共关系借助于权威媒体传播信息增加可信性。

刺激销售队伍和经销商。在新产品公开上市前以公共宣传方式披露，有助于销售队伍推销产品。

降低促销成本。公共宣传成本比直接邮寄和广告成本低得多，对于促销预算少的企业，更应该运用这种手段。

> ✉ 阅读材料
>
> ## 戏说公共关系、炒作、广告与促销
>
> 以一个马戏团要在某小镇表演而做的市场活动为例。
>
> 在街上做一个牌子，写上"×××马戏团将于×月×日在本镇上演大戏"——"广告"。
>
> 在马戏团里找一头大象，把这个牌子放在大象的背上，在大街上来回走动——"促销推广"。
>
> 让背着牌子的大象踏进镇政府大门前的花园——"炒作"。
>
> 能让镇长对"大象踏进镇政府大门前的花园"这件事发表意见——"公关"。

3. 公共关系专题活动

（1）新闻发布会

新闻发布会又称记者招待会，是政府或某个组织为宣布某一或某些重要消息，把各新闻机构的有关记者邀请来，就重大新闻进行发布或解释重要的方针、政策，并让记者就此进行提问，然后由召集者回答的一种具有传播信息、吸引媒体关注并借助新闻提升该组织或者与该组织密切相关东西的形象的会议活动。

新闻发布会适用于选择组织有价值的、实实在在的新闻，通过精心设计和布局提供给媒体。如组织的新发展，企业新开张，新产品的开发、生产与投放市场，企业重组上市发生重大（或紧急）事件，受到公众和新闻界的公开批评，开展重大的社会公益活动，重要的人事变动，企业的重要庆典或纪念活动等借势或造势活动，都是有必要通过新闻发布会发布的新闻事件。

> ◆ 课堂讨论：新闻发布会的时机与主题是如何选择的？
> 提示：
> 恰当的时机：事件前一个月或两个月左右，如滑雪节12月5日召开，10月中旬召开新闻发布会。
> 合适的主题：主题应集中、单一，不能同时发布几个不相关的信息。

（2）庆典活动

庆典活动是社会组织面向社会和公众展现自身，体现自身的领导和组织能力、社交水平以及文化素养。通过邀请知名人士和记者参加，还可以扩大影响。常见的庆典仪式有法定节日庆典、某一组织的节日庆典，特别"日、周、月、年"的庆典仪式，签字仪式、颁奖、授勋仪式等。

纪念日庆典的时机选择是非常重要的环节，与庆典活动的目的密不可分。一般而言，庆典活动的目的可以划分为：作为组织发展过程中的里程碑，周年庆典需体现总结过去、继往开来的内涵；营造喜庆气氛，沟通相互关系；以制造新闻、吸引外界的关注为目的，如2006年世园会第1 000万名游客入园庆典；以强化服务、引起注意力为主要目的；以关心社会热点、宣传自己组织形象为目的。

可以用于组织公共关系活动的庆典仪式有很多，主要包括以下几种形式：开幕典礼、纪念日庆典、节庆活动。

（3）展览会

展览会（Traditional Exhibition）是一种综合运用各种媒介、手段，推广产品、宣传企业形象和建立良好公共关系的大型活动。其特点是：它是一种复合性、直观、形象和生动的传播方式；提供了与公众进行直接双向沟通的机会；是一种高度集中和高效率的沟通方式；是一种综合性的大型公共关系专题活动，是新闻报道的好题材；带有娱乐的性质，可以吸引大量公众。一般来说各社会组织都非常重视利用这一形式来塑造和展现他们的最佳形象。

（4）其他公共关系专题活动

公共关系专题活动的形式还有很多，除了以上几种形式外，组织经常运用的还有赞助活动、联谊活动等。

> **阅读材料**
>
> ### 海尔在100座城市启动"拥抱吧爸爸"公益活动
>
> 海尔集团创业于1984年，是全球大型家电第一品牌。"真诚到永远"不仅仅是海尔作为产品品质的保证，同时，作为具有高度社会责任感的民族品牌，是海尔从事公益事业的承诺。2017年，海尔集团打破传统公益方式，不再仅仅是提供金钱或者物质的捐助，采用"唯有拥抱，心才能在一起"作为主题，在全国策划了一次相当"走心"的大型公益项目——"拥抱吧爸爸"。海尔集团把留守在家的孩子们送去城市中和父母相聚，让孩子们回到"爸爸的怀里"，缓解彼此的想念，近距离地联结情感。并将海尔专卖店打造成孩子们旅途中的温情服务站，让孩子们在这里休息，为爸爸准备礼物，返途中还可以和父母进行视频通话。海尔集团这个公益广告，符合他一贯的企业文化，从顾客最深处的需求考虑，做到了"真诚到永远"。
>
> （资料来源：新华网客户端）

4. 危机公关

（1）危机公关的定义

危机公关是指组织面对突然发生的、严重损害组织形象、给组织造成严重损失的事件时，运用公共关系的手段和技巧，通过及时有效的行动来减少和避免损失，重塑组织形象的活动过程，也可以理解为它是处理危机事件过程中的公共关系活动。

（2）危机公关策略要点

① 尽早发现危机征兆时，"防火"胜于"灭火"。

② 迅速反应，控制事态。

③ 尊重事实，不回避问题，避免进一步加重危机。

④ 勇于承担责任，树立和不断提升组织和品牌形象。

⑤ 坦诚沟通，为妥善处理危机创造良好的氛围和环境。

⑥ 灵活变通，化危机于无形。

> **阅读材料**
>
> ### 这锅我背、这错我改、员工我养
>
> 2017年8月25日法制晚报记者的暗访曝光引起舆论哗然。海底捞面对巨大的信用危机，如果处理不当就会产生企业形象受损、盈利下跌、产生相关赔偿、被投诉等一系列连锁反应。海底捞在黄金时间里，立即成立了危机管理小组。在北京劲松店、

太阳宫店食品卫生安全事件爆发3小时后,发表了致歉信。2个多小时后,它又对这一危机事件发布了7条处理通报。海底捞第一时间就承认了媒体所曝光的都是事实,主动承认错误,切实考虑消费者的利益,从而赢得了消费者的认可。他们对于管理漏洞深表自责,相关责任人纷纷浮出水面的同时,迅速投入整改措施,行动有效率并公允透明。第一时间聘请第三方公司,对下水道、屋顶等各个卫生死角排查除鼠。与第三方虫害治理公司从新技术的运用到门店设计等方向研究整改措施。公布一系列整改措施的具体负责人的职位、姓名甚至联系电话,使整改过程做到透明化。最后,承担全部管理责任,不开除员工,增强了内部向心力,表示该类事件的发生,更多是由于公司深层的管理问题导致的,主要责任由公司董事会承担。

(资料来源:搜狐网)

【营销小知识】

"长尾"效益

"长尾"实际上是统计学中幂律(Power Laws)和帕累托分布(Pareto Distributions)特征的一个口语化表达。

过去人们只关注重要的人或重要的事,如果用正态分布曲线来描绘这些人或事,人们只关注曲线的"头部",而将处于曲线"尾部"、需要更多的精力和成本才能关注到的大多数人或事忽略。例如,在销售产品时,厂商关注的是少数几个所谓"VIP"客户,"无暇"顾及在人数上居于大多数的普通消费者。而在网络时代,由于关注的成本大大降低,人们有可能以很低的成本关注正态分布曲线的"尾部",关注"尾部"产生的总体效益甚至会超过"头部"。例如,某著名网站是世界上最大的网络广告商,它没有一个大客户,收入完全来自被其他广告商忽略的中小企业。安德森认为,网络时代是关注"长尾"、发挥"长尾"效益的时代。

【案例学习】

广州虹彩艺术教育咨询有限公司始创于2016年6月,2018年5月注册,两年带动2 078人就业,预测5年累计可达9 000余人,已孵化创业型企业5个,2017年营业额1 200万,共有学员28 320人,扶贫山区儿童教育2 560人,省内已有21家分校,省外(平山县)共39所合作校,编印2 400套教材(版权申请中),制定24套培训方案。创始人小贤介绍,目前运用线上引流和线下变现的商业通路,最后根据客户需求进行课后反馈跟踪制、教学管理跟踪制,以此来保证客户的体验满意度。在商业模式的整个运转中,虹彩艺术在每个交易环节加进夏令营、冬令营、游学、亲子课等特色活动,采取事件营销、网络营销等市场推广策略确保生源和资金流。

虹彩艺术营销案例方案呈现

案例: "欢度暑假、放飞希望" ——虹彩艺术-华南植物园亲子户外写生活动方案
活动主题: "欢度暑假、放飞希望" ——虹彩艺术-华南植物园亲子户外写生活动
活动时间: 2018年8月12日(周日)上午8:00—11:30
活动目的: 让孩子度过愉快的暑假,走进大自然,让广大孩子描绘自然、放飞梦

想，增进孩子们和家长之间的交流，激发孩子的活力，张扬每个家庭的个性以及相互间的协作能力，增强学生的自信心与集体荣誉感。描绘夏日，释放灵感，点燃童心，放飞希望！具有一定的教育意义和成长价值。

活动地点： 华南植物园
写实人数： 教师：10人　家长和学生：36人　共：46人
集合时间： 教师：7:20　学生7:45—8:15　8:30准时出发。
集合地点： 广外艺五山校区正门
出乘线路：
1. 地铁：3号线到天河客运站换乘6号线到华南植物园A出口（50分钟）。
2. 自驾：统一在天源路华南植物园正门（北门）9点集合入园（20分钟）。
3. 包车：虹彩艺术本次写实活动统一包车前去，在广外艺五山校区正门（广园快速路）集合上车。

一、人员安排及联系方式

1. 人员工作安排

领队（主教）： 整队秩序纪律维持工作，开始写生时讲解作画工具使用、画面构图、画面效果等，带领学生由开场地到达指定写生场地，指导学生作画，通知有关事项，配合现场调度老师做好临时通知事宜。主教老师给两名协助老师具体的分工。

助教：
（1）协助主教负责学员纪律、安全。
（2）负责写生当中次序的排列。
（3）协助主讲教师指导学生作画。
（4）处理绘画过程中的突发事件。

安全教师：
（1）负责全体学生的集合以及安全。
（2）做好家长的协调及沟通工作。
（3）活动的后勤工作。
（4）处理活动过程中的突发事件。

现场调度人员： 随时观察现场每个环节，及时处理临时发生的事情，及时向领队老师、家长孩子下达通知。

2. 写生小组和教师联方式（见表8.10）

表8.10　写生小组和教师联系方式

班级小组名称	组员	联系方式	助教老师:
泡泡老师小组	上午涂创+黏土班 （马小川、贾宇翔、王振翼、邓梓柠、刘舒玥、徐仲朴、冯浩然、冼嘉熙）	188××××××××	小精灵老师： 183×××××××× 糖果老师： 159×××××××× 墨鱼老师： 150××××××××
夹心老师小组	上午国画班+黏土班 （陆子荑、吴小甜、刘壮烨、刘畅、唐清扬、康千程、刘芷毓、黄新易、江贝熹、万思瑶）	139××××××××	图图老师： 188×××××××× 阳光老师： 15918636312 蜜蜂老师： 13423685194
安全教师:	雪梨老师：159××××××××	苹果老师：139××××××××	
现场调度人员	小杨老师：153××××××××	土豆老师：131××××××××	

二、活动流程（见表8.11）

表8.11　虹彩艺术-华南植物园写生活动流程

时间	教师活动	家长活动	学生活动	备注
7:45—8:15	广外艺正门国旗下集合，各组老师带好自己班级的小朋友，送家长和小孩登车	出发前往集合点	出发前往集合点	人齐出发
8:30—9:00	老师说明今天的流程安排及注意事项	告知孩子今天的流程，让孩子听从指挥，注意安全，防范陌生人	听从老师、家长的安排，保持愉快的心情	下车所有人集合拍照，不可私自行动，有事情及时和老师沟通
9:00—9:20	到达写生场地。领队老师给孩子们分组分队	家长带领孩子到相应主教老师处排队，进场	听从老师、家长的安排，保持愉快的心情	分队，集合，检票，入场
9:20—10:50	老师带自己班级的孩子到达相应的地方进行今天课程的学习	家长参与孩子的课程与孩子一起感受户外的亲子写生活动	学生发挥自己的艺术感知力和家人一起完成作品	注意安全，保持联系
10:50—11:00	组织孩子分享作品及合影留念	聆听孩子的作品分享，看好孩子，注意安全	上台分享自己今天的作品	无
11:00—11:30	返程，分享今天孩子户外写生的感想	带着孩子以及作品返回温馨的家	回家与家人分享愉快的一天	无
注意事项：	1. 出游当天请带好身份证等相关证件，自备个人物品，包括替换衣物、饮用水、个人药品、相机、电池、充电器。省外团必须带厚点外套或毛毯（空调车会比较冷）等。 2. 旅行途中请保管好自己的手机、相机、钱包等贵重物品，离开景区、酒店、车子时贵重物品请随身携带，如有丢失，自行负责。服从导游和领队安排，不得擅自离团和做危险动作和游戏，否则后果自负。 3. 若遇不可抗力因素（如塞车、汽车抛锚、景区或餐厅人多等）造成团队行程调整、延误、滞留或提前结束时，旅行社可根据当时的情况全权处理，如发生费用加减，按未发生费用退还游客，超支费用由游客自行承担处理。 4. 游览中请游客根据自身身体状况选择合适的线路和项目。自觉遵守景区的相关规定，注意景区景点和旅行社工作人员的安全提示和温馨提示。爬山、漂流、游泳、泡温泉、乘车、参观拍照等旅游活动请按照景区指引和工作人员引导。客人在旅游途中意外受伤，保险公司会负责相关的治疗费用（不承担治疗费以外的任何形式经济赔偿，如误工费、营养费、美容费等）			

2020年年初，虹彩艺术以"创意绘画网课"为艺术主题课程开展教学活动，分别在人人讲平台、腾讯视频、千聊平台、去画吧平台、公众号授课及宣传，受到了学员和家长以及合作伙伴的认可，同时在部分课程设计、教学计划和各项海报设计上融入大师名画赏析，通过每周六次训练营的网课形式，培养同学们欣赏美、创造美的艺术修养，畅游在大师笔下的名画海洋中。

课程分为十大班别：创意绘画班、艺术造型班、国画山水班、国画花鸟班、创意漫画班、手抄报班、赛事辅导班、亲子课班、疫情公益课堂、教师直播训练营，见表8.12。

表8.12　十大课堂

创意绘画班	艺术造型班	国画山水班	国画花鸟班	创意漫画班	手抄报班	赛事辅导班	亲子课班	疫情公益课堂	教师直播训练营
公益课堂				直播+训练营精品课堂				录播课巩固课堂	

以公益课堂、直播+训练营精品课堂、录播课巩固课堂3种方式开展，课程以科

学的年龄阶段划分专题专栏内容,按照孩子的年龄认知规律,培养孩子的综合美术能力,拓展孩子的视野,培养创造性思维。

【迁移训练】

(1)根据前期学习情况,模拟公司根据本公司的实际,上网收集在近期节日期间利用自媒体平台(例如微信公众号、朋友圈、抖音、快手等)进行促销的成功案例,分析他们利用了微博或微信的哪些功能,效果如何,是如何达到这个效果的。

(2)借鉴以上成功经验,针对自己的产品,利用微博或微信,策划一次针对本产品的促销活动,完成促销方案设计。方案应包括活动主题、活动时间、活动目标、活动内容、活动预算、人员安排等。

【效果评价】

1. 考核内容
(1)促销活动与自媒体平台功能的结合度。
(2)促销活动主题与节日的关联度。
2. 评价标准
(1)促销活动与自媒体平台功能的结合度。(50分)
(2)促销活动主题与产品的关联度。(50分)

【竞赛辅导】

2021年第七届中国国际"互联网+"大学生创新创业大赛评审要求并没有对项目的渠道和促销手段开展独立描述,但是其作为"商业维度"的评审要点,集中体现了企业具备完整可行的商业模式,能够有较好的盈利潜力(创意组),能够在经营管理过程中有合理、完备的销售、运营、管理等制度和体系支撑项目发展。纵观目前国赛获奖项目的创业计划书及路演PPT,都需要对渠道和促销的内容进行描述,但是需要注意的是,在现实比赛过程中,需要结合不同的赛道、不同的项目特点来选择适合自身的渠道设计和促销组合策略,不能一概而论。

根据模拟企业的分销设计及促销设计方案尝试一至两次实践并检验效果,并不断完善分销渠道设计及促销方案内容。

【知识链接】

1. 推荐书目
《整合营销沟通》,[美]舒尔茨著,孙斌艺、张丽君译,上海人民出版社2006年版
《渠道分销》,[美]朱利安·丹特著,灵思泉、杨博译,京华出版社2012年版
2. 视频案例链接
学习本项目内容的学员可观看下列学习视频,进一步加深理解。
请登录:https://www.bilibili.com/video/BV1364y127ti(2019年科特勒营销未来峰会(中国北京)菲利普·科特勒主题演讲——"下一步是什么?营销的未来")

学习模块五

营销活动的组织和控制

项目九

营销计划与控制

内容框架

建议学时：9 学时，其中理论 2 学时，实训 7 学时
- 工作情境
- 创业案例
- 经典导入
- 知识要点
- 课堂讨论
- 阅读材料
- 思政小课堂
- 案例学习
- 营销小知识
- 迁移训练
- 效果评价
- 竞赛辅导
- 知识链接

知识目标
- 市场营销组织
- 市场营销计划
- 市场营销控制

能力目标
- 了解营销组织的模式
- 掌握市场营销计划的内容与步骤
- 能够进行企业营销计划的撰写
- 了解市场营销执行的控制方法

素质目标
- 能有条理地分析和计划项目
- 具备创新性思维
- 能够控制营销计划的过程

【工作情境】

公司成立至今已经有好几个月的时间了。通过学习本章节，需要同学们重新梳理一下公司成立至今的发展历程和思路，完成公司的创业计划书。

【创业案例】

虹彩艺术团队作为高职院校学生在校创业的典型代表，曾经在2018年参与全国"互联网+"大学生创新创业大赛并获银奖。回顾参赛过程，创始人小贤同时作为项目主力，向小伙伴们传授他的参赛体验。以下来自他本人的自述。

作为高职院校的学生参加中国"互联网+"大赛，我深深感受到国家"双创"政策对于创业者的扶持和帮助力度之大，以下我分为8个方面总结参赛的体会和经验。

第一个方面就是政策解读与扶持的解读。通过学校平台参与到创赛中，在创赛过程中得到政府的资源补助、资金补助，因而创业实践中申请了创业补贴和奖励，减轻了公司的资金负担和成本，为我们前期创业提供了有利的条件。再者就是创业导师的精准指导，导师的精准指导对于我们企业科学创业、文化创业、技术创业和系统创业都是一次升华性的整理和升级，同时也是传统行业的突破口。参赛过程中，学校为我们授业解惑，根据项目的类别和发展时期分别提供了不同领域的专业导师，为我们企业后续厚积薄发奠定了基础。

第二个方面是眼界的提升和企业的定位。在系统创业知识的学习中，我们在对产品的打造上，或者对市场的调研上以及解决方案的制定上，都有了新的突破。这种突破来源于对不同资源的认知和理解，在"互联网+"大赛之前会有几次创业培训讲座以及培训班。培训的内容就是让我们客观地去认识一个立体的企业是如何形成的，不会再是一头脑热地投身进入创业，而是通过理性的知识和客观的条件评估之后才开始系统创业。在创业的前期，创业的知识对我们来说十分重要，比如说工商注册、财税登记，以及一些国家支持和扶持的产业发展信息，都需要经过系统的创业培训和学习，才能够形成客观、准确的认识，从而为自己的企业定位。

第三个方面就是财务数据的学习。所谓"有图有真相，有表有数据"，就是培养我们在创业的前期需要意识到数据的重要性。在创业过程当中，有3张表是最重要的，分别是资产负债表、利润表以及现金流量表。这3个表决定了我们的公司是否处于一个健康的状态。在大赛当中，评委老师十分注重这3个表的数据，同时也反作用于我们在日常生活的创业当中，提醒我们应当更加真实和准确地用数据去支撑我们的创业想法。在日常运营中，每个月也都通过这些数据做出财务分析。通过财务分析，来决定我们下一步的企业决策和行动。

第四个方面是商业模式的打造。大赛让我们深刻地思考3个问题：我们如何打造自己的产品？如何将自己的产品交托到客户的手中？如何让客户持续地购买？这3个问题就是商业模式的三要素，是对我们企业在生产和营收是否处于健康状态的一个考验。我们也通过模式的打造，慢慢认识到了自己的竞争优势以及竞争对手的竞争优势，从而做出有差异化的创新性产品和模式创新，形成一个健康的上下游企业链。

第五个方面是资源整合平台。创业大赛的平台是对接资源最直接有效的舞台，在创业比赛当中，我们会认识来自五湖四海、不同项目的选手以及各种不同企业性质的项目，还有评委老师和投资人。在这样海纳百川的信息平台下，我们可以取其精华、融会贯通，相互学习和借鉴吸收。如果幸运的话，还可能得到资本的投入以及政府的扶持。通过创业大赛，我们不仅能够向同龄的创业者学习经验，还可以通过大赛让项目得到政府的认可，发挥更大的效益。

第六个方面是产品打造的升级。创业大赛给我们最大的启发就是产品的核心竞争力。产品的核心竞争力来源于市场。市场痛点先变成了我们的解决方案，再将解决方案变成我们的产品。同时产品必须要碎片化，这样才能够建立起自己的技术壁垒，通过自己的技术壁垒，再建立起自己的运营壁垒。产品跟管理二者合一，才能够实现公司真正强而有力的竞争优势。

第七个方面是拓展市场渠道。创业大赛当中也有非常多的扶持，比方说创业大赛前的展览或者优秀项目对接洽谈会，有助于我们企业市场部更好地去推广自己的产品。通过政府获得的渠道宣传，比在社会上获得的销售渠道更加真实和靠谱。增加了消费者的信任度，减少了沟通的成本，同时提高了成交的概率。

最后是第八个方面，收获了战友情谊。在创业过程当中，公司都是由不同性格和技能的合伙人组成的。每个人都来自不同的家庭背景，通过创业、通过创赛，我们能够更加深入地了解对方，更加深入地进行技能互补、发挥个人的优势，对公司的内部凝聚力发展起到了决定性的作用，也让我们更加了解对方，通过创业比赛，以赛促学、以赛促进、以赛促情！

阅读案例资料，问题讨论：
1. 制作一份创业计划书对于初创企业而言有什么作用？
2. 如何制定一份既有含金量又独具特色的创业计划书？

经典导入

科诺公司的营销控制模式

武汉科诺公司是由武汉东湖高新集团、武汉东湖高新农业生物工程有限公司和湖北省植保总站于1999年5月共同组建的一家高科技企业，注册资本8 000万元人民币，主要从事生物农药及其他高效、低毒、无公害农药的研发、生产、销售和推广。

截至2000年5月，科诺公司共有员工1 033名，其中有601名销售人员，这些销售人员直接分布在全国各市场片区。这充分体现出营销工作在科诺公司的重心地位，同时也反映出营销工作的成败直接影响了科诺公司的生存和发展。科诺公司的营销管理工作主要有以下几个特点：

（1）公司正处于生命周期的引入期，开拓市场、销售额最大化是公司的首要目标。

（2）公司的主要产品是生物农药，属于有形产品，销售业绩目标的可量化程度较高。

（3）销售区域分布广，销售过程透明度不高，公司总部对各片区销售人员行为的可控性较低，因此销售人员有可能"粉饰"销售业绩，并牺牲公司长期发展而获取个人短期利益。

（4）生物农药产品直接面对的是农村市场，销售人员主要是与农民消费者打交道，大多数销售人员是在当地市场直接招募的，因此综合素质不高。

因此，公司在市场部设置了督办部，设计了一种"双回路"的营销控制模式，并且这种营销控制模式对公司早期的快速成长以及规范销售人员的行为发挥了重要的作用。"双回路"营销控制模式主要是强调工作计划与督办落实两条腿走路，一方面

> 要求销售人员做出详细的工作计划，包括具体的销售业绩目标，另一方面派出督办人员不定期地到市场一线去检查工作计划的完成情况，并及时反馈检查的结果。督办人员的工作目的不是为了"挑刺"，找出销售人员工作中的不规范行为，而是帮助销售人员解决工作中的困难，及时"纠偏"，从而顺利完成销售目标。
> 　　科诺公司的这种营销控制模式实际上是将结果控制、过程控制以及他人控制等几种类型的营销控制有机地结合起来了，而且在每种类型的营销控制中设计和运用的具体方法和流程之间也是相互联系、相互支撑的。因此该种整合的营销控制模式较好地弥补了单个控制模式的不足之处，并使其发挥了"1+1＞2"的作用。
>
> （摘录自《科诺公司的营销控制模式》）
>
> 　　**启发**：企业作为一个开放性的系统，每时每刻都在与外部环境进行交换。中国企业所处的经营环境具有较高的不确定性和复杂性，这无形中大大增加了企业的管理控制成本和难度。因此通过合适的营销控制模式来规范营销工作以及销售人员的行为是提高营销绩效的有效途径之一。企业在设计和选择营销控制模式时，必须注意以下几点：
> 　　（1）不能将各种营销控制模式孤立地看待，它们之间不是互相排斥的，而应该将各种类型的营销控制模式有机地结合起来，互为补充，互为促进。
> 　　（2）不同类型的营销控制模式所适用的条件和环境是不同的，营销控制模式的设计与选择必须与企业所处的环境匹配起来，这里的环境包括企业内外部环境，例如企业的营销目标、营销人员的素质、销售区域、产品特点等。
> 　　（3）营销控制模式不是一成不变的，应该随着企业生命周期阶段的变化而所有改变。营销控制模式是一个动态的机制，因此企业必须定期对营销控制模式的效果和效率进行检查，并将检查结果作为调整营销控制模式的依据。

✉ **知识要点**

9.1　营销计划

9.1.1　营销计划的含义

　　营销计划是指在对企业市场营销环境进行调研分析的基础上，制定企业及各业务单位的营销目标以及实现这一目标所应采取的策略、措施和步骤的明确规定和详细说明。

　　根据营销计划的这个含义，可以分解出营销计划具备 4 个基本要素：营销计划主体、营销计划客体、营销计划目的、营销计划资源，如图 9.1 所示。

1. 营销计划主体

　　营销计划的主体是指，涉及制订计划的所有人或者组织。营销主体应该具备良好的职业道德品质、高水平的专业知识、活跃的创新思维、优秀的执行力等。营销主体是决定营销计划成败的关键因素，处于营销计划的关键性位置。

2. 营销计划客体

　　营销计划的客体主要是指营销计划制订过程中所处客观环境和面临的竞争者。在制订营销计划的时候，客观环境会影响着该计划的执行，例如法律法规、市场行情变化等。同时还要留意竞争者的情况。只有全面考虑各种因素，才能做出一份比较完善周全的营销计划方案。

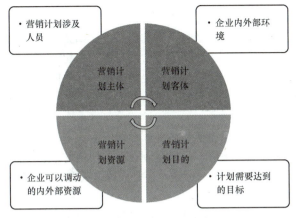

图9.1 营销计划四要素

3. 营销计划目的

营销计划应该是一份具备明确针对性和目的性的方案。计划制订人需要时刻检查方案是否都是围绕着目的而展开的。制订过程中，要设置控制性手段，这样能够监控和保证目的的顺利完成。

> **课堂讨论：你会如何设定营销计划目的？**
>
> 提示：营销计划目标一般有：营销目标、销售目标、利润目标等。在制订营销计划之前，一定要对市场进行周密、细致的调查，根据市场调查进行预测和集体决策，然后对商品销售从时间、地点上，从人力、物力、财力也就是资源配置上，做出一个具体的安排。因此，营销计划目的必须遵循"SMART"法则：具体的（Specific）、可衡量的（Measurable）、具有可行性的（Attainable）、合理的（Reasonable）、有时限性的（Time）。

4. 营销计划资源

营销员在制订计划时，需要考虑所有可以调动和控制的企业内外资源，包括人力、物力、财力。同时，要思考哪些资源是自己企业所独有的、具有强大竞争力的。那么营销员就要思考如何最大限度地利用这些资源。资源是客观存在的，营销员无法改变，但是可以整合应用，让资源产生一加一大于二的优势。这需要营销员有长远的目光、过人的调控力。

对企业而言，营销计划就是企业的战术计划，如果企业战略是"做正确的事"，那营销计划则是"正确地做事"，所以，营销计划与其说是计划，更不如说是解决方案，针对特定目标市场的特定需求，设计一连串关键行动，来解决某些问题。

9.1.2 营销计划的原则

只有合理的营销计划，才能保证企业目标的实现。为保证计划的科学性，并做到切实可行，一个合理的营销计划至少应符合以下几个核心原则：

1. 明确需要解决的问题

以企业的总体经营目标为基本出发点，任何计划都必须明确"到底要解决什么问题"。如果问题并不明确，那任何的任务清单都毫无意义。因此，营销员在制订计划之前，必须思考本次计划需要达成何种目标或者需要解决哪个问题。有时候一个项目的目标可能是多个的，那么营销员就需要分清主次目标，哪些目标是必须实现的，哪些是可以商榷的。这样，在后续的工作计划安排中，就可以有的放矢。

2. 以用户需求为中心

过去,很多营销计划往往从企业自身行动出发,比如企业要做海报、广告,而不是从用户的需求出发。市场营销计划应该更多包含的是用户的想法和行动。要知道,顾客需求是企业一切行为的目标,只有通过挖掘、满足顾客需求,才能保证营销计划是可行的,对企业是有价值的。

3. 可替代性因素

放眼行业市场,在充分考虑企业的内外部环境因素、评估方案中哪些价值被高估、哪些价值被低估之后,进行综合平衡,最终做到计划的切实可行、灵活调整。这也证明,制订营销计划的时候,不能只考虑单一因素。而是应该多因素、多角度思考。

4. 具备可行性

任何的营销计划,最终的目的都是为了完成和解决现实企业中的任务和问题。营销策划是一个综合性的活动,是对资源的整合,涉及的范围非常广泛。因此,在考虑营销策划方案的时候,必须考虑执行的可行性。同时,要充分考虑策划的各个环节,确保策划的到位。企业的广告投入要考虑目标策略的需要,且必须从自身的投入能力出发来考虑,这样在决定广告目标、制订广告计划时,就要进行可行性论证。

5. 系统原则

做策划,一切都要从系统的概念出发,注意每一个因素的变化所引起各种变化后产生的影响。坚持系统原则,就是要把策划作为一个整体来考察,从系统整体与部分之间的相互依赖、互相制约的关系中进行系统综合分析,抉择最优方案,以实现决策目标。

系统原则要求对系统中各个部分的策略做统筹安排,确定最优目标。系统是个有机整体,整体大于部分之和,具有其中各要素简单相加起不到的作用,策划是要在市场调研和营运管理等各环节都要策划到位,因为今天的市场,无论是生产、销售,还是传播,都是系统的工程,为使系统最优化,必须对系统中各组成要素全盘考虑,并且要与外部环境协调起来,例如资源整合、政治糅合等,另外,协调广告活动各要素与环境的关系,讲究整体最佳组合效应也要遵循系统原则。

9.1.3 营销计划的类型

根据不同的目的、划分标准和维度,营销计划可以有多种类型。比较常见的是以下几种:

1. 按计划时期的长短划分

营销计划按计划时期的长短可分为长期计划、中期计划和短期计划。长期计划的期限一般为5年以上,主要是确定未来发展方向和奋斗目标的纲领性计划。中期计划的期限1～5年。短期计划的期限通常为1年,如年度计划。

2. 按计划涉及的范围划分

按计划涉及的范围可分为总体营销计划和专项营销计划。总体营销计划是企业营销活动的全面、综合性计划。专项营销计划是针对某一产品或特殊问题而制订的计划,如品牌计划、渠道计划、促销计划、定价计划等。

3. 按计划的影响程度划分

按计划的影响程度可分为战略性计划、策略计划和作业计划。战略性计划是对企业将在未来市场占有的地位及采取的措施所做的策划。策略计划是对营销活动某一方面所做的策划。作业计划是各项营销活动的具体执行性计划,如一项促销活动,需要对活动的目的、时间、地点、活动方式、费用预算等做策划。

9.1.4　营销计划的创意

有创意的营销计划，可以使得活动能够快速被目标群体所注意，可以达到事半功倍的效果。因此，营销人员在制订计划时，要善于集思广益，跳出思维定式，制定合理的安排，设计奇妙的创意方案。设计方案要有创意，离不开几个因素：创新意识、团队合作、专业素质。

创新意识是突破活动原有模式并进一步开拓前进的有力武器，特别是社团的发展已逾十载，许多精品活动在传承的基础上也应该"与时俱进"，不断地丰富其内涵和文化的沉淀。创新思维源于灵活、开放的思路，这就要求活动策划人员努力学习，扩大知识面，从而使自身的创造性思考能力不断提升；另外，这种创新也要求我们要利用一切可利用的手段对往届所举办的活动进行细致全面的分析、整合、研究，即"以史为鉴，以史为机"，以此产生创意，制定自己的创新之路，这也是培养创新意识的有效途径。此外，创新意识能够激发全新的思维，继续创造全新的活动使之成为企业的精品。

俗话说"三个臭皮匠，赛过诸葛亮"，要做出有创意的方案，离不开团队成员的共同努力。营销计划的制订不是单打独斗而形成的。个人能力固然重要，但是团队协作往往能产生出意料之外的效果。团队在产生创意的过程中，可以采用多种方法，例如头脑风暴法。当一群人围绕一个特定的兴趣领域产生新观点的时候，这种情境就叫作头脑风暴。由于团队讨论使用了没有拘束的规则，人们就能够更自由地思考，进入思想的新区域，从而产生很多的新观点和问题解决方法。

良好的创意是在扎实的专业知识基础上产生的。因此，营销员也应该具备过人的专业知识。古人云"术业有专攻"，同样一个活动从筹备到实施也需要专业素质。对领域的熟悉，往往能观察和留意到方案的漏洞或者计划的细节，而创意往往也来源于这些填补漏洞、关注细节的行为当中。

> ✉ 阅读材料
>
> ### 胖东来的创意营销手段
>
> 要问海底捞最棒的营销是什么，肯定非服务莫属。海底捞的服务无人能敌，不仅排队时有免费的水果茶饮，而且还有做美甲、擦鞋等服务，闻名海内外。然而，零售界中也有一家"海底捞"品牌——胖东来，其被誉为"中国最好的店"。
>
> 进入2019年以来，胖东来就在不断扩张，门店一家接着一家，整个许昌都成为胖东来的天下。近日，胖东来许昌金三角店正式开业，门店还未开门就人山人海。不得不说，胖东来的发展真的是太快了，要知道现在很多实体超市都在撤离、卖身，而胖东来却越来越好，这背后究竟有何秘诀？
>
> 服务就是胖东来成功最大的秘诀，零售的核心就是服务，而胖东来的服务绝对是一绝，知乎上曾有人发问称除了海底捞和胖东来还有服务更好的企业吗？有人回答称，欧尚、大润发等超市的发展都无法和胖东来相提并论。需要注意的是，胖东来从四线城市发家，但是其服务一绝，其不仅在超市内配备婴儿床、育婴室，还有更衣台、微波炉等用具，设备十分齐全。同时洗手台上还配备了头绳、护手霜等产品，而且冬天时胖东来的水永远都是暖的，暖暖的很贴心。
>
> 有消费者表示，胖东来的厕所是所有超市中最干净的，无论何时去厕纸永远不会缺失，即使没有了也不怕，胖东来厕所门上有值班电话可以打电话派人来送。说实话，厕所确实能反映一个超市的服务水平。很多超市都没有厕所，胖东来不仅配备了，而

且还将其打扫得干干净净，给用户一个良好的体验，光这一点就给用户留下好感，使其比别的超市更具竞争力。另外，在胖东来购买产品可以在一周内退货，无论是产品原因还是自身原因，都能办理退货，让用户满意。

最重要的是，顾客忘带钱了来胖东来吃"霸王餐"也不要紧，没带钱营业员可以先给垫上，这一服务估计连海底捞都比不了。一项又一项暖心的服务让胖东来征服不少消费者的心。之前新乡店因为房租涨价胖东来无奈撤店，但没想到的是老百姓们不干了，携手帮胖东来找了一个新地方开业。正是因为打出了服务这张营销王牌，胖东来在行业中才能越走越远。

除了对顾客好之外，胖东来对员工也很好，"一言不合"就发钱给员工涨工资、休假，年假更是长达一个月，而且员工受委屈了还给 5 000 元安抚员工的情绪等，试问这样的企业你会不想加入吗？

胖东来的服务深入人心，一进去购物就很舒服，激发用户的共鸣，促使用户成为胖东来的忠诚用户，增加门店流量，提升用户转化率，促进胖东来实现营收业绩新增长，不断向外拓展业务，让更多人享受到胖东来的良好服务。

总而言之，无论是员工还是客户，胖东来都用心去对待每一个人，让大家感受到良好的服务体验，而服务这张营销牌也恰恰是零售业中最基本的，如果连这张牌都没有，估计再好的营销都不会发挥作用。

9.1.5 营销计划书的撰写

一般的营销计划书内容，主要包含 8 大组成部分：计划摘要、营销状况分析、机会与威胁分析、营销目标、营销战略和策略、计划执行方案、费用预算、效果预测及监控。如果有些大型的营销活动，可能还需要额外包含一些前期调查报告等作为附件。图 9.2 为营销计划书组成部分示意。

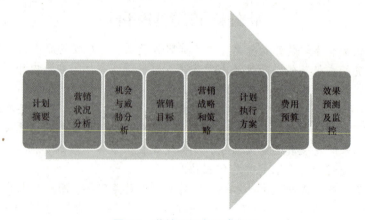

图 9.2　营销计划书组成部分

1. 计划摘要

计划摘要主要是对整份计划书的核心内容进行言简意赅的陈述。摘要的目的是让企业主管在最短的时间内可以掌握、了解计划的核心内容。

例如一份针对企业年度销售额所制订的营销计划书，在摘要部分对于营销的目标和措施做出简要性陈述："本年度公司计划销售额为 7 000 万元，利润目标为 3 500 万元，要比上年增加 11%。要达到这个目标，就必须经过四个主要措施：改进服务、灵活定价、加强广告和促销。同时为达到这个目标，今年的营销预算要达到 350 万元，占计划销售额的 5%，比上年提高 14%。"

2. 营销状况分析

营销人员需要通过对相关市场、产品、竞争、信息媒体和宏观环境因素等背景材料进行分析，了解市场动态，才能为之后的具体执行计划做好充分准备。因此，营销状况分析主要内容包括宏观环境分析和微观环境分析。

其中，宏观环境分析包括，主要描述对营销前景有某种联系的客观环境的主要趋势，如政治法律、经济、科技、社会文化、自然等因素。

微观环境分析包括：市场分析，主要描述市场规模与增长状况、市场构成、各细分市场的销售情况、市场热点。消费者分析，主要描述消费者总体消费需求和购买行为的变化趋势。渠道分析，主要描述市场媒介投放类型、媒介投放区域。产品分析，主要描述近年来行业市场各主要产品品种的销量、价格、利润率、产品组合效果，产品生命周期、产品品牌分析、产品分销渠道变化等。竞争现状分析：主要描述行业主要竞争者的规模、目标、市场占有率、产品质量、市场营销策略，并且了解它们的意图和行为。

3. 机会与威胁分析

在营销现状分析的基础上，围绕企业及相关产品找出主要的市场营销机会和威胁、优势与劣势，以及面临的问题。每一个企业只有分析了市场机会与问题，找出优势与劣势，才能扬长避短。这部分主要描述随着市场营销环境发展趋势的变化，企业的机会与威胁、优势与劣势，主要问题点有哪些。竞争现状分析，主要描述分析和竞争对手相比，我们的机会与威胁、优势与劣势，主要问题点有哪些。企业问题诊断，主要描述对企业原有市场观点的分析与评价、企业营销存在的主要问题，以及问题存在的关键原因。

4. 营销目标

这一部分是营销计划的核心内容，它将决定营销策略和行动方案的拟定。拟定营销目标之前，必须先检讨销售目标、目标市场以及问题点与机会点。通过创造性思维，并以检讨所获得的数据为依据，就可以确定营销目标和相应的目标市场，这是在策划前应做好的准备工作。营销目标主要包括销售额、市场占有率、分销覆盖面、利润率、投资收益率等。

营销目标的特征：

首先，营销目标必须是可以加以评估的，也就是必须是可以量化的。这个可量化既包括最终结果的可量化，也包括过程控制的可量化。只有可量化了，才能保证营销计划是能够得到有效控制，是可以被考核、被监控的。

其次，目标是指向目标市场的：营销目标旨在影响目标市场的行为，通常是指现有使用者和新使用者市场之中的一种。使用者市场，使现有购买者增加使用量；新使用者市场，增加试用的产品或服务，初次试用后，获得反复试用。

关于营销的长期目标和短期目标：除了时间差别外，长期目标通常表达一些有关外在环境的变量，短期目标则通常表述在短期内公司资源的利用方法。长期目标最好能够以质量化、数值化或以二者兼具的方式来表示。长期目标的建立通常是根据"在某一特定的期间达成一个实际的成果"来确定。所有的营销策略都致力于完成这些长期目标。在营销策划中，主要的内聚力来源是策略，在考虑长期目标的基础上，策略性的决策必须首先完成。

5. 营销战略和策略

营销策略是企业以顾客需要为出发点，根据经验获得顾客需求量以及购买力的信息、商业界的期望值，有计划地组织各项经营活动。也是整个营销计划书最为重要的一环。这就是日常营销所说的 4P，根据定位来制定我们的不同策略。这部分是完成计划目标的主要途径和方法,包括目标市场的选择、市场定位战略、产品策略、品牌策略、定价策略、关系策略等主要决策。

6. 计划执行方案

计划执行方案将营销战略和策略具体化为可操作的措施。它以行动的时间、空间、人员、资源、经费为要素,规定那些能导致目标实现的行动,防范那些背离和干扰目标的行动,避免计划失败。在这部分,需要详细撰写具体的执行时间、人员。也就是需要将任务拆解,责任到位,具体任务分配给各个营销团队组员,同时标注完成的时间进程节点。这样有助于避免团队中出现搭便车、任务不清等问题。

7. 费用预算

费用预算是指预估营销计划执行前、中、后所有可能发生的费用支出。营销费用预算包括两大方面,撰写营销计划书本身发生的经费和执行营销计划时需要发生的经费。内容不同,计算方法也不一样。

(1) 撰写营销计划书本身发生的经费

市场调研用:市场调研通常要委托专业调查公司或雇用专业调查人员进行调查。所以,这是项重要费用,资金不足会造成调研资料缺失,调研结果有误差。因此,要根据市场调研的规模大小和难易程度来确定预算所需费用。目前要完成一个市场调研,除了要支付调查专家、人员等费用,还要支付被调查者费用。例如购买小礼品赠送给被调查者等,这样有利于收集回来的数据的真实性。

信息收集费:主要指信息检索、资料购置及复印费、信息咨询费、信息处理费,主要是对二手材料信息的收集,也要依据信息收集的规模和难易程度来确定。

其他处理:为了撰写营销计划书,可能还涉及咨询专家费、场地借用费、易耗品费等。这些都需要考虑进预算当中。

(2) 执行营销计划时需要发生的经费

营销计划在实施过程中,同样会产生成本费用。不同的营销计划,其产生费用的项目不同。例如,一场产品促销活动的营销计划,可能涉及的费用就是各种渠道的广告宣传费、人工成本费、场地租借费、水电成本等。

作为营销计划撰写人,需要多角度地周全考虑所有可能产生费用的活动,列出一份预算费用清单,这样有助于后续的利润计算,也有助于成本控制。表9.1为预算经费明细表示例。

表 9.1 预算经费明细表示例

阶段	项目	具体费用	金额
撰写营销计划书	市场调研	专家咨询费	
		派发问卷兼职工作员	
		受访者礼品	
	信息收集	购买行业白皮书	
	其他费用		
执行营销计划	场地租赁		
	海报宣传费		
	……		

8. 效果预测及监控

作为营销计划的最后环节,主要用于监控整个计划过程,并选择相应的控制方法。营销人员可以将计划规定的营销目标和预算按月或季分别制定，企业主管每期都要审查营销各部门的业务实绩，检查是否完成实现了预期的营销目标。要做到营销效果的进度跟进、数据分析。凡未完成计划的部门，应分析问题原因，并提出改进措施，以争取实现预期目标，使企业营销计划的目标任务都能落实。

9.2 市场营销组织

9.2.1 市场营销组织的概念及目标

市场营销组织是指企业内部涉及营销活动的各个职位及其结构。企业的市场营销活动并非都由市场营销部门来完成，而是发生在不同的组织岗位上的。而且不同企业对其经营管理活动的划分不相同。并非所有的营销活动都发生在同一组织岗位。也就是只要涉及了营销活动的岗位，我们都可以认为其属于市场营销组织。

市场营销组织目标大体有 3 个方面：对市场需求做出迅速反应。营销部门应该不断适应外部环境，并对市场变化做出积极的反应。把握市场变化的途径是多种多样的，比如所处行业的变化趋势、产品变化趋势、销售人员的反映、各种市场调查机构、咨询机构等。了解市场变化后，企业的反应则涉及整个市场营销活动，从新产品的开发到价格的确定乃至上市经营思路和方法等都要做相应的调整。

市场营销效率最大化。企业内部存在着生产、销售、财务、人事等许多专业分工的部门，为避免这些部门之间的矛盾和冲突，营销组织要充分发挥其协调和控制功能，确定各自的权利和责任。

代表消费者的利益。企业一旦奉行以市场为导向的概念，就必须将消费者的利益放在第一位。企业必须在管理的最高层面上设置营销组织，以确保消费者的利益不致受到严重伤害。企业市场营销组织的目标归根结底是帮助企业实现整个营销任务，建立组织不是最终的目的，而是指导公司获得最佳营销成果的手段。

9.2.2 市场营销组织形式

单纯的销售部门。20 世纪 30 年代之前，企业的职能主要是财务、人事、生产、销售，其目标和规划、价格均由生产部门和财务部门制定。财务部门负责资金的筹措，生产部门负责产品制造，销售部门通常由一位副总经理负责，管理销售人员，并兼管若干市场营销研究和广告宣传工作。销售部门的任务只是简单地卖出已经生产出来的产品。销售部门的职能仅仅是推销生产部门生产出来的产品，生产什么销售什么，生产多少销售多少，产品生产、库存管理等完全由生产部门决定，销售部门对产品的种类、规格、数量等问题，几乎没有任何发言权。而且，销售部门的地位并没有比其他部门重要，只是企业运作的一个部分而已。在这种销售部门中，生产观念和产品观念是主导观念。图 9.3 为单纯销售部门的示例图。

初步具有营销功能的销售部门。20 世纪 30 年代以后，随社会生产的发展，市场商品供应增加，竞争日趋激烈，企业不得不进行经常性的销售研究、市场调查、广告宣传、推销训练以及其他促销活动，于是

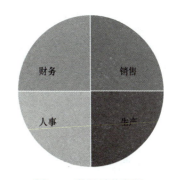

图 9.3 单纯销售部门

就开始加大销售部门的任务，授权给销售经理全面负责这些工作。这时候，推销观念作为部门运作的主导观念，顾客依然是处于被动地位，被动地接收产品的推销。初步具有营销功能的销售部门如图9.4所示。

独立的营销部门。20世纪50年代中期，随着企业规模和业务范围的进一步扩大，原来作为附属性工作的市场营销研究、新产品开发、广告促销和为顾客服务等市场营销职能的重要性日益增强。于是，市场营销部门成为一个相对独立的职能部门，作为市场营销部门负责人的市场营销副总经理同销售副总经理一样直接受总经理的领导，销售和市场营销成为平行的职能部门。但在具体工作上，这两个部门是需要密切配合的。这种安排常常使用在许多企业中，它向企业总经理提供了一个全面、各角度分析企业面临的机遇与挑战的机会。独立的营销部门如图9.5所示。

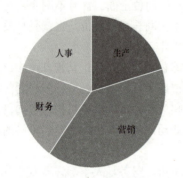

图 9.4 初步具有营销功能的销售部门

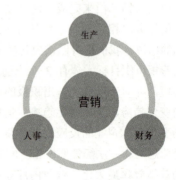

图 9.5 独立的营销部门

现代营销部门。当营销部门的作用越来越重要，负责统一管理推销部门时，营销部门的权力便得到了极大的释放，具有指令权，从而有力地推动了以顾客为主的营销观念的实施，构成营销组织的最高形式。营销部门负责制订长期计划、长期战略，而推销部门则负责制订短期的推销计划，落实推销工作。现代营销部门如图9.6所示。

现代营销企业。当企业所有管理人员都认识到，企业的一切部门都是为顾客服务时，这个企业才真正成为现代营销公司。以顾客作为营销核心，以营销作为整体职能。使为顾客服务的理念成为企业的经营哲学，那么这时候才算是成为现代营销企业。现代营销企业如图9.7所示。

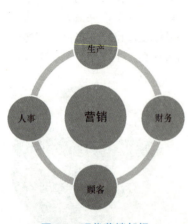

图 9.6 现代营销部门

图 9.7 现代营销企业

9.3 营销控制

在任何计划在实施过程中，都必须有相应的手段和标准对计划执行情况进行控制。而且，营销控制是营销计划书中重要的内容。营销控制是衡量计划效果的重要手段，也是保证计划达成的重要措施。

9.3.1 营销控制的概念

市场营销控制是指市场营销管理者为了确保预定营销计划的运行、衡量和评估营销计划的成果而实施的一整套工作程序或工作制度。也就是企业通过系统的管理手段和具体的管理方法能够使企业的营销过程及营销结果得到有效管理并最终达到预期目标。

9.3.2 营销控制的类型

根据控制的时间，可以分为事前控制、事中控制和事后控制。根据控制者的主体可以分为正式控制和非正式控制。其中，正式控制是指：公司高层管理者制订计划、预算、规章制度和工作任务来实现对员工行为的控制。而非正式控制则是一种软性控制：例如营销人员的自我约束。营销人员因为职业道德，自发性地保证营销活动的顺利进行。那么，在制订营销计划时候，就必须有相应的控制手段落实。可以选择控制的方式，例如对于正式的、长远的营销活动，可以采用企业内部的员工绩效考核标准、企业年度销售报告等作为控制的手段。而对于短期的、小型的营销活动计划，则可以采用软性考核方式进行控制。

9.3.3 营销执行中可能存在的问题

1. 计划脱离实际

企业的市场营销战略和市场营销计划通常是由上层的管理人员制订的，而执行则要依靠市场营销管理人员，由于这两类人员之间往往缺少必要的沟通和协调，导致下列问题的出现：企业的专业计划人员只考虑总体战略而忽视执行中的细节，结果使计划过于笼统和流于形式。管理人员往往不了解计划执行过程中的具体问题，所定计划脱离实际。管理人员和市场营销执行人员之间没有充分的交流与沟通，致使市场营销执行人员在执行过程中经常遇到困难。脱离实际的战略导致管理人员和执行人员相互对立和不信任。现在，许多企业已经认识到，不能光靠管理人员为市场营销制订计划。很多一线的营销人员比管理员人员更了解实际。因此，让一线营销人员参与企业的计划管理过程，会更有利于市场营销计划的执行。

2. 长期目标和短期目标相矛盾

市场营销战略通常着眼于企业的长期目标，涉及今后3~5年的经营活动。但具体执行这些战略的市场营销人员通常是根据他们的短期工作绩效，如销售量、市场占有率或利润率等指标评估和奖励的。因此，市场营销人员常选择短期行为。但是，营销人员因为追求短期的利益而选择执行的行动，可能会损害长期利益。因此，制订营销计划的人员，就必须充分考虑短期利益和长期利益的矛盾，同时制定相应的监控措施，防止因为贪图短期利益而损害长期利益的行为出现。

3. 因循守旧的惰性

企业当前的经营活动往往是为了实现既定的战略目标，新的战略如果不符合企业的传统和习惯就会遭到抵制。新旧战略的差异越大，执行新战略可能遇到的阻力也就越大。要想执行与旧战略截然不同的新战略，常常需要打碎企业传统的组织机构和供销关系。

> ✉ 阅读材料
>
> ### 固步自封,"胜家"名牌倒牌
>
> 在生活中,因循守旧、故步自封可能会错失良机,失去前进的动力。世界瞬息万变,如果因为满足自己短暂优势而忽略创新进取,那么将会被竞争者快速超越。
>
> 胜家公司是美国首家国际性公司,它所生产的"胜家"缝纫机操作便利,倍受人们喜爱,是风靡世界的名牌产品。1940 年,世界每 3 部缝纫机中,就有 2 部是"胜家"。然而,到了 1986 年,胜家公司董事会不得不沉痛地宣布:胜家将忍痛割爱,抛开它赖以成名的"胜家",从此再也不生产缝纫机了。
>
> 胜家公司为什么会在市场上失败呢?原来,胜家公司在成功后,对胜家传统产品过分依赖,片面固守以往"质量是企业的生命""品质是无声的推销员"等观念,而忽略了世界大市场的变化。直到 1985 年,胜家出厂的仍是 19 世纪设计的产品。而此时,其他竞争者纷纷开发出适应时代潮流的新产品。如日本厂商研制出"说话"缝纫机,在操作失误时会发出声音提醒改正。英国推出"音乐"缝纫机,能自动播出优美动听的音乐。瑞典生产出一种"电脑缝纫机",它可以根据布料特性,自动地将缝法、针脚长度、缝纫紧度等,调到最佳状态。这样,胜家缝纫机当然敌不过其他竞争者,其市场份额逐步被其他厂商鲸吞,最终被全部排挤出去。
>
> (摘录自《胜家的胜与败》)

4. 缺乏具体明确的执行方案

有些战略计划之所以失败,是因为计划人员没有制定明确而具体的执行方案。实践证明,许多企业面临的困境,源自缺乏一个能够使企业内部各有关部门协调一致作战的具体实施方案。

9.3.4 营销控制的方法

由于涉及控制成本及控制难度,企业在做营销控制时很难把涉及企业营销的所有因素都进行控制。在实际操作中,企业一般把影响营销活动中最重要的因素先进行罗列,再根据其重要程度决定是否控制这些因素。

1. 确定控制因素

企业在考虑控制因素时,首先考虑的是控制成本。如果控制成本太高和预期收益不成正比时,企业会放弃控制这些因素。其次考虑的是控制难度。控制难度一般表现在控制的可行性和有效性两个方面,前者指的是控制这些因素是否可行,后者指的是控制这些因素是否有效。一般企业在确定控制营销因素时主要涉及两个方面:一个是影响营销过程的方面,如工作方法、拜访频率、工作内容、考勤制度;另一个是影响营销结果方面的因素,如销售额度、客户数量、回款状况、销售利润。

2. 建立衡量标准

企业针对营销控制的各种因素,确定一些具体的衡量指标。这些指标必须是可以量化的。例如企业要求营销人员必须每天联系 2 名新客户,每周拜访 1 名老客户,每月完成 3 000 元的销售额。建立更具体标准的目的是使营销员在实际工作中如何展开工作以及如何达到控制的要求有据可循,避免出现控制因素和实际行动无法做到统一的尴尬状况。

可见,建立衡量标准的意思就是要告诉营销员需要具体完成哪些工作。

3. 建立工作绩效标准

绩效标准指的是营业员对于那些衡量标准要干到什么程度。绩效标准最终是衡量企业员工在实际营销过程中表现好坏的重要尺度，也是对营销员工进行奖罚的重要依据。一般情况下，企业在制定营销绩效标准时，侧重于结果标准，如每月的销售任务、客户指标、市场占有率指标、财务指标、结果指标等。

企业可以用多种绩效工具核对年度计划目标的实施程度，如销售分析、市场占有率分析、市场营销费用率分析。

（1）销售分析

销售分析就是衡量并评估实际销售额与计划销售额之间的差距。销售差距分析主要被用来衡量造成销售差距的不同因素的影响程度。

例如：一家企业在年度计划中规定，某种产品第一季度出售 4 000 件，单价 1 元，总销售额为 4 000×1 即 4 000 元。季度实际售出 3 000 件，售价降为 0.80 元，总销售额为 3 000×0.80 即 2 400 元，比计划销售额少 40%，差距为 1 600 元。

当然，如果发现出现了计划与实际的销售差距，营销人员应该及时反馈信息，分析产生误差的根本原因，尽量在计划进程中修正误差。

（2）市场占有率分析

市场占有率分析揭示企业同竞争者之间的相对关系，在正常情况下，市场占有率上升表示市场营销业绩提高，在市场竞争中处于优势；反之，说明在竞争中失利。如果市场占有率下降，企业会调整经营战略、市场营销战略，主动减少一些不能盈利的产品，使得总销售额下降，影响市场占有率。如果企业的利润反而会有所增加，这种市场占有率的下降是可以接受的。也有可能由于新竞争者进入市场导致市场占有率下降。结合市场机会同时考虑：市场机会大的企业，其市场占有率一般应高于市场机会小的竞争者，否则其效率就有问题。

（3）市场营销费用率分析

年度计划控制要确保企业在达到销售计划指标时，市场营销费用没有超支。如果费用率变化不大，在安全范围内，可以不采取任何措施。而如果变化幅度过大，上升速度过快，接近或超出上限，就必须采取有效的措施。

结果指标对企业来说相对容易对员工进行评价，但企业在制定结果标准时如果忽视过程标准有可能使结果标准完全不同，因此，越来越多的企业开始倾向于把最终结果绩效标准分解成阶段性的中间结果标准，这样做的好处是使企业能够阶段性地控制营销因素，便于在营销过程中发现问题及时纠正。

4. 确定检查方法

没有检查就没有执行力。企业制定控制因素后，要确定相应的检查方法，如有的企业要求员工每月出勤 20 天以上，为了了解员工是否真的能够达到上述标准采取上班打卡工具进行定位的手段。也有的企业要求员工每次拜访完客户以后，要求客户对其服务进行评价，以保证员工确实如实拜访客户。所以，任何一个企业在制定营销因素以后必须要有具体的检查方法来配套，否则营销控制只是一种空话。

5. 分析偏差原因

分析偏差原因时，要通过一些具体的工具进行系统分析，一般侧重于 4 个方面：一是市场因素。指行情、消费行为、季节性的变化、消费习惯等因素对营销的影响。二是个人因素。指销售人员的心态、技能、方法等一系列因素对营销的影响。三是企业方面。指的是企业的产品、服务、品牌、营销力度等因素的影响。四是竞争因素。指的是市场竞争的激烈程度，竞争对手采取的营销方法对企业营销的影响。

6. 采取改进措施

采取改进措施指的是企业找出营销控制没有达到目的的具体原因后,要有针对性地进行有效的改进。改进总目的是更好地实现营销的目标,尽量使营销控制的结果与目的相一致。改进措施的实施,应该是一个长期优化的过程。营销人员应该时刻关注营销活动的执行,留意活动环境的变化。一旦发生误差,营销员应该立即采取行动,进行改进。而不是等到微小的错误引发了巨大的误差时才对错误进行修正。过程的修正有利于营销计划最终达到目的。

【思政小课堂】

敢为而又善于自律

敢为与自控相辅相成,同时拥有这两种品质的人,必定能在积极进取和自我完善中不断获得成功。敢为,使得创业者具有冒险精神。如果缺乏冒险精神,那么将不会有火箭、卫星、汽车等的发明。敢为不仅是进步的第一生产力,更是干事创业的"发动机"。只有给自己树立一个高标准,才能找准努力的方向,各项工作也才能取得新的突破,从而为顾客、企业提供更好更优质的服务和工作成果。

自律就是自己约束自己,是指一个人自我克制、自我约束、自我改善的能力。自律意识贯穿于我们的工作、生活的方方面面。自律是一种行为上的约束,自律需要具备顽强的意志力和坚持不懈的执着精神。自律并不是让规章制度层层地束缚自己,而是用自律的行为让工作和生活保持良好秩序。"自律者自由",自律才能争取更大的自由。

【营销小知识】

近年,越来越多的学生选择自主创业。自主创业中,首先便是注册营业执照。营业执照有几种类型:

1. 个体营业执照

个体营业执照指个体工商户营业执照,是自然人或以个人为单位或以家庭为单位从事工商业经营。

2. 企业法人营业执照

企业法人营业执照分为个人独资企业、有限责任公司、中外合资企业等营业执照。

3. 分支机构营业执照

分支机构营业执照是整体企业的一个组成部分,它在经营业务、经营方针等各方面都会受到总部不同程度的控制。分支机构不是独立的法律主体,但通常是一个独立的会计个体,不具备法人资格。

4. 非企业法人营业执照

如出版、研究所之类带有事业单位性质的经营性质单位、农民合作社等。

作为学生的初始创业,注册个人营业执照更具备可行性和易操作性。那么,在广州,你知道应该如何注册个人营业执照吗?

个人营业执照的注册可以在线上,也可以在线下进行。

线上注册:方法① 登录广东政务网—注册账号—选择个体工商户注册登记—线上填写申请书、上传身份证复印件、经营场所使用证明等—递交资料,等待审核通过即可。

方法② 登录手机微信—关注公众号"广州市场监管"—进入"服务事项"板块办理营业执照"—线上填写申请书、上传身份证复印件、经营场所使用证明等—递交资料，等待审核通过即可。

方法③ 搜索微信小程序"广州商登易"—选择"个体工商户"—"开业登记"—线上填写申请书、上传身份证复印件、经营场所使用证明等—递交资料，等待审核通过即可。

线下注册： 带齐个人身份证等资料，到个人营业地点附近的街道行政服务中心进行办理即可。

【案例学习】

创业以后小贤也曾带领团队参加过各类型创业比赛并多次获得国家级、省级奖项，他逐渐体会到路演环节的重要性，故整理了路演的4个要素文字资料给来访的同学团队，下面的文字资料来自小贤总结出来的竞赛过程4个要素的要点，也希望对未来的参赛团队有启示作用。

首先是项目路演的技巧。项目路演通常分为公开路演与一对一路演，在创业大赛中向评委老师展示创业项目也属于路演的范畴。这里可以分成7小点来谈，第一路演的演讲者必须是核心成员，最好是项目CEO；第二必须着装清雅大方，面带微笑；第三说话自信，逻辑清晰，表达生动严谨，说出来的话需要负责，同时提交的材料和演讲必须内容相符并且自圆其说；第四对项目要热情饱满，不建议拿着不是自己的项目去参赛，更禁止'假大空'作风的出现或者编造谎言，因为项目的真伪经过评委老师三言两语就能探出个究竟；第五就是在路演过程中需要侧重企业介绍，避免出现'个人英雄主义'或者喋喋不休地讲了过多无关项目情况的介绍，珍惜每一秒的语言表达，才能在短短几分钟内，让评委老师全面了解项目的重点；第六需要根据对象组织语言，想要让陌生人了解我们熟悉的行业，就要用大众都能接受的语言；第七是尊重投资者和评委老师，上了路演的舞台代表的不仅仅是个人，是一个团队，更是一个学校甚至一个地区或者国家的面貌，所以言行举止都要得体大方，切忌浮躁骄傲，出言不逊。

其次是演练需要做的准备，第一步就是准备路演PPT，PPT必须全部覆盖企业的重点内容，我们整理了13个要素，分别是市场痛点、解决方案、业务介绍、产品介绍、市场分析、商业模式、竞品分析、管理体系、营销推广、股权架构、团队与顾问、融资需求。第二步就是准备路演PPT相对应的演讲文字稿，初期先熟悉文字稿几遍，对文字进行反复斟酌和润色，路演一般为5~8分钟，演讲稿文字数量控制在1 000~1 500字。同时PPT翻页配合和文字稿演讲一起练，逐步加入肢体语言。第三步就是反复演练演讲全过程，最少60次以上，保证避免现场因为过度紧张而说不出话，同时也要换着不同场景和听众进行练习，提前培养适应陌生环境的习惯。可以尝试一个人进行站立演讲学习，按照正式比赛的演讲时状态来训练。

再者是关于路演主讲人的选择。主讲人的数量最适合是1人，10分钟以内的演讲不建议换人，可以带着团队一起上台，更有气势和凝聚力。主讲人的选择优先选创始人，再者是联合创始人，然后才到其他高管。一个优秀的项目或者有实力的公司，最起码的一点要学会尊重舞台和机会，"双创"赛事邀请的都是行业精英和投资者，故此项目最好是由创始人亲自上阵。

最后是关于问答环节的应对。最好是主讲人一人负责所有问题的解答,如果主讲人不是CEO,最好由CEO负责所有问题的解答,如果CEO实在不能回答所有问题(该CEO需要检讨),则由CEO来负责分配和点名谁来负责该问题解答,总而言之,最后的问答环节应该由CEO主导,体现其掌控全局的能力。面对评委老师提出的问题能回答的则谦逊回答,切忌插嘴或者急于表现自己,如果碰到不能回答的问题,就虚心接受评委老师的建议,不要急于争辩,导致不愉快的尴尬场面。

总结一下,想要在大赛中取得优秀的成绩,最好项目都已经经过落地实践,在前期准备的时候,选择自己热爱的事,才能做好、觉得不累,也只有足够重视,才有机会取得成功。同时紧跟时代潮流、紧跟国家政策、符合社会主义核心价值观,创业角度从一个很细分的切入点做起即可。还要发挥社群变现的力量,回归线下做好实业,空谈误国,实干兴邦。

阅读案例资料,问题讨论:
1. 制作一份创业计划书对于初创企业而言有什么作用?
2. 如何制定一份既有含金量、又独具特色的创业计划书?

【迁移训练】

现在公司成立至今已经有好几个月的时间了。本项目的学习完成之后,需要同学们重新梳理一下公司成立至今的发展历程和思路,完成公司的创业计划书。

【效果评价】

1. 考核内容

按照本项目末尾的创业计划书模板,完成一份完整的创业计划书。

2. 考核标准

(1)完成计划书所有板块。(20分)
(2)计划书撰写语句通顺。(20分)
(3)计划书内容科学、有创意。(20分)
(4)计划书内容具有可行性。(20分)
(5)计划书撰写详尽、团队成员分工明确合理。(20分)

【竞赛辅导】

根据2021年第七届中国国际"互联网+"大学生创新创业大赛评审要求,萌芽赛道评审中,要求创业计划书具备创新性、实践性、自主性和团队情况。请对照一下评分表格,为自己的创业计划书进行初步评分。

评审要点	评审内容	分值
创新性	1. 项目的想象力和创造力,就发现的问题和解决途径进行创意设计,创意设计过程符合客观规律。 2. 科技创意证据充分,有足够的科学研究参与度(调查、实验、制作、验证等)。 3. 文化创意清晰、完整,调研和分析数据充分	40

续表

评审要点	评审内容	分值
实践性	1. 项目的可行性、应用性和完整性。 2. 项目具备可执行的计划或实践方案。 3. 项目具有可预见价值，能够让未来的生活更美好	20
自主性	1. 项目符合团队成员年龄段的知识结构和实施项目能力。 2. 项目选题、创意模式构建主要由学生提出和完成。 3. 团队成员能够准确表述项目内容及原理，真实可信。 4. 涉及科技成果和专利发明的，需提供证明材料或授权证明材料	20
团队情况	1. 团队成员的创新精神和创新意识与能力。 2. 团队成员的教育背景、基本素质、价值观念、知识结构、擅长领域。 3. 团队构成和分工协作合理	20

【知识链接】

想进一步了解营销计划与控制的同学，可以登录以下链接，进一步加深理解。

https://www.bilibili.com/video/av795429424/（上海交通大学程名望博士市场营销课程）

https://www.bilibili.com/video/BV1yt41117wV/?spm_id_from=333.788.videocard.3（南开大学商学院李桂华教授的市场营销线上公开课）

创业计划书模板

后 记

2017年，习近平总书记在给第三届中国"互联网+"大学生创新创业大赛"青年红色筑梦之旅"的参赛大学生回信中向大学生发出号召："希望你们扎根中国大地了解国情民情，在创新创业中增长智慧才干，在艰苦奋斗中锤炼意志品质，在亿万人民为实现中国梦而进行的伟大奋斗中实现人生价值，用青春书写无愧于时代、无愧于历史的华彩篇章。"彼时，市场营销理论与实践课程正在进行课程改革，教学团队意识到纯粹的课堂教学不能满足人才培养的需求，围绕国家创新型人才培养目标及企业营销岗位要求，教学团队逐步完成课程迭代并形成具备校本特色的教学体系，为本书的成型奠定了坚实基础。

中共十八大以来，习近平总书记在全国教育大会、全国高校思想政治工作会议、全国学校思想政治理论课师生座谈会等会议上多次发表重要讲话，反复强调要落实"立德树人"的根本任务，强调"使各类课程与思想政治理论课同向同行，形成协同效应"。2021年，习近平总书记在庆祝中国共产党成立100周年大会上发表重要讲话，提出"新时代的中国青年要以实现中华民族伟大复兴为己任，增强做中国人的志气、骨气、底气，不负时代、不负韶华，不负党和人民的殷切期望"。如今，广东青年职业学院市场营销理论与实践课程开设已有10年。10年的探索，教学团队在实践中对市场营销专业教育有了更多思考和体会，逐渐清晰如何践行"课程思政"的立德树人观，如何整合校企资源完善课程建设，如何在教学环节设计更好地调动教师及学生的主动性、积极性和创造力，为本书的进一步完善提供了方向指引。

无论是10年的教学过程或者本书的成文经历，编写组得到一批良师益友的指导和帮助，我们内心充满感恩之情。再次向所有曾经给予我们无私帮助的专家、学者及企业表示由衷的感谢！

衷心祝愿从广东青年职业学院成长起来的市场营销专业青年学子，伴随着创新型国家建设发展和中华民族伟大复兴的步伐，开创属于他们所在领域的精彩创意人生，肩负起当代大学生的社会担当和青春使命！